Joseph F. Schmucker
Adorno –
Logik des Zerfalls

problemata
frommann-holzboog 67

Herausgeber der Reihe „problemata": Günther Holzboog

CIP – Kurztitelaufnahme der Deutschen Bibliothek

Schmucker, Joseph F.
Adorno, Logik des Zerfalls.
1. Aufl. – Stuttgart-Bad Cannstatt:
frommann-holzboog, 1977.
(problemata; 67)

ISBN 3-7728-0670-8 (Br)
ISBN 3-7728-0669-4 (Ln)

© Friedrich Frommann Verlag Günther Holzboog GmbH & Co.
Stuttgart-Bad Cannstatt 1977
Gesamtherstellung: Ernst Kieser, Augsburg

MEINEN ELTERN

Joseph F. Schmucker (*1951), Dr. phil., M. A., seit 1974 Assistent am Institut für Philosophie der Universität Regensburg

Die Gesellschaftstheorie Theodor W. Adornos, des Mitbegründers der Frankfurter Schule, führt, indem sie das Ganze als das radikal Unwahre expliziert, in eine unaufhebbare Aporie. Sie hat zur Konsequenz die Infragestellung der Theorie durch die von ihr selbst geforderte erkenntnistheoretische Selbstreflexion, welche in der „Negativen Dialektik", dem philosophischen Hauptwerk Adornos, vorliegt. Dies ist das Ergebnis einer Untersuchung, die den in der bisherigen philosophischen Auseinandersetzung mit Adorno noch nicht eigens thematisierten Zusammenhang seiner materialen Gesellschaftstheorie mit der in der „Negativen Dialektik" zentralen Erkenntnistheorie zum Gegenstand hat. Dieser Zusammenhang ist, wie gezeigt wird, in ganz eigener Weise gesellschaftstheoretisch vermittelt: durch die Analyse des geschichtlichen Zerfallsprozesses bürgerlicher Subjektivität und ihrer Identität in der von ihr selbst produzierten Gesellschaft. Adorno hält zwar an Marx' revolutionärem Gedanken einer vom Menschen allein und aus gänzlich Eigenem herzustellenden Versöhnung mit sich selbst fest, jedoch so, daß das praktische Scheitern dieses Gedankens in ihn selbst hineingenommen und auf seine Bedingungen hin reflektiert wird. Diese Reflexion erzwingt zugleich den Übergang zur radikalen Kritik der Erkenntnis an sich selbst, die wiederum auch die Adornosche kritische Theorie der Gesellschaft selbst betrifft.

The theory of society of Theodor W. Adorno, one of the founders of the "Frankfurt School", leads to a fundamental aporia by explaining the whole of reality as being completely false. Consequently and on its own demand, this theory of society is questioned by a self-reflection which is based on a critical theory of knowledge. Since this type of self-reflection which is present in "Negative Dialektik", Adorno's philosophical master-piece, had never been made a top issue in any of the philosophical discussions about Adorno up to now, it has been the objective of our research to show the connection between Adorno's theory of society and his theory of knowledge which is being focused in his work "Negative Dialektik". This connection is, as will be shown, specifically presented by the theory of society: an analysis of the historical process which dissolves bourgeoise subjectivity and its identity in a self-produced society. Adorno agrees with Marx's revolutionary idea of self-reconciliation of mankind which is to be realised entirely by mankind itself. He, however, reflects the practical failure of this idea within the context of its very structure as well as the conditions leading to this failure. At the same time does this reflection cause the transition to a radical criticism of knowledge which in turn affects the truth of Adorno's critical theory of society.

# Inhalt

Einleitung 13

## 1. Die Auflösung des Subjekts der bürgerlich-abendländischen Zivilisation 17

1.1. Die Urgeschichte der Subjektivität 17
1.1.1. Allgemeine Bestimmung des Prinzips menschlicher Selbstkonstitution anhand der Homerischen Odyssee 18
1.1.2. Die urgeschichtlichen Stufen menschlicher Selbstkonstitution und ihre Dialektik 20
1.1.2.1. Das homerische Gastgeschenk als die „Mitte zwischen Tausch und Opfer" 20
1.1.2.2. Die Dialektik des Opfers 22
1.1.2.3. Die Dialektik der List 25
1.1.3. Zusammenfassung 33

1.2. Die Totalität der hermetisch geschlossenen Gesellschaft als diejenige Stufe der ‚Vorgeschichte', auf der Subjektivität die historisch errungenen Bedingungen ihrer eigenen Möglichkeit sich entzieht 35
1.2.1. Die gesellschaftliche Verfaßtheit der Dialektik der Selbsterhaltung und ihre strukturelle Identität in den bisherigen Konkretionsformen der Gesellschaft 37
1.2.2. Strukturmomente der hermetisch geschlossenen Gesellschaft 41
1.2.2.1. Die hermetisch geschlossene bürgerliche Gesellschaft als Totalität der Vermittlung 43
1.2.2.2. Der abstrakte Tausch als Strukturprinzip der konkreten gesellschaftlichen Vermittlung 46
1.2.2.2.1. Der Adornosche Begriff des Tausches 46
1.2.2.2.2. Die Dominanz der Herrschaft über den Tausch. Zur Differenz von Marx und Adorno 51
1.2.2.2.3. Spuren des gesamtgesellschaftlich verdrängten Antagonismus im apolitisch-privaten Bereich 59
1.2.2.2.4. Der Antagonismus der menschlichen Bedürfnisstruktur als Spiegelbild des objektiv-gesellschaftlichen Antagonismus 61
1.2.2.3. Das Verhältnis von Tauschrationalität und technischer Rationalität als Grundproblem der Adornoschen Gesellschaftstheorie 63

| | | |
|---|---|---|
| 1.2.2.4. | Die aktuelle Gestalt der Subjektivität unter den Bedingungen der hermetisch geschlossenen Gesellschaft | 76 |
| 1.2.2.5. | Die moderne Kulturindustrie als Selbstaffirmation der hermetisch geschlossenen Gesellschaft | 81 |
| 1.2.2.5.1. | Die Antinomie traditioneller Kultur und Bildung als Bedingung ihrer eigenen Auflösung durch die hermetisch geschlossene Gesellschaft | 83 |
| 1.2.2.5.2. | Die Genese der modernen Kulturindustrie aus dem Zerfall traditioneller Subjektivität und Kultur | 91 |
| 1.2.2.5.3. | Die Ausbeutung der zerfallenden Subjektivität durch die Identifikationsangebote der modernen Kulturindustrie: Kultur als Geschäft | 94 |
| 1.2.3. | Zusammenfassung | 105 |
| | | |
| 1.3. | Auschwitz als das manifeste Wesen der bürgerlich-abendländischen Zivilisation | 108 |
| 1.3.1. | Spezifisch ökonomische Bedingungen des Antisemitismus | 109 |
| 1.3.2. | Der autoritätsgebundene und manipulative Charakter der faschistischen Mörder als Manifestation des destruktiven Potentials abendländischer Subjektivität im Augenblick ihres Untergangs | 111 |
| 1.3.3. | Zusammenfassung | 118 |
| | | |
| 1.4. | Das Elend von Praxis heute und die Frage nach dem praktischen Stellenwert der Theorie | 119 |
| | | |
| 2. | Die Frage nach der Wahrheit | 129 |
| 2.1. | Die Frage nach dem Verhältnis von Wahrheit und Begriff als notwendige und kritische Konsequenz der materialen Gesellschafts- und Geschichtstheorie | 129 |
| 2.2 | Die Zufluchtstätte der Wahrheit nach Auschwitz | 133 |
| 2.3. | Das Elend der Theorie inmitten des Unwahren | 141 |
| | | |
| Nachwort | | 145 |
| | | |
| Literaturverzeichnis | | 149 |

„Man kann nicht Auschwitz auf eine Analogie mit der Zernichtung der griechischen Stadtstaaten bringen als bloß graduelle Zunahme des Grauens, der gegenüber man den eigenen Seelenfrieden bewahrt. Wohl aber fällt von der nie zuvor erfahrenen Marter und Erniedrigung der in Viehwagen Verschleppten das tödlich-grelle Licht noch auf die fernste Vergangenheit, in deren stumpfer und planloser Gewalt die wissenschaftlich ausgeheckte teleologisch bereits mitgesetzt war."

MM, 315

# Einleitung

Die öffentliche Diskussion um Adorno, die schon zu seinen Lebzeiten nur recht schleppend in Gang kam, ist seit seinem Tode im Jahre 1969 fast völlig verstummt. Die Adorno-Forschung selbst befindet sich in einem desolaten Zustand. Es fehlt vor allem an einer umfassenden philosophischen Auseinandersetzung mit dem Adornoschen Denken, einer Auseinandersetzung, die ihren Gegenstand nicht bloß einfach zum Experimentierfeld ihrer eigenen Prämissen degradiert, sondern in der Immanenz des Gegenstandes selbst dessen problematische Struktur entschlüsselt. Soweit das Adornosche Oeuvre nicht summarisch als chaotisch disqualifiziert oder einfach in orthodoxer Manier nachgebetet wurde, hat sich die Auseinandersetzung um Adorno zumeist allzusehr auf die Erörterung bestimmter Detailfragen aus dem Bereich der Erkenntnistheorie, Gesellschaftstheorie oder Ästhetik beschränkt.
Der strukturelle Zusammenhang der Adornoschen Denkbewegung, der die einzelnen Problembereiche und Fragestellungen miteinander verknüpft und sie so allererst ihre spezifischen Konturen gewinnen läßt, geriet dadurch vielfach aus dem Blick. Daß Adornos Oeuvre mehr und mehr zu einem „Steinbruch" wurde, aus dem man sich je nach Ausgangspunkt und Absicht entsprechend bediente, ist nicht zuletzt von daher begründet.
Dieser Tendenz entgegenzuwirken, ist Absicht der folgenden Arbeit. Sie will einen Beitrag dazu leisten, den von der bisherigen Adorno-Interpretation noch nicht eigens thematisierten Zusammenhang der materialen Gesellschaftstheorie Adornos mit der in der „Negativen Dialektik", seinem philosophischen Hauptwerk, formulierten Erkenntnistheorie einer näheren Klärung zuzuführen. Der für die „Negative Dialektik" charakteristische Zusammenhang von Gesellschaftstheorie und Erkenntnistheorie ist, wie sich zeigen wird, in ganz eigener Weise *gesellschaftstheoretisch* vermittelt: durch die Analyse des Zerfallsprozesses bürgerlicher Subjektivität und ihrer Identität in der von ihr selbst produzierten Gesellschaft. Diese Analyse erzwingt zugleich den Übergang zur radikalen Kritik der Erkenntnis an sich selbst, die wiederum auch die Adornosche kritische Theorie der Gesellschaft selbst betrifft.
Das ist unsere These, die wir in ihren Konsequenzen für die Bestimmung des Selbstverständnisses der Adornoschen Theorie insgesamt mit der folgenden Arbeit entfalten und zugleich rechtfertigen wollen.
Methodisch sind wir dabei einen Weg gegangen, der dem Primat der Gesellschaftstheorie im Adornoschen Denken Rechnung trägt. Dementsprechend erfolgte auch die Auswahl und Gewichtung der Texte.
Einer Mitteilung von Werner Post zufolge sind Max Horkheimer und andere

Repräsentanten der Frankfurter Schule der Ansicht gewesen, daß die „Negative Dialektik" zu schnell geschrieben worden sei. Dies gilt zweifellos für die gesellschafts- und geschichtstheoretischen Passagen dieses Werkes. Ihr Vergleich mit den nunmehr zum größten Teil in den „Soziologischen Schriften"[1] gesammelt vorliegenden materialen Arbeiten hat ergeben, daß die Entfaltung der Adornoschen Geschichts- und Gesellschaftstheorie von diesen auszugehen hat und nicht von der „Negativen Dialektik"; was in ihr an spezifischer Geschichts- und Gesellschaftstheorie zur Ausführung kommt, hat über weite Strecken den Charakter dessen, was man im Englischen unter dem Begriff „abstracts" zusammenzufassen pflegt. Genaueren Aufschluß über viele in der „Negativen Dialektik" formulierte Thesen und Argumente erhält man oftmals erst in zentralen Abschnitten der materialen Arbeiten. An sie haben wir uns daher auch bei der Entfaltung der Adornoschen Gesellschafts- und Geschichtstheorie hauptsächlich gehalten.

Die systematische Auswertung und Interpretation des umfangreichen Textmaterials haben wir am Leitfaden der Adornoschen Idee einer „Logik des Zerfalls"[2] vorgenommen. Demnach stellt sich die Geschichte der bürgerlich-abendländischen Zivilisation als ein Prozeß dar, dessen Fortschritt der seines eigenen Zerfalls ist. Diesen Prozeß haben wir uns im ersten Teil unserer Abhandlung in seinen einzelnen Phasen zu vergegenwärtigen versucht.

Es hat sich gezeigt, daß er von einer Dialektik der Herrschaft bestimmt und vorangetrieben wird, die mit dem gattungsgeschichtlichen Unternehmen rationaler Selbsterhaltung durch rationale Naturbeherrschung selbst anhebt. Er kulminiert in einer Phase, in der Selbsterhaltung unter dem Druck der von ihr selbst produzierten übermächtigen Totalität der hermetisch geschlossenen Gesellschaft ihr Selbst verliert und in die totale Fungibilität und Gleichgültigkeit eines jeden Einzelnen umschlägt.

Was dadurch gesellschaftlich möglich wird, hat sich für Adorno in Auschwitz gezeigt. In Auschwitz kommt für Adorno die Geschichte der bürgerlich-abendländischen Zivilisation auf ihr eigenes Zentrum zu. Auschwitz war deshalb möglich, weil sowohl im Überbau als auch im Unterbau, im Bereich traditioneller Kultur wie im unmittelbaren materiellen Lebensprozeß durch dessen eigene geschichtliche Entwicklung das unmöglich gemacht wurde, was nach Adorno Auschwitz allein hätte widerstehen können: Autonomie. Weil sie nirgendwo als jene reale Freiheit sich verwirklicht hat, in der der Einzelne mit sich und dem Ganzen versöhnt wäre, kann die Theorie radikal das Ganze als das Unwahre behaupten.

1 vgl. GS 8; GS 9.1; GS 9.2.
2 ND, 146, 407.

Ist aber das Ganze das Unwahre, dann ist die Theorie, die das ausspricht, nicht als ein dem Ganzen Jenseitiges einfach von diesem auszunehmen. Sie hat sich selbst von ihrer immanenten Bestimmtheit durch dieses Ganze Rechenschaft zu geben. Das Ergebnis der Adornoschen Gesellschaftstheorie ist somit der systematische Punkt, von dem aus Erkenntnis kritisch zur Frage nach der Möglichkeit ihrer eigenen Wahrheit übergehen muß. Die Adornosche Erkenntnistheorie ist daher wesentlich Selbstreflexion der Gesellschaftstheorie[3]. In solcher Selbstreflexion wird die konstitutive Bedeutung der Gesellschaft für die Erkenntnis ebenso offenbar wie dadurch zugleich die materiale Erkenntnis zu einer kritischen Wendung gegen sich selbst gezwungen wird.

Das zeigen die erkenntnistheoretischen Passagen der „Negativen Dialektik". Auf sie trifft unseres Erachtens Horkheimers Urteil nicht zu: Nirgendwo sonst im gesamten Adornoschen Werk findet sich die Frage der kritischen Theorie nach ihrer eigenen Wahrheit inmitten des Unwahren so nuanciert entfaltet wie in den erkenntnistheoretischen Passagen der „Negativen Dialektik". In ihnen wird die Adornosche kritische Theorie in der Konsequenz ihrer eigenen materialen Ausführung kritisch gegen sich selbst.

Im zweiten Teil unserer Abhandlung haben wir die Rechenschaft der Adornoschen Theorie von sich selbst anhand der Frage nach dem Verhältnis von Wahrheit und Begriff zu erörtern versucht. Die Auswertung zentraler erkenntnistheoretischer Passagen der „Negativen Dialektik" hat gezeigt, daß auch die Theorie noch, die das Ganze als das Unwahre expliziert, nach ihrem eigenen Maß unwahr ist und sich selbst als selbst noch falsch negieren muß. Insofern hätte sie gar nicht, wie es in Horkheimers Urteil als Konjektur liegt, besser geschrieben werden können.

Die Adornosche Theorie, die sich radikal am Begriff einer innerweltlich herzustellenden totalen Versöhnung festmacht, erweist sich in der Negation ihrer selbst als unfähig, sich mit dem Bestehenden zu vermitteln, dessen radikale Kritik sie sein will. Sie beläßt es bei dem, was ist.

Regensburg, im Januar 1977 J.F.S.

---

3 vgl. ND, 7.

# 1. Die Auflösung des Subjekts der bürgerlich-abendländischen Zivilisation

*„Das Ganze ist das Unwahre"*
MM, 57

## 1.1. Die Urgeschichte der Subjektivität

In der ersten, „Begriff der Aufklärung" betitelten Abhandlung[1] der „Dialektik der Aufklärung" formulieren Adorno und Horkheimer die theoretisch grundlegende Perspektive: Der universale geschichtliche Aufklärungsprozeß, in dem der Fortschritt der Menschheit von den magischen Praktiken des Schamanen bis zur Ausbildung der modernen Wissenschaft und der von ihr bestimmten industriellen Gesellschaft sich vollzieht[2], ist zugleich ein Prozeß universalen Rückschritts, der neue „Naturverfallenheit"[3] produziert.

Diese Bestimmung des Geschichtsprozesses unter der leitenden Idee einer Dialektik der Aufklärung wird von den Autoren an zwei Thesen entwickelt[4]: die eine, auf die Urgeschichte der Subjektivität bezogen, hat zum Inhalt, daß schon der Mythos Aufklärung ist; damit wird der Begriff der Aufklärung bis auf die Anfänge überlieferter Menschheitsgeschichte ausgedehnt. Die zweite These besagt, daß der vom Mythos selbst in Gang gesetzte Prozeß der Aufklärung in Mythologie zurückschlägt.

In zwei Exkursen werden diese im „Begriff der Aufklärung" nur allgemein entfalteten Thesen exemplarisch bewährt: Im Rückgriff auf eines „der frühsten repräsentativen Zeugnisse bürgerlich-abendländischer Zivilisation"[5], die Odyssee des Homer, soll die Dialektik von Mythos und Aufklärung gezeigt werden[6]. Der zweite, von Horkheimer verfaßte Exkurs mit dem Titel „Juliette oder Aufklärung und Moral" hat die Vollendung der Aufklärung durch Kant, Sade und Nietzsche zum Thema[7] und zeigt, „wie die Unterwerfung alles Natürlichen

---

[1] vgl. DA, 9–49.
[2] vgl. DA, 15f.
[3] DA, 4; vgl. DA, 46.
[4] vgl. DA, 6.
[5] DA, 6.
[6] DA, 50–87; nach Auskunft von F. Grenz ist Adorno der Verfasser dieses Exkurses. Vgl. Grenz, F.: Adornos Philosophie in Grundbegriffen. Auflösung einiger Deutungsprobleme, Frankfurt 1974, 257 Anm. 26.
[7] vgl. DA, 88–127; da dieser Exkurs von Horkheimer verfaßt worden ist, werden wir ihn nicht weiter erörtern. An seiner Stelle werden wir uns mit Texten befassen, in denen Adorno sich mit derselben Thematik auseinandersetzt.

unter das selbstherrliche Subjekt zuletzt gerade in der Herrschaft des blind Objektiven, Natürlichen gipfelt"[8].

Wir wollen uns zunächst der *Urgeschichte der Subjektivität* zuwenden, in der grundgelegt wird, was den Aufklärungsprozeß bis zu seinem Ende in der Auflösung eben jener geschichtlich errungenen Subjektivität bestimmen soll: das Prinzip Herrschaft.

### 1.1.1. Allgemeine Bestimmung des Prinzips menschlicher Selbstkonstitution anhand der Homerischen Odyssee

Adorno gilt die Homerische Odyssee als „Grundtext der europäischen Zivilisation"[9]. Noch deutlicher als an der Ilias mit ihrer eher linearen Erzähltechnik läßt sich an der Odyssee die „Verschlungenheit von Mythos und Aufklärung"[10] ablesen: „In den Stoffschichten Homers haben die Mythen sich niedergeschlagen; der Bericht von ihnen aber, die Einheit, die den diffusen Sagen abgezwungen ward, ist zugleich die Beschreibung der Fluchtbahn des Subjekts vor den mythischen Mächten."[11]

Damit ist das Homerische Werk auf seine geschichtsphilosophische Tendenz hin bestimmt. Gestalt und Anlage des Homerischen Epos bringen Struktur und Tendenz des in ihm dargestellten Prozesses menschlicher Selbstkonstitution prägnant zum Ausdruck. Die Weise, in der Homer den diffusen Sagenstoff in die Einheit der epischen Form bringt, bezeugt nach Adorno zugleich die zentrale Bestimmung der Bildungsgeschichte jener Subjektivität, in der die bürgerlich-abendländische Zivilisation ihren Ursprung hat[12].

Im Folgenden wollen wir uns nun die Homerische Odyssee im Hinblick auf jenen Prozeß genauer vergegenwärtigen, den Adorno als Fluchtbahn des Subjekts vor den mythischen Mächten interpretiert.

8 DA, 6.
9 DA, 52.
10 a. a. O.
11 DA, 53.
12 Adornos Interpretation der Homerischen Odyssee wurde sowohl von H.-G. Gadamer (Wahrheit und Methode. Grundzüge einer philosophischen Hermeneutik, Tübingen 1965, 258 Fußn. 2) wie auch von K. Heinrich (Versuch über die Schwierigkeit nein zu sagen, Frankfurt 1964, 49 ff., 178 ff.) kritisiert. Beide heben gegen Adornos Interpretation das bei Homer zentrale Motiv des Schicksals hervor. Es ist aber nun gerade Adornos geschichtsphilosophischer Anspruch, die Homerische Schicksalsmythologie zu entschlüsseln als Deckbild eines sich selbst noch verborgenen Emanzipationsprozesses der Gattung. – Zur Herkunft dieses dialektischen Interpretationsverfahrens aus dem Denken W. Benjamins vgl. Grenz, F.: a. a. O., 96 f.

Die Odyssee berichtet vom Schicksal des Odysseus nach Beendigung des Trojanischen Krieges, von seinen Irrfahrten und Abenteuern, die er bestehen muß, bis er endlich in seine Heimat nach Ithaka zurückkehren kann.
Fernab von allen philologischen Bemühungen um die Bestimmung von Verfasserschaft und Herkunft der in der Darstellung der Irrfahrt ineinander verwobenen Sagenstoffe faßt Adorno die Odyssee in geschichtsphilosophischer Perspektive als literarischen Ausdruck der Bildungsgeschichte menschlicher Subjektivität. Für ihn ist die Irrfahrt des Odysseus von Troja nach Ithaka „der Weg des leibhaft gegenüber der Naturgewalt unendlich schwachen und im Selbstbewußtsein erst sich bildenden Selbst durch die Mythen"[13]. Odysseus ist demgemäß Repräsentant jener Stufe der Selbstkonstitution, auf der das Selbst in Auseinandersetzung mit der es elementar gefährdenden mythischen Vorwelt erst sich festigt.
Im Epos ist diese bereits in die säkulare Gestalt des Raumes versetzt, den Odysseus durchmißt. Auf bestimmte Inseln und Zonen des Weltmeers geordnet verteilt, dokumentieren die vielfältigen Ungeheuer und Gefahren, mit denen der Heimkehrer auf seinem Weg sich auseinandersetzen muß, allesamt die Macht der mythischen Vorwelt, die immer wieder das „Selbst aus der Bahn seiner Logik"[14] herauszuziehen versucht und mit Vernichtung bedroht. Immer wieder findet sich Odysseus jenen Mächten ausgeliefert, in deren Übermacht sich die Ohnmacht des Menschen gegenüber der zu beherrschenden Natur reflektiert, und der elementar Bedrohte vermag ihnen nur zu entrinnen, indem er der Logik der Selbsterhaltung mit derselben Unerbittlichkeit folgt, mit der ihn jene Mächte bedrohen. So wird es ihm schließlich möglich, den Ansprüchen der mythischen Vorwelt, die unter dem Blick des rücksichtslos auf seine Selbsterhaltung Bedachten die Gestalt der „Irre"[15] annehmen, zu entrinnen und in die Heimat zurückzukehren.
Das Spezifische der Logik solcher Selbsterhaltung, die Odysseus nicht nur das nackte Leben rettet, sondern überdies das Unternehmen der Heimkehr zu einem glücklichen Ende führt, liegt nun darin, daß sie gerade an dem die Selbsterhaltung Bedrohenden und Auflösenden die materiale Basis ihrer Entfaltung hat. Indem Odysseus sich den mannigfaltigen Verlockungen und übermächtigen Gewalten ausliefert und es mit ihnen aufnimmt, gewinnt er jene Härte des Selbst, die ihn alle Gefahren bestehen läßt. Nicht also im „starren Gegensatz"[16] zum Gefährdenden und Bedrohlichen diffuser Verlockungen und übermächtiger Gewalten

---

13 DA, 53.
14 a. a. O.
15 a. a. O.
16 DA, 54.

bildet sich das rettende Selbst, sondern erst in der Auseinandersetzung mit den mannigfaltigen Bedrohungen und Gefahren gewinnt es jene Starrheit, vermöge deren es sich identisch durchzuhalten vermag.

### 1.1.2. Die urgeschichtlichen Stufen menschlicher Selbstkonstitution und ihre Dialektik

Im vorhergehenden Abschnitt haben wir eine erste allgemeine Bestimmung der Logik des Prozesses menschlicher Selbstkonstitution gegeben:
Die Einheit des Selbst, Bedingung des odysseischen Entrinnens, konstituiert und stabilisiert sich allererst im Umkreis der Auseinandersetzung mit der „Mannigfaltigkeit dessen, was jene Einheit verneint"[17]. Es ist damit jedoch noch nicht hinreichend geklärt, wodurch und um welchen Preis es dem Selbst gelingt, in der Auseinandersetzung mit der Mannigfaltigkeit der Gefahren und Verlockungen, ja in oftmals auf geradezu törichter Neugier beruhender Preisgabe an sie[18] nicht sich zu verlieren, sondern – im Gegenteil – sich darin in seiner alles beherrschenden Einheit zu gewinnen.

Daß die geschilderte Bewegung des Entrinnens trotz der übermächtigen Gefahren, die sie immer wieder zu vereiteln suchen, möglich ist und nicht an irgendeinem Punkt abbricht, sondern in die Heimat rettet, verdankt Odysseus der *List*. Sie ist das „Organ des Selbst, Abenteuer zu bestehen, sich wegzuwerfen, um sich zu behalten"[19].

Bevor wir jedoch das Schema der odyseeischen List exemplarisch am Polyphem-Mythos erörtern, wollen wir uns zunächst dem Adornoschen Gedankengang getreu jenen Zusammenhang vergegenwärtigen, dem die List als „Organ" der Selbsterhaltung selbst entspringt[20].

### 1.1.2.1. Das homerische Gastgeschenk als die „Mitte zwischen Tausch und Opfer"[21]

An einer Stelle des Exkurses I vergleicht Adorno die Weise, in der Odysseus mit den Naturgottheiten umgeht, damit, wie „einmal der zivilisierte Reisende die

17 a. a. O.
18 vgl. DA, 53.
19 DA, 55.
20 Bei F. Grenz (a. a. O.) wird die Genese der odysseischen List nicht entfaltet. Damit versperrt F. Grenz sich die Einsicht in den zentralen Stellenwert, den die Begriffe Opfer und Entsagung im „Exkurs I" haben; vgl. hierzu auch DA, 6. Daher bleibt auch bei F. Grenz der von Adorno anvisierte Zusammenhang der Urgeschichte der Subjektivität mit ihrer Spätphase im unklaren. Vgl. hierzu das Folgende.
21 DA, 55.

Wilden, denen er bunte Glasperlen für Elfenbein bietet"[22], übervorteilt. Damit wird der Umgang des Odysseus mit den ihn bedrohenden Naturmächten von einem historisch späteren Phänomen, dem des Tausches, her gedeutet. Die Legitimität dieses Deutungsmusters versucht Adorno durch den Nachweis zu begründen, daß die zentrale Bestimmung rationalen Tausches, der Betrug an demjenigen, mit dem etwas für etwas getauscht wird, schon auf der Stufe der Auseinandersetzung des Menschen mit den mythischen Mächten der Vorzeit sich findet.

Worin besteht nun das Moment des Betrugs auf der Stufe jener Auseinandersetzung, das es gestattet, von einem ‚magischen Schema rationalen Tausches'[23] zu sprechen? Adornos Beweisführung beginnt zunächst mit der Erörterung von Struktur und Funktion des homerischen Gastgeschenks.

Für Adorno stellt das homerische Gastgeschenk ein zentrales Bindeglied dar zwischen der Urgeschichte der Subjektivität und der geschichtlich fortgeschrittenen Stufe rationalen Tausches. Es hält die „Mitte zwischen Tausch und Opfer"[24], insofern es einerseits „wie eine Opferhandlung ... verwirktes Blut ... abgelten und Urfehde stiften"[25] soll, andererseits schon dem Prinzip der Äquivalenz folgt: „der Wirt erhält real oder symbolisch den Gegenwert seiner Leistung, der Gast eine Wegzehrung, die ihn grundsätzlich dazu befähigen soll, nach Hause zu gelangen"[26]. Zwar erhält der Wirt für die dem Gast gewährte Wegzehrung, die seine glückliche Heimkehr sichern soll, kein unmittelbares Entgelt, doch kann er „damit rechnen, daß er selber oder seine Anverwandten einmal ebenso aufgenommen werden"[27]. Für den Wirt hat das Gastgeschenk die objektive Funktion, als „Opfer an Elementargottheiten"[28] vor deren möglichem Unwillen zu versichern und sie sich gefügig zu halten. Einmal günstig gestimmt, werden sie – so das dem Gastgeschenk implizite Rechnen mit einer Gegenleistung – nichts unternehmen, was eine mögliche wohlwollende Aufnahme bei eigenen künftigen Reisen vereiteln könnte.

Dieses Moment am Gastgeschenk: daß es gegeben wird, weil man mit einer Gegenleistung für das Gegebene rechnet, verleiht ihm den Charakter des Tausches. Wenn auch diese Gegenleistung nicht unmittelbar, sofort in dinglicher Gestalt erbracht wird, so ist sie doch zumindest antizipiert. Nur insofern läßt sich vom Tauschcharakter des homerischen Gastgeschenks sprechen. Nicht mehr eigent-

---

22 a. a. O.
23 DA, 56.
24 a. a. O.
25 DA, 55 ff.
26 DA, 56.
27 a. a. O.
28 a. a. O.

liche Opferhandlung und noch nicht rationaler Tausch, hält es so die „Mitte zwischen Tausch und Opfer".

### 1.1.2.2. Die Dialektik des Opfers

Im vorhergehenden Abschnitt haben wir das rationale, „aufgeklärte" Moment am homerischen Gastgeschenk bestimmt, das mit seinem Tauschcharakter gegeben ist.
Dieses Moment ist jedoch nicht etwas, was sich erst mit dem Rechtsinstitut des Gastgeschenks konstituiert. Seinen Ursprung hat es vielmehr schon in den eigentlichen Opferhandlungen: „Es wird für Hekatomben bestimmter Größenordnung je mit dem Wohlwollen der Gottheiten gerechnet"[29]. Durch das Opfer soll also ein dem Menschen günstiges Verhalten der Götter bewirkt werden.
Das impliziert jedoch zugleich einen objektiven *Betrug* an ihnen: Die Veranstaltung des Opfernden, durchs Opfer den Willen der Götter zu seinen Gunsten zu beeinflussen, ist zugleich ein Akt der Selbstermächtigung des Menschen auf Kosten der Übermacht der Götter, ein planvolles Unternehmen, „die Götter zu beherrschen, die gestürzt werden gerade durch das System der ihnen widerfahrenden Ehrung"[30]. Dadurch, daß die Götter durch die ihnen geweihten Opfer den Zwecken menschlicher Selbsterhaltung unterstellt werden, wird ihre Macht zugleich gebrochen – und gerade darin liegt das Moment des Betrugs im Opfer. Werden auf der Stufe des ausgebildeten Tausches die Wilden von den zivilisierten Händlern betrogen und übervorteilt, indem sie ihr kostbares Elfenbein gegen billige Glasperlen tauschen, so betrügen auf der magischen Stufe die Menschen die Götter durch das Opfer, das sie ihnen gewähren. Ihnen widerfährt wie später den Eingeborenen das Gewährte als Mittel der Macht. Darin erweist sich für Adorno das Opfer als das „magische Schema rationalen Tausches"[31].
Der Verselbständigung jenes Moments im Opfer, das an der Brechung der Macht der Naturgewalten durch den Versuch ihrer Beeinflussung seine spezifische Rationalität hat, verdankt sich die *List*, mit deren Hilfe Odysseus die mannigfaltigen Gefahren auf dem Weg in die Heimat zu bestehen vermag. Daß das rationale Moment im Opfer sich gegen das Opfer zur List verselbständigen konnte, hat seinen Grund in der Erfahrung der objektiven Unwahrheit des Opfers, die die List subjektiv entfaltet.
In der bisherigen Analyse des Opfers stand nur das subjektkonstitutive, aufklärerisch-rationale Moment des Betrugs an den Adressaten des Opfers, den über-

29 a. a. O.
30 a. a. O.
31 a. a. O.

mächtigen Naturgewalten, im Vordergrund. Damit ist jedoch nur eine Seite der Dialektik des Opfers bestimmt; die andere, deren Elimination die Fortentwicklung jener bereits dem Opfer impliziten Stufe der Selbstermächtigung zur Rationalität der List allererst möglich macht, besteht darin, daß auf der magischen Stufe der Opferpraxis der Betrug an den Naturgewalten in Gestalt des Opfers zugleich ein Betrug am Selbst ist.

Diesen Zusammenhang wollen wir uns im Folgenden ausführlich vergegenwärtigen, insofern an ihm die Dialektik der Subjektivität als einheitlicher Selbstbehauptung präzise zu fassen ist.

Adorno bestimmt das dem Opfer ebenso implizite Moment des Betrugs am Selbst, das zum subjektkonstitutiven Moment des Betrugs an den Adressaten des Opfers, den Naturmächten, im objektiven Widerspruch steht, durch den Nachweis des *ideologischen* Charakters des Opfers. Ihn gewinnt er durch Reflexion auf die materielle Basis urgeschichtlichen Lebens.

Nach Adorno haben auf einer Stufe der Vorzeit „die Opfer eine Art blutige Rationalität besessen"[32]. Sie kennzeichnen einen Zustand archaischen Mangels, „in dem Menschenopfer und Kannibalismus kaum sich scheiden lassen"[33]. Auf dieser Stufe ist Selbsterhaltung derart prekär, daß das „numerisch angewachsene Kollektiv"[34] sich nur durch den Genuß von Menschenfleisch am Leben erhalten kann. „Gebräuche aus späterer Zeit wie der des ver sacrum, wo in Zeiten des Hungers ein ganzer Jahrgang von Jünglingen unter rituellen Veranstaltungen zur Auswanderung gezwungen wird, bewahren deutlich genug die Züge solcher barbarischen und verklärten Rationalität."[35]

Ihre Rationalität verloren die Opfer jedoch dann, als auf einer fortgeschritteneren Stufe der Menschheitsentwicklung die systematische Jagd dem Stamm genügend Tiere zutrieb, um sich am Leben zu erhalten. Jener Augenblick, in dem die Opfer ihre partikulare rationale Notwendigkeit verlieren, ist der, in dem die Opfer durch magisch kollektive Interpretation von seiten der etablierten Priesterkaste ‚rationalisiert'[36] werden. Ihre ursprünglich blutige Rationalität nimmt unter den Bedingungen systematisch gesicherter Nahrungsvorsorge eine spezifisch ideologische Gestalt an: Das Opfer gewinnt die Funktion, die „unmittelbare Kommunikation"[37] mit jener übermächtigen und bedrohlichen Naturgewalt herzustellen, *gegen* die das Selbst doch gerade unter unsäglichen Anstrengungen sich formiert und erhält. Einzelne werden stellvertretend für das Kollektiv geopfert,

---

32 DA, 59.
33 a. a. O.
34 a. a. O.
35 a. a. O.
36 a. a. O.
37 DA, 58.

um die Naturmächte wohlwollend zu stimmen und so den Bestand des Kollektivs zu gewährleisten. Der magische Glaube an die Stellvertretung durchs Opfer bringt zwar in Erinnerung, daß das Selbst ein konstituiertes und nicht ursprüngliches ist, daß es sich vielmehr der Entgegensetzung zum Naturzusammenhang verdankt. Doch wird jener Glaube dadurch „zugleich dem ausgebildeten Selbst gegenüber zur Unwahrheit: das Selbst ist gerade der Mensch, dem nicht mehr magische Kraft der Stellvertretung zugetraut wird"[38]. Dem ausgebildeten Selbst kann jene magische Kraft der Stellvertretung gerade deshalb nicht mehr zugetraut werden, weil es sich als Selbst konstituierte, indem es „den fluktuierenden Zusammenhang mit der Natur"[39] durchschnitt. Damit ist eine Stufe der Menschheitsentwicklung erreicht, die nicht mehr rückgängig gemacht werden kann. Der durch die Konstitution des Selbst zerrissene Zusammenhang mit der Natur ist durch das Opfer des Selbst nicht wiederherzustellen. Insofern ist jedes Opfer „eine Restauration, die von der geschichtlichen Realität Lügen gestraft wird, in der man sie unternimmt"[40]. Die Praxis des Opfers erweist sich somit nicht nur als Betrug an der Natur, der es gilt und die es versöhnen soll, sondern auch und gerade als Betrug am Selbst, das es darbringt.

An einer Stelle bringt Adorno den elementaren Zusammenhang von selbstkonstitutivem Betrug an Natur und Betrug am Selbst, als dessen konkret-gesellschaftlicher Ausdruck die Priesterkaste fungiert, auf eine einprägsame Bestimmung: „Alle menschlichen Opferhandlungen, planmäßig betrieben, betrügen den Gott, dem sie gelten: sie unterstellen ihn dem Primat der menschlichen Zwecke, lösen seine Macht auf, und der Betrug an ihm geht bruchlos über in den, welchen die ungläubigen Priester an der gläubigen Gemeinde vollführen."[41]

Fassen wir das bisher Ausgeführte zusammen: Wie unsere Erörterungen ergeben haben, ist der Betrug, den das Opfer involviert, nicht nur einer an der Natur bzw. den sie repräsentierenden mythischen Gewalten, die unter die Botmäßigkeit des Menschen gebracht werden sollen, sondern ebensosehr einer des Menschen an sich selbst. Das Opfer rettet eben gerade „nicht durch stellvertretende Rückgabe die unmittelbare, nur eben unterbrochene Kommunikation"[42] mit der Natur. Subjektivität zeigt sich damit auf der urgeschichtlichen Stufe des Opfers durch die Einheit eines objektiv Widersprüchlichen bestimmt: des aufklärerisch-rationalen Moments im Opfer, das sich mit dem ihm impliziten Betrug an den Naturmächten konstituiert, und eines ideologisch-regressiven Moments, des Betrugs

---

38 a. a. O.
39 a. a. O.
40 a. a. O.
41 DA, 57.
42 DA, 58.

an sich selbst durch die Annahme einer im Opfer sich herstellenden unmittelbaren Kommunikation mit der Gottheit.

### 1.1.2.3. Die Dialektik der List

Odysseus ist die konsequente Entfaltung der im vorangegangenen Abschnitt bestimmten betrügerischen und selbstbetrügerischen Rationalität des Selbst. Durch ihn „wird ... das Moment des Betrugs am Opfer ... zum Selbstbewußtsein erhoben"[43]. Auf der odysseeischen Stufe der Selbstkonstitution ist der dem Opfer immanente Betrug, daß nämlich „die symbolische Kommunikation mit der Gottheit durchs Opfer nicht real ist"[44], schon durchschaut und als List gegen es gewendet.
Die fortgeschrittenen geschichtlichen Bedingungen gesicherter Daseinsvorsorge, unter denen die Opfer überflüssig werden und ihnen somit keine rationale Notwendigkeit mehr eignet, bieten die materielle Voraussetzung hierzu.
Die List benutzt dieses Mißverhältnis zwischen objektiv-geschichtlichem Stand und der subjektiv zurückgebliebenen Praxis des Opfers als Medium ihrer Entfaltung. War das Opfer Betrug nicht nur an der Natur, sondern ebensosehr am Selbst, dessen Erhaltung es seiner eigenen Intention nach doch dienen sollte, so wird auf der Stufe der odysseeischen List die ungeschiedene Einheit, in der beide Momente des Betrugs im Opfer sich verbanden, aufgebrochen: Die odysseeische List dient objektiv dem Zweck, jenes Moment des Betrugs am Selbst, wie es das Opfer implizierte, zu eliminieren durch die Praxis eines vollendeteren Betrugs an Natur. In dieser Verselbständigung des im Opfer gesetzten Moments des Betrugs an Natur liegt die zentrale Wendung der List gegen das Opfer und seinen massiven Betrug, den es am Selbst verübte.
Am Beispiel der Homerischen Erzählung von der Begegnung des Odysseus mit Polyphem wollen wir uns nun Charakter und Bedeutung der odysseeischen List für den Prozeß der menschlichen Selbstkonstitution genauer vergegenwärtigen. Wie alle übrigen mythischen Ungetüme, mit denen Odysseus auf seinem Weg in die Heimat sich auseinandersetzen muß, so stellt nach Adorno auch der Kyklop Polyphem einen gleichsam versteinerten *Vertrag*, einen *Rechtsanspruch* aus der Vorzeit dar: „Szylla und Charybdis haben einen Anspruch auf das, was ihnen zwischen die Zähne kommt, so wie Kirke einen, den Ungefeiten zu verwandeln, oder Polyphem den auf die Leiber seiner Gäste. Eine jegliche der mythischen Figuren ist gehalten, immer wieder das Gleiche zu tun. Jede besteht in Wie-

---

43 DA, 57 ff.
44 DA, 58.

derholung."⁴⁵ Insofern begründen sie Rechtsverhältnisse von einer Allgemeinheit und Unausweichlichkeit, gegen die die Rationalität des Selbst notwendig „beschränkende Form"⁴⁶ annehmen muß, „die der Ausnahme"⁴⁷. Sonst ist das Selbst verloren. Odysseus „muß sich den ihn einschließenden und bedrohenden Rechtsverhältnissen entziehen, die gewissermaßen einer jeglichen mythischen Figur einbeschrieben sind"⁴⁸. Gegenüber der Allgemeinheit und Unausweichlichkeit der übermächtigen Naturgewalt bleibt dem Selbst somit nur die Alternative, entweder jenen Rechtsverhältnissen konform sich zu opfern und unterzugehen oder listig eine Lücke im vorzeitlichen Vertrag aufzuspüren und dadurch zu entrinnen.

Odysseus ist ein solcher Mann der List: „Er tut der Rechtssatzung Genüge derart, daß sie die Macht über ihn verliert, indem er ihr diese Macht einräumt."⁴⁹ Polyphem bekommt dies wie keine andere der mythischen Gestalten zu spüren. Der Riese vertritt nach Adorno einen Zustand, in dem sich noch „keine feste Identität"⁵⁰ des Selbst ausgebildet hat. Er lebt mit den übrigen Kyklopen in den Höhlen des Inselgebirges, und jeder von ihnen geht seinem Tagwerk nach, ohne sich um den anderen zu kümmern. Die Kyklopen betreiben keinen Ackerbau, sondern leben von der üppigen Fülle dessen, was ihnen die Natur bereitstellt. Sie kennen keine „systematische, über die Zeit disponierende Organisation von Arbeit und Gesellschaft"⁵¹. Das trägt ihnen den Homerischen Vorwurf der Gesetzlosigkeit ein. Damit ist jedoch nach Adorno nicht bloß gemeint, daß der Kyklop „in seinem Denken die Gesetze der Gesittung nicht respektiert, sondern auch, daß sein Denken selbst gesetzlos, unsystematisch, rhapsodisch sei"⁵².

Diesen Umstand, daß der Gesetzlose auch der Dumme ist, macht sich der planvoll seine Selbsterhaltung betreibende Odysseus gegen das „gesetzlos denkende Scheusal"⁵³ zunutze, das ihn auffressen will. Mit seinen Gefährten hilflos in der Höhle des Riesen eingeschlossen, unternimmt er den Versuch, sich dem Ver-

---

45 DA, 65.
46 DA, 66.
47 a. a. O.
48 a. a. O.
49 a. a. O.; darin liegt für J. Habermas der Akt „ursprünglicher Aufklärung" (ders.: Urgeschichte der Subjektivität und verwilderte Selbstbehauptung. In: Philosophisch-politische Profile, Frankfurt 1971, 186). J. Habermas erörtert jedoch nicht die Vorgeschichte der odysseischen List, so daß er dessen nicht gewahr wird, daß das aufklärerisch-rationale Moment des Betrugs an den mythischen Naturgewalten bereits im Opfer wirksam ist und in der odysseischen List nur radikalisiert wird.
50 DA, 75.
51 DA, 72.
52 DA, 72 ff.
53 DA, 72.

trauen des Polyphem einzuschmiegen: Einschmeichelnd empfiehlt er ihm den von Ismaros mitgebrachten Maron-Wein als besonders gut auf Menschenfleisch. Der Kyklop berauscht sich daran und verfällt, trunken vom Wein, in tiefen Schlaf. Und noch während er im Schlaf Wein und Brocken von Menschenfleisch erbricht, stößt Odysseus mit dem noch verbliebenen Rest seiner Gefährten dem Ahnungslosen den glühenden Balken in sein einziges rädergroßes Auge.
An dem geschilderten Vorgehen des Odysseus läßt sich schon Zentrales über den Stand der odysseischen ratio ablesen: Wie in den Auseinandersetzungen mit den übrigen Urgewalten, so rettet auch hier die planvolle, vom Gesetz der Selbsterhaltung bestimmte odysseische ratio dadurch, daß sie sich ihrem bedrohlichen Gegenteil anpaßt und es zugleich durch diese Anpassung betrügt.
Ihren vollendeten Ausdruck findet diese Art von Anpassung jedoch in der List des Namens[54]. Weil Polyphem noch keine feste Identität des Selbst ausgebildet hat, vermag er es noch nicht, Wort und Gegenstand voneinander zu scheiden: „Das Wort soll unmittelbare Macht haben über die Sache. Ausdruck und Intention fließen ineinander."[55]
Jenem Bewußtseinsstand paßt sich Odysseus auf die Frage des Kyklopen, wer er denn sei, berechnend an. Odysseus verleugnet sein Selbst und nennt sich Niemand. Indem er so seine Identität verleugnet, regrediert er auf die Stufe des Polyphem, der auch kein Selbst ist[56].
Zugleich kann er sich aber dadurch der Rache des Ungeheuers entziehen. Während dem Riesen Wort und Sache noch eins sind, nutzt die selbsterhaltende ratio den Unterschied zwischen beidem. Aus Not, an der Sache, der faktischen Situation, die durch die physische Übermacht des Polyphem bestimmt ist, zugrundezugehen, „klammert" Odysseus „sich ans Wort, um die Sache zu ändern"[57]. Er wird dessen gewahr, „daß das identische Wort Verschiedenes zu bedeuten ver-

---

54 vgl. DA, 75.
55 DA, 67.
56 vgl. DA, 75; F. Grenz' Interpretation dieser Stelle führt eine Differenzierung ein, die sich bei Adorno nicht findet. F. Grenz behauptet: „Die Mimikry des Odysseus geht auf eine Stufe, die noch unter der liegt, auf der Polyphem sich befindet" (Grenz, F.: a. a. O., 23). Aus dem Adornoschen Text ergibt sich jedoch eindeutig, daß diejenige Stufe, an die Odysseus sich durch Mimikry anpaßt, die des Polyphem ist und nicht eine noch darunterliegende. Wenn Odysseus sich als Niemand verleugnet, so geschieht dies deshalb, „weil Polyphem kein Selbst ist" (DA, 75). Weil Niemand das genaue Gegenteil zum Selbst und seiner Identität ist, erfordert nach Adorno die genaue Anpassung, Mimikry an jenen Zustand, auf dem noch kein Selbst ist, eben die Selbstverleugnung des Odysseus als Niemand. Für Adorno gibt es keine davor- oder dazwischenliegende Stufe, wie F. Grenz sie ansetzt.
57 DA, 67.

mag"⁵⁸. Diesem Umstand ist der in seinem magischen Vorstellungskreis befangene Kyklop nicht gewachsen. Sowie Odysseus sich als Udeis bezeichnet, betreibt er einen dem ungeschlachten Kyklopen gänzlich unbekannten zweckhaften Einsatz des Wortes: Er nützt einfach seine Allgemeinheit aus, die sich mit je spezifischem Inhalt füllen läßt. Indem Odysseus so „dem Namen die Intention einlegt, hat er ihn dem magischen Bereich entzogen"⁵⁹.
Der Kyklop kann nicht wissen, daß das Wort Udeis in seiner Allgemeinheit sich sowohl auf Odysseus als auch auf Niemand beziehen kann, weil es zu diesem Wissen eben des Selbst bedarf. Magisch befangen verwirrt Polyphem in seinem Ruf nach Vergeltung Name und Sache und macht so jegliche Vergeltung an dem Listigen unmöglich. Zwar eilen die übrigen Kyklopen auf das Brüllen des Geblendeten hin herbei, doch als er ihnen auf die Frage, was denn Furchtbares geschehen sei, antwortet, daß Niemand ihm Schlimmes angetan habe, sehen sie keinen Anlaß und auch keine Möglichkeit, ihm zu helfen. Vielmehr empfehlen sie ihm, zu seinem Vater Poseidon zu beten. Odysseus kann entrinnen.
So perfekt auch die Anpassung an die Bewußtseinsstufe des Polyphem war – um sie ausnutzen und so sich retten zu können, muß Odysseus sich als Niemand verleugnen. Und obgleich er der Vorwelt eben listig entronnen ist, offenbart er noch in Reichweite des wütenden Ungeheuers trotz der Warnungen seiner Gefährten Herkunft und Namen, so als müßte er fürchten, „Niemand wieder zu werden, wenn er nicht die eigene Identität vermöge des magischen Wortes wiederherstellt, das von rationaler Identität gerade abgelöst ward"⁶⁰.
An der Homerischen Erzählung von der Begegnung des Odysseus mit Polyphem läßt sich für Adorno Zentrales ablesen: „Selbstbehauptung ... ist wie in der ganzen Epipoë, wie in aller Zivilisation, Selbstverleugnung."⁶¹ Die Weise, in der Odysseus sich mit der Übermacht des Kyklopen auseinandersetzt und gegen sie behauptet, ist für Adorno Paradigma der Selbstbehauptung „in aller Zivilisation" schlechthin. Das Selbst, das sich vermittels der ratio und ihrem Betrug an den übermächtigen Naturgewalten dem Opfer entzieht, wird durch die um seiner Selbsterhaltung willen notwendige Selbstverleugnung zum Opfer an sich selbst: gegen das Opfer, das Polyphem wie alle übrigen Gestalten der Vorwelt fordert. Dadurch gerät das Selbst doch wieder in „den zwangshaften Zirkel des Naturzusammenhanges, dem es durch Angleichung zu entrinnen trachtet"⁶². Indem das

---

58 a. a. O.
59 DA, 75.
60 a. a. O.
61 a. a. O.
62 a. a. O.

Selbst den Zwang, den Natur auf es ausübt und dem das Opfer kraftlos entspricht, ohne mit ihm versöhnen zu können, dadurch aufzuheben versucht, daß es ihn durch Anpassung, „Mimesis"[63] an ihn gegen ihn selbst wendet, entrinnt es ihm gerade nicht: Das Selbst steht, um dem Zwang seiner Auflösung durch Natur zu entgehen, nun selbst unter dem fortwährenden Zwang, sich als identisch beharrendes Selbst gegen den auflösenden Naturzwang beständig zu behaupten. Der Naturzusammenhang setzt sich also darin fort, daß das Selbst unter dem fortwährenden Zwang seiner selbst steht, sich dem Naturzwang zu entziehen

---

63 DA, 64; diese Art von Mimesis ist bereits als „bewußt gehandhabte Anpassung an die Natur" (a. a. O.) in sich *rational*. Sie beraubt die übermächtige Natur ihrer Macht und bringt sie unter die eigene. Mimesis tritt so in den „Dienst der Herrschaft" (a. a. O.). Vgl. hierzu auch Schweppenhäuser, H.: Spekulative und negative Dialektik. In: Negt, O. (ed.): Aktualität und Folgen der Philosophie Hegels, Frankfurt 1970, 87. – Die durch Mimesis vermittelte Entgegensetzung des Selbst gegen den starren Naturzwang hat nach Adorno in der biologischen Vorgeschichte ihre Vorform im organischen Bereich. Dort hat Mimesis den Charakter von Erstarrungsreaktionen: Wenn bei Zeichen der Gefahr „das Haar sich sträubte und das Herz stillstand" (DA, 189), so vollzog sich darin zugleich eine Anpassung an die bedrohliche Natur. Das Lebendige möchte zur unbewegten Natur werden, ihr gleich sein, um sich durch diese Gleichheit der Bedrohung durch sie zu entziehen. Solche auf „biologisch fundamentalen Reizen" (a. a. O.) beruhende Anpassung an die Natur ist daher als Schutz vor ihr immer zugleich eine Verhärtung gegen sie. Selbst die ursprünglichste Form der Mimesis enthält somit schon ein Moment von Herrschaft über die Natur in sich. Vgl. auch DA, 190. Die „Erstarrung von Haut, Muskel, Glied" (DA, 189) erweist sich in dieser Perspektive als biologisches Grundmuster jener Starrheit des Selbst gegenüber den es bedrohenden Naturgewalten, die sich auf der odysseischen Stufe der Selbsterhaltung ausbildet: „Jene Erstarrungsreaktionen am Menschen sind archaische Schemata der Selbsterhaltung: das Leben zahlt den Zoll für seinen Fortbestand durch Angleichung ans Tote" (a. a. O.). – G. Rohrmosers Behauptung, daß der Begriff der Mimesis bei Adorno „die Form einer unmittelbaren Teilhabe und unmittelbaren Wiederholung der Natur durch den Menschen" (Rohrmoser, G.: Das Elend der kritischen Theorie, Freiburg 1970, 25) im versöhnten Urzustand meint, wird durch die Texte nicht bestätigt. Adorno kennt keinen Begriff der Mimesis als Merkmal eines gewaltfreien Umgangs des Menschen mit der Natur im versöhnten Urzustand: „Die Konstellation . . ., unter der Gleichheit sich herstellt, die unmittelbare der Mimesis wie die vermittelte der Synthesis, die Angleichung ans Ding im blinden Vollzug des Lebens wie die Vergleichung des Verdinglichten in der wissenschaftlichen Begriffsbildung, bleibt die des Schreckens" (DA, 190). – Auch M. Theunissen (Gesellschaft und Geschichte. Zur Kritik der kritischen Theorie, Berlin 1969, 17f.) scheint zu übersehen, daß nach Adornos Theorie versöhnte Natur noch nie war, sondern vielmehr erst durch den Geschichtsprozeß herzustellen ist. Vgl. zu diesem Zusammenhang weiter: Kaiser, G.: Benjamin. Adorno. Zwei Studien, Frankfurt 1974, 99.

und sich so zu erhalten⁶⁴. Weil das Selbst nur in der fortwährenden Behauptung gegen den übermächtigen, selbstzerstörerischen Naturzwang bestehen kann, kehrt so auf der Stufe des ausgebildeten Selbst auch das Moment des Opfers wieder, dessen Überwindung es sich verdankt. In der permanenten Auseinandersetzung mit den es bedrohenden Naturgewalten opfert das Selbst sich für sich selbst auf. Solche Selbstaufopferung ist der Preis für seine Selbsterhaltung: „Das identisch beharrende Selbst, das in der Überwindung des Opfers entspringt, ist unmittelbar doch wieder ein hartes, steinern festgehaltenes Opferritual, das der Mensch, indem er dem Naturzusammenhang sein Bewußtsein entgegensetzt, sich selber zelebriert."⁶⁵

Am Beispiel der Homerischen Erzählung von der Begegnung des Odysseus mit Polyphem versuchten wir uns die Dialektik der List als Merkmal einer fortgeschrittenen Stufe menschlicher Selbstbehauptung klarzumachen. Es hat sich gezeigt, daß die Überwindung des Opfers und seines das Selbst massiv betrügenden Versuchs, mit den Naturgewalten zu versöhnen, im Zeichen der List geschieht: „Es ist die Formel für die List des Odysseus, daß der abgelöste, instrumentale Geist, indem er der Natur resigniert sich einschmiegt, dieser das Ihre gibt und sie eben dadurch betrügt."⁶⁶ Odysseus nennt Polyphem den von ihm geforderten Namen und betrügt ihn zugleich dadurch, daß er sich in Anpassung, „Mimikry ans Amorphe"⁶⁷ des Riesen als Niemand verleugnet. Während Odysseus den Namen instrumentell, als bloßes Zeichen einsetzt, das sich sowohl auf Odysseus als auch auf Niemand beziehen kann, versteht der Kyklop ihn aus seinem magischen Vorstellungskreis heraus. Sein magisches Verständnis des Wortes Udeis als ungeschieden eins mit der Sache erlaubt es dem listigen Odysseus, zu entrinnen. So listig sich auch Odysseus in dieser Geschichte gebärdet – die List des Namens und damit der Betrug an dem Übermächtigen ist möglich

---

64 In diesem Rekurs auf die Naturbedingtheit des Selbst besteht die zentrale Differenz des Adornoschen Ansatzes zum Ansatz der Hegelschen „Phänomenologie des Geistes". Während Hegels Unternehmen einer Phänomenologie des Geistes dadurch gekennzeichnet ist, partikulare Gestalten der Vernunft durch Reflexion auf ihren reinen Begriff in diesem selbst aufzuheben, so ist es dagegen das Bemühen Adornos, „nicht nur eine partikulare Gestalt falschen Bewußtseins ..., sondern die Instanz theoretischer und praktischer Vernunftgeltung überhaupt" (Baumeister, Th./Kulenkampff, J.: Geschichtsphilosophie und philosophische Ästhetik. In: Neue Hefte für Philosophie, 1973, H. 5, 97) der Kritik zu unterziehen. Das geschieht durch Reflexion auf die Genesis des Selbst aus seinen naturgeschichtlichen Voraussetzungen.

65 DA, 62; diese Dialektik der Selbsterhaltung, durch die die Aufnahme des Mythos in die Zivilisation erfolgt, interpretiert Adorno auch als den sich selbst noch verborgenen Gehalt jener berühmten Erzählung aus der nordischen Mythologie, „derzufolge Odin als Opfer für sich selbst am Baum hing" (a. a. O.).

66 DA, 65.

67 DA, 75.

nur auf dem Grunde der Selbstverleugnung des Odysseus als Niemand. Darin besteht das Opfer, das er als Preis für seine Selbsterhaltung erbringen muß. Odysseus muß sein Selbst aufopfern, auf es Verzicht leisten, um sein Selbst zu erhalten.

Damit hat sich uns erwiesen, daß das Prinzip des Opfers auf der Stufe aufgeklärter Naturbeherrschung, wie sie die odysseische List verkörpert, nicht etwa verschwindet, sondern mit unverminderter Gewalt fortbesteht. Seine Rationalität freilich hat sich gewandelt: Sie hat nicht mehr jenen blutigen Charakter wie in der Vorzeit, sondern den der Entsagung, wie er in der Selbstverleugnung des Odysseus angezeigt ist.

Jenen neuen, bisher nur recht allgemein bestimmten Charakter der Rationalität des Opfers wollen wir im Folgenden noch etwas genauer explizieren. Zu diesem Zweck greifen wir auf einen Abschnitt aus dem von Adorno und Horkheimer gemeinsam verfaßten „Begriff der Aufklärung" zurück, der den Mythos von den Sirenen zum Gegenstand hat[68]. Wir wählen diesen Abschnitt, weil er unseres Erachtens jene Struktur menschlicher Selbstbehauptung besonders einprägsam konkretisiert, die Adorno anhand der Erörterung des Polyphem-Mythos im „Exkurs I" entwickelt hat.

Im zwölften Gesang der Odyssee berichtet Homer von der abenteuerlichen Begegnung des Odysseus und seiner Gefährten mit den Sirenen. Wie alle übrigen mythischen Gestalten der Epipoë, so fordern auch die Sirenen ihr Opfer: Jeder, der ihren Gesang hört, muß ihnen verfallen und dadurch zugrundegehen. Ihr Gesang verspricht dem mühevoll, unter Opfern sich erhaltenden Selbst die Fülle der Lust, die es sich um seiner selbst willen stets verweigern muß. Einmal vom Gesang der Sirenen ergriffen, kann es einfach nicht anders: das Glücksversprechen wirkt so übermächtig auf das unter Entbehrungen errungene Selbst, daß es sich an jenes verliert und daran zugrundegeht.

Odysseus, mit seiner Mannschaft von jenem Versprechen unwiderstehlich angezogen, kennt nur zwei Möglichkeiten, dem Tode zu entrinnen, den die Sirenen als Preis auf die Gewährung ungeteilten Glücks setzen: „Die eine schreibt er den Gefährten vor. Er verstopft ihnen die Ohren mit Wachs, und sie müssen nach Leibeskräften rudern."[69] Den von Odysseus befehligten Gefährten wird jede Möglichkeit genommen, den Gesang und sein Glück zu genießen. „Bei gewaltsam verschlossenen Sinnen"[70] haben sie sich abzumühen, und nur in solch verzweifelter Anstrengung, die die Macht der Verlockung selber reflektiert, können sie dem Verderben entrinnen.

68 DA, 38 ff.
69 DA, 40.
70 DA, 42.

Odysseus, „der Grundherr, der die anderen für sich arbeiten läßt"[71], kann eine andere Möglichkeit wählen. Während seine Gefährten mit Wachs in den Ohren aus Leibeskräften rudern, um das Schiff aus der Gefahrenzone zu manövrieren, lauscht Odysseus, an einen Mast gefesselt, gebannt dem Gesang der Sirenen. Im Gegensatz zu den arbeitenden Gefährten vermag er zu hören, „aber ohnmächtig an den Mast gebunden, und je größer die Lockung wird, um so stärker läßt er sich fesseln"[72]. Unter unsäglicher Anstrengung versagt Odysseus es sich um der Selbsterhaltung willen, sich dem Lied der Lust gänzlich zu überlassen. Das Selbst darf sich die Fülle des Glücks nicht gewähren. Und so fesselt Odysseus sich um so mehr an die Praxis der Selbsterhaltung, je verlockender der Gesang der Sirenen und sein Versprechen gänzlicher Erfüllung auf ihn einstürmt. In diesem Verhalten des Odysseus manifestiert sich für Adorno die Logik des Selbst in all ihrer Blindheit und Negativität.

Das Selbst, durch Entsagung geworden, muß unentwegt entsagen, um sich zu erhalten. Deswegen kommt es in der Logik des Selbst nicht zum befreienden Ausbruch aus der vom Selbst geschaffenen Welt des Zwangs in die Fülle des Glücks. Ja Fülle selbst verwandelt sich unter dem Zwang zu selbsterhaltender Entsagung in ein qualitativ anderes: Sie wird „zum bloßen Gegenstand der Kontemplation neutralisiert, zur Kunst. Der Gefesselte wohnt einem Konzert bei, reglos lauschend wie später die Konzertbesucher, und sein begeisterter Ruf nach Befreiung verhallt schon als Applaus"[73]. Das Lied der Lust, unbändiges Versprechen von Glück, rauscht folgenlos an dem der Logik der Selbsterhaltung gehorsamen Odysseus vorüber.

Die Logik der Selbsterhaltung, wie sie die odysseische List entfaltet, erweist sich somit als Logik der Entsagung: Die Gefährten des Odysseus müssen sich um der Rettung willen verleugnen gegenüber der Fülle des auf sie einstürmenden Glücks, und Odysseus hilft ihnen dabei, indem er ihnen jegliche Möglichkeit solcher Erfahrung nimmt. „Unterjocht an Leib und Seele"[74] vermögen sie sich zu erhalten.

Auch Odysseus muß sich verleugnen gegenüber der Fülle des Glücks, das die Halbgöttinnen versprechen – aber in anderer Weise: Er darf zwar lauschen, aber sich ihnen nicht überlassen, und das gelingt ihm nur, indem er sein Selbst zu starrer Unbeweglichkeit verfestigt. Durch das unerbittliche Kommando über sich und die anderen verwehrt er sich die Befreiung zum einen und ungeteilten Glück. Bleibt der rudernde Gefährte „unterjocht an Leib und Seele", so „regre-

---

71 DA, 40.
72 a. a. O.
73 DA, 41.
74 DA, 42.

diert"⁷⁵ der Herr. Zum Apparat von Herrschaft über sich und die anderen verdinglicht, vermag seine ratio die selbsterhaltende Logik der Entsagung nicht zu durchbrechen. Sie wird im Gegenteil durch ihn noch einmal eigens verordnet und sozial festgeschrieben. Mehr kann er nicht.

Herr und Knecht gleichen sich demnach in einer entscheidenden Hinsicht trotz unterschiedlicher objektiv-gesellschaftlicher Stellung: Das Opfer des Selbst für es selbst, das jeder von beiden auf seine Weise bringt, ist für beide der Preis der Selbsterhaltung. „Die tauben Ohren, die den fügsamen Proletariern seit dem Mythos blieben, haben vor der Unbewegtheit des Gebieters nichts voraus."⁷⁶
In solcher Verstümmelung, wie das Opfer des Selbst für es selbst sie impliziert, kehrt dasjenige Moment des Betrugs am Opfer wieder, das einmal das Selbst zur Überwindung des Opfers trieb. Die Irrfahrt des Odysseus legt davon insgesamt ein einzigartiges Zeugnis ab: Weil Odysseus wie jegliches Selbst um des Überlebens willen immer verzichten, fortwährend sich gedulden muß und dadurch verstümmelt wird, ist das, was er durch seinen mühevollen Einsatz von seinem Leben gibt, immer „mehr als ihm zurückgegeben wird, mehr als das Leben, das er verteidigt"⁷⁷. Das Opfer des Selbst für es selbst, das der Überwindung des alten Opfers und seines Betrugs am Selbst entspringt, hebt solchen Betrug nicht auf, sondern wiederholt ihn.

Daraus ergeben sich für Adorno fatale Konsequenzen, die die Geschichte der abendländischen Zivilisation insgesamt betreffen: Dadurch, daß der Mensch als Selbst der Natur sich entgegensetzt, um sie zu beherrschen, und so sich als Natur verleugnet, „wird nicht bloß das Telos der auswendigen Naturbeherrschung, sondern das Telos des eigenen Lebens verwirrt und undurchsichtig. In dem Augenblick, in dem der Mensch das Bewußtsein seiner selbst als Natur sich abschneidet, werden alle die Zwecke, für die er sich am Leben erhält, der gesellschaftliche Fortschritt, die Steigerung aller materiellen und geistigen Kräfte, ja Bewußtsein selber, nichtig"⁷⁸. Das subjektkonstitutive Prinzip Herrschaft betreibt „virtuell allemal die Vernichtung des Subjekts, in dessen Dienst sie geschieht"⁷⁹.

### 1.1.3. Zusammenfassung

Anhand der Adornoschen Erörterung der Homerischen Odyssee haben wir die Urgeschichte der Subjektivität nachzuzeichnen versucht. Dabei zeigte sich, daß

75 a. a. O.
76 DA, 43.
77 DA, 62.
78 DA, 61 ff.
79 DA, 62.

der Prozeß der menschlichen Selbstentfaltung von einer Dialektik bestimmt ist, die Adorno als die Dialektik der Aufklärung bestimmt. Sie besteht darin, daß der Fortschritt menschlicher Selbstbehauptung durch immer fortschrittlichere, aufgeklärtere Formen der Herrschaft über die innere sowohl wie die äußere Natur zugleich einen Fortschritt menschlicher Selbstverleugnung und Selbstverstümmelung durch eben diese Herrschaftsformen produziert[80].

Die angestrengte Selbstbehauptung des Odysseus gegen die Übermacht der mythischen Natur gibt für Adorno schon das Grundmuster der Selbstbehauptung in aller Zivilisation ab[81]. Indem der Mensch durch Herrschaft in Differenz zur Natur tritt und so sein Selbst konstituiert, entrinnt er nicht deren Grauen, sondern erneuert es *als sein eigenes Werk*. Die auflösende Gewalt der Natur, die das Selbst immer wieder aus der Bahn seiner Logik zu ziehen versucht und mit Vernichtung bedroht, kehrt wieder in der unsäglichen Anstrengung des Selbst, solcher Auflösung zu entgehen.

Sie wird nunmehr, als Selbstverleugnung und Selbstverstümmelung, sein eigenes Werk[82]. Die unerbittliche Aufopferung des Selbst für es selbst, die das alte Opfer, selbst schon erster kraftloser Widerstand des Selbst gegen seine Auflösung, ablöst, erweist sich damit ebensosehr als Betrug am Selbst wie das alte Opfer es war.

80 Insofern ist für Adorno alle Geschichte als Geschichte der Selbsterhaltung Naturgeschichte. Der durch die Konstitution des Selbst in Gang gesetzte Fortschrittsprozeß bleibt naturverfallen. – Zum Adornoschen Begriff der Naturgeschichte vgl. weiter Grenz, F.: „Die Idee der Naturgeschichte". Zu einem frühen, unbekannten Text Adornos. In: Hübner, K./Menne, A. (ed.): Natur und Geschichte. X. Deutscher Kongreß für Philosophie, Kiel 8.–12. Oktober 1972, Hamburg 1974.
81 vgl. noch einmal DA, 75.
82 In dieser Konzeption einer *negativen* Dialektik der Selbsterhaltung liegt nach A. Wellmer (Kritische Gesellschaftstheorie und Positivismus, Frankfurt 1969, 138 ff.) die zentrale Differenz zwischen dem Ansatz von K. Marx und dem Adornos und Horkheimers. Bei A. Wellmer heißt es hierzu: „Weil für Marx ... die dialektische Einheit von gesellschaftlichem Sein und Bewußtsein letztlich doch zu einem einseitigen Bedingungsverhältnis wurde, konnte er die Geschichte von Selbstverlust und Emanzipation am Leitfaden jenes äußeren Schicksals allein erzählen, das die Menschen durch die Errichtung der Klassengesellschaft sich selbst bereiteten: nach der gleichen Logik der Selbsterhaltung, nach der die Menschen sich in dieses äußere Schicksal verstrickten, mußten sie sich auch am Ende aus ihm befreien. Horkheimer und Adorno präsentieren Marx die Gegenrechnung. Das äußere Schicksal, in das die Menschen um der Emanzipation aus ihrer Naturverfallenheit willen sich verstricken mußten, ist zugleich auch ihr inneres Schicksal; ein Schicksal, das die Vernunft durch sich selber erleidet. Am Ende sind die Subjekte, um derentwillen doch die Unterwerfung, Verdinglichung und Entzauberung der Natur begonnen wurde, selbst so unterdrückt, verdinglicht und vor sich selbst entzaubert, daß noch ihre emanzipatorischen Anstrengungen in ihr Gegenteil ausschlagen: in die Befestigung jenes Verblendungszusammenhanges, in dem sie gefangen sind."

Ist der angestrengt, unter Opfern und Entbehrungen sich erhaltende Odysseus das „Urbild eben des bürgerlichen Individuums, dessen Begriff in jener einheitlichen Selbstbehauptung entspringt, deren vorweltliches Muster der Umgetriebene abgibt"[83], so zeigt sich die bürgerlich-abendländische Zivilisation schon im Keim von der Tendenz zu ihrer eigenen Vernichtung bestimmt[84].

## 1.2. Die Totalität der hermetisch geschlossenen Gesellschaft als diejenige Stufe der ‚Vorgeschichte', auf der Subjektivität die historisch errungenen Bedingungen ihrer eigenen Möglichkeit sich entzieht

Die Adornosche Erörterung der Homerischen Odyssee legt, wie wir gezeigt haben, die dialektische Grundstruktur menschlicher Selbsterhaltung frei. Sie wird entwickelt anhand der Analyse der Auseinandersetzung des Odysseus mit der ihn bedrohenden mythischen Natur. Mythisch ist nach Adorno Natur in diesem Stadium der Auseinandersetzung des Menschen mit ihr insofern, als in der Art und Weise, wie sie auf jener Stufe erfahren und vom Mythos expliziert wird[85], die unbeherrschte reale als ganz fremde[86] sich reflektiert. Mythische Natur bestimmt also den Erfahrungshorizont des Menschen auf jener Stufe der Selbsterhaltung, wo das Selbst „leibhaft gegenüber der Naturgewalt unendlich schwach"[87] ist und in seinem Selbstbewußtsein erst sich bildet.
Die Auseinandersetzung des Odysseus mit der mythischen Natur ist aber auch zugleich jener Augenblick, in dem Natur ihren mythischen Charakter verliert. Rationale Mimesis, wie sie Odysseus in seinen mannigfaltigen Listen praktiziert, beraubt die Naturgewalt ihrer mythischen Macht, die in ihrem dem Selbst gegen-

---

83 DA, 50.
84 Diesen Zusammenhang der Urgeschichte der Subjektivität mit der Dialektik des Aufklärungsprozesses läßt E. Vermeersch (Adorno und die Aufklärung. In: Philosophica Gandensia, 1972, H. 9 [Adorno-Heft], 56–72) völlig außer acht. Mit dezidiert positivistischem Engagement versucht Vermeersch im übrigen nachzuweisen, daß Adornos und Horkheimers Konzept einer Dialektik der Aufklärung kein Sinn abzugewinnen ist. Erörterungen wie die zur Urgeschichte der Subjektivität fallen nach Vermeersch einfach unter die Rubrik „Betrachtungen, die eigentlich zur Literatur- oder Kulturgeschichte gehören" (a. a. O., 62).
85 vgl. DA, 14.
86 vgl. DA, 38, 47, 187.
87 DA, 53.

über ganz Fremden und Drohenden besteht, und bringt sie unter die Macht des Selbst. Natur hört damit auf, mythisch zu sein. Sie verliert alle Beseeltheit und Eigenständigkeit, die sie einmal in ihrer Übermacht für die Menschen hatte: „Denn das Recht der mythischen Figuren, als das des Stärkeren, lebt bloß von der Unerfüllbarkeit ihrer Satzung."[88] Einmal entmythologisiert, wird Natur zum „Toten"[89], bloß Objektiven[90], über das ratio beliebig verfügen kann[91].
Die Homerische Odyssee markiert den Übergang zu dieser Stufe fortgeschrittener Naturbeherrschung. Indem nun aber Natur ihre Schrecken verliert, die sie als mythische kennzeichnen, ist nicht zugleich auch der Mythos verschwunden. Zwar verschwindet jener, in dem sich die Gewalt unbeherrschter Natur als unentrinnbares Schicksal des Immergleichen reflektiert, doch findet er im Augenblick seines Verschwindens durch die sich ausbreitende Herrschaft des Selbst seine Fortsetzung im Charakter eben dieses Selbst. An die Stelle des „hoffnungslos geschlossenen Kreislaufs"[92] mythischer Natur tritt der ebenso hoffnungslose Kreislauf der Erhaltung des Selbst, in den das Selbst um seiner selbst willen sich zwangshaft[93] einschließen muß.
Der Schrecken und die Bedrohung, die daraus dem Selbst nunmehr als sein eigenes Werk erwachsen, wurden von uns für die odysseische Stufe der Selbsterhaltung anhand der Dialektik der List bereits bestimmt. Inwieweit gilt aber die dialektische Struktur der Selbsterhaltung als Selbstverleugnung durch Herrschaft über die Natur auf der fortgeschrittensten Stufe menschlicher Selbsterhaltung, der Totalität der industriellen Gesellschaft? Dieser Frage wollen wir nun im Folgenden genauer nachgehen.

---

88 DA, 67.
89 DA, 64.
90 DA, 15.
91 Th. Baumeister und J. Kulenkampff (Geschichtsphilosophie und philosophische Ästhetik. Zu Adornos „Ästhetischer Theorie". In: Neue Hefte für Philosophie, 1973, H. 5, 83 ff.) sind der Ansicht, daß der Begriff der Natur in der „Dialektik der Aufklärung" gänzlich unbestimmt und vage ist. Aus dem oben geschilderten Zusammenhang der Entfaltung der „Urgeschichte der Subjektivität" dürfte jedoch deutlich geworden sein, daß der Begriff der Natur bei Adorno nicht so gänzlich unbestimmt und vage ist, wie Th. Baumeister und J. Kulenkampff meinen. Der Begriff der Natur gewinnt seine spezifischen Konturen im Kontext einer für das Selbst konstitutiven Dialektik der Selbsterhaltung. Einen Begriff von Natur jenseits solcher Dialektik vermag die „Dialektik der Aufklärung" freilich nicht zu explizieren.
92 DA, 78.
93 vgl. DA, 37.

## 1.2.1. Die gesellschaftliche Verfaßtheit der Dialektik der Selbsterhaltung und ihre strukturelle Identität in den bisherigen Konkretionsformen der Gesellschaft

Für Adorno steht die strukturelle Identität der Selbsterhaltung in den unterschiedlichen Gesellschaftsformationen außer Zweifel: „Selbstbehauptung ... ist wie in der ganzen Epipoë, wie in *aller* Zivilisation, Selbstverleugnung."[94] Bevor wir diese These anhand der Adornoschen Analyse der modernen industriellen Gesellschaft eingehend erörtern, wollen wir uns noch eines Moments im Begriff mythischer Natur versichern, das in den bisherigen Erörterungen vernachlässigt wurde, aber für den Ausweis der strukturellen Identität der Selbsterhaltung nicht weniger zentral ist: Es betrifft den Herrschaftscharakter der Gesellschaft. Dieses Moment hat Adorno in den bisher angezogenen Texten dem zentralen Moment der Selbstkonstitution in der Auseinandersetzung des Menschen mit dem Bedrohenden und Gefährlichen der Natur stets beigeordnet und aus dem Zusammenhang solcher Auseinandersetzung bestimmt. Entsprechend haben wir zunächst jenes zentrale Moment der Auseinandersetzung des Menschen mit der Natur expliziert, das auch von Adorno am ausführlichsten und geschlossensten behandelt wird. Die Explikation blieb aber insofern unvollständig, als Naturbeherrschung ja nicht stattfindet als die ausschließliche Tat eines isolierten Einzelnen, sondern stets zugleich auch gesellschaftlich verfaßt ist. Sie ist eingebettet in die Sozialstruktur einer jeweils bestimmten Gesellschaftsformation. Auf der Stufe der odysseischen Selbsterhaltung hat sie die Gestalt einer ständischen Ordnung „auf der Basis festen Eigentums"[95] und rationaler Organisation der Landwirtschaft. Von hier aus ist die Auseinandersetzung des Odysseus mit der ihn bedrohenden Natur als paradigmatisch für eben diese Ordnung zu sehen. Weil also Gesellschaft und Naturbeherrschung sich nicht voneinander trennen lassen, eine Explikation ihres Zusammenhangs aber aus methodischen Gründen bisher unterblieb, wollen wir nun nach dem Zusammenhang beider im Prozeß menschlicher Selbsterhaltung fragen.

Für Adorno stellt sich der genannte Zusammenhang in der Urgeschichte der Menschheit unter dem Primat notwendiger Naturbeherrschung und der ihr eigenen Rationalität her. Menschliche Subjektivität wird, wie ausführlich und exemplarisch an Odysseus dargelegt wurde, in der Auseinandersetzung mit den Naturgewalten notwendig dadurch zur beschränkten Ausnahme gegenüber diesen[96], daß sie die Natur unter die Macht des Selbst zwingt. Die subjektkonstitu-

---

94 DA, 75; Hervorhebung von mir.
95 DA, 20.
96 vgl. DA, 66.

tive Struktur des Verhältnisses von Natur und Mensch, die – wie ebenfalls gezeigt – schon im Opfer angelegt ist, ist zugleich konstitutiv für die Gestalt der Gesellschaft: Was die Struktur des Verhältnisses von Natur und Mensch kennzeichnet: daß er zur beschränkten Ausnahme gegenüber dieser wird, findet seine gesellschaftliche Entsprechung in der Ausnahmeposition, der privilegierten Überordnung Einzelner bzw. bestimmter gesellschaftlicher Gruppen über die Mehrheit, also im Herrschaftscharakter der Gesellschaft. Indem jene Einzelnen bzw. Gruppen ein privilegiertes Verhältnis zu den übermächtigen Naturgewalten usurpieren und sich als berufene Vollstrecker ihres Willens vermittels sozialer Sanktionen behaupten[97], realisieren sie gewaltsam ein Potential, das in dem durch Naturbeherrschung gebrochenen Verhältnis zwischen Mensch und Natur selbst liegt. Wenn auch die gegenüber den nicht privilegierten Anderen gewaltsame Insistenz auf dem Privileg, die gesellschaftliche Unterordnung vieler unter einige wenige, eindeutiger sachlicher Notwendigkeit entbehrt[98], so fügt sie sich doch bruchlos in die Logik der Unterjochung der Natur als deren eigene *Ideologie*. Der gesellschaftliche Machtanspruch einiger weniger wird gerechtfertigt im Kontext der Notwendigkeit allgemeiner Naturbeherrschung. Besteht die Rationalität der Naturbeherrschung darin, daß der Mensch sich selbst durch Anpassung an den Naturzwang von diesem ausnimmt[99], um ihn zu beherrschen, so läßt sich die Ausnahmeposition der Privilegierten jener Tage als die gesellschaftlich gewaltsame Verlängerung jener naturbeherrschenden Rationalität in der Gestalt ihrer eigenen Ideologie bestimmen, die das Privileg legitimiert. Angesichts des strukturellen Zusammenhangs von naturbeherrschender Rationalität und gesellschaftlicher Herrschaft hat daher „die Frage, ob die gesellschaftlich notwendige Trennung von physischer und geistiger Arbeit oder das usurpatorische Privileg des Medizinmannes vorgängig seien, ... etwas von der nach dem Primat von Huhn oder Ei; jedenfalls bedarf der Schamane der Ideologie, ohne ihn ginge es nicht"[100]. Diese Ideologie ist die der naturbeherrschenden Rationalität selber. Gesellschaftliche Herrschaft wird durch jene Ideologie vermittels solcher naturbeherrschender Rationalität legitimiert und durch sie hindurch in Anspruch genommen.

97 vgl. DA, 27.
98 vgl. DA, 19, 27, 59; ND, 313 ff.; GS 8, 349.
99 vgl. DA, 61, 65 ff.
100 GS 8, 349; von hier aus wäre auch die Behauptung von F. Grenz (Adornos Philosophie in Grundbegriffen. Auflösung einiger Deutungsprobleme, Frankfurt 1974, 149) zu widerlegen, Adorno habe das Herrschaftsprinzip auf die Trennung von geistiger und körperlicher Arbeit zurückgeführt. Die Textstellen, die F. Grenz zur Stützung seiner Behauptung anführt (GS 5, 20; ÄT, 337, 358, 411; E, 172; die letzte Textstelle ist eine falsche Angabe. Aus ihr läßt sich für den genannten Zusammenhang nichts entnehmen) besagen nur, daß die Verselbständigung und eigene geschichtliche Bewegung des Gei-

An dem ideologisch-gewaltsamen Moment im Ursprung gesellschaftlicher Herrschaft, das erst aus dem Zusammenhang notwendiger Naturbeherrschung seinen spezifischen Sinn empfängt, hat Adorno nie aufgehört festzuhalten[101]. Die Gründe hierfür sind – wie ausgeführt – geschichtsphilosophische und kritisch gegen die Marxsche Idee vom Primat der Ökonomie „vor der Herrschaft, die nicht anders denn ökonomisch abgeleitet werden dürfe"[102]. Von dieser kritischen Intention gibt Adorno jedoch erst in der „Negativen Dialektik" ausführlich Rechenschaft[103]. Die stets weiter fortschreitende Irrationalität aller bisherigen Geschichte im Zeichen von Herrschaft legt für Adorno den Gedanken an einen metaökonomischen Ursprung gesellschaftlicher Herrschaft nahe. „Der heraufziehenden Katastrophe", so heißt es in einem Abschnitt der „Negativen Dialektik", der mit der Frage „Antagonismus kontingent?" überschrieben ist, „korrespondiert eher die Vermutung einer irrationalen Katastrophe in den Anfängen"[104]. Sie beruht nach Adorno auf „archaischen Willkürakten von Machtergreifung"[105].

Wie sehr für Adorno das ideologisch-gewaltsame Moment und die naturbeherrschende, selbsterhaltende Rationalität im Ursprung gesellschaftlicher Herrschaft zur Einheit verschmelzen, zeigt sich deutlich noch an einer Stelle, die hier kurz genannt sei. Schon von jener Stufe der Vorzeit, auf der „die Opfer eine Art blu-

---

stes die Trennung von geistiger und körperlicher Arbeit zur Voraussetzung hat. Daß es – wie sehr auch Schein – so etwas wie ein Leben des Geistes gibt im Gegensatz zur materiellen Daseinsvorsorge, das hat seine Ursache eben in solcher Art gesellschaftlicher Arbeitsteilung. Das will Adorno an den angezogenen Stellen sagen. Damit ist aber in keiner Weise das Herrschaftsprinzip zurückgeführt auf die Trennung von geistiger und körperlicher Arbeit. Zu solcher Trennung „entfaltet" (DA, 20) es sich vielmehr in seiner dialektischen Einheit als Unterwerfung von Natur *und* Mensch.

101 Das ideologisch-gewaltsame Moment im Ursprung gesellschaftlicher Herrschaft wird von Adorno stets mit dem Begriff *Privileg* bezeichnet. Vgl. neben den schon zitierten Textstellen auch GS 8, 383. – Das genannte Moment unterschlagen Th. Baumeister und J. Kulenkampff, wenn sie Adornos Reflexionen zur Genesis gesellschaftlicher Herrschaft auf die Quintessenz reduzieren, daß „der Zwang zur Herrschaft über andere ... aus der Besorgnis um das eigene Leben entspringt" (a. a. O., 82). Diese, am Hobbesschen Schema des bellum omnium in omnes orientierte Erklärung ist bei Adorno nirgendwo belegt.
102 ND, 313.
103 vgl. ND, 313f.; einzelne Passagen der 1942 im Exil geschriebenen „Reflexionen zur Klassentheorie" (GS 8, 373–391) sind ebenfalls schon gegen die bloß ökonomische Ableitung von Herrschaft gerichtet. Vgl. GS 8, 381–385.
104 ND, 315.
105 ND, 313; zum geistesgeschichtlichen Hintergrund der Adornoschen These vom katastrophischen Geschichtsbeginn vgl. Rohrmoser, G.: Das Elend der kritischen Theorie, Freiburg 1970, 22.

tige Rationalität besessen haben"[106] sagt Adorno, daß solcherart Rationalität der Selbsterhaltung „schon kaum von der Gier des Privilegs zu trennen war"[107]. Wie es auch immer um die Einheit der beiden Momente des genaueren bestellt sein mag – Adorno gibt hier keine weiteren Auskünfte –, fest steht jedenfalls für Adorno ein struktureller Zusammenhang zwischen menschlicher Herrschaft über die Natur und gesellschaftlichen Herrschaftsverhältnissen. In der Abhandlung über die „Elemente des Antisemitismus"[108] heißt es ganz allgemein – und das bezieht sich auf alle bisherigen Gesellschaftsformationen: „Die Gesellschaft setzt die drohende Natur fort als den dauernden organisierten Zwang, der, in den Individuen als konsequente Selbsterhaltung sich reproduzierend, auf die Natur zurückschlägt als gesellschaftliche Herrschaft über die Natur."[109] Es ist nicht zuerst eine bedrohliche Natur, gegen die der Mensch kämpft, und dann später eine ebenso bedrohliche Gesellschaft, die sie beherrscht[110]. Vielmehr vollzieht sich die Auseinandersetzung des Menschen mit der Natur – Naturbeherrschung – seit dem Beginn überlieferter Geschichte immer schon im Rahmen einer von Herrschaft bestimmten Gesellschaft[111]. Insofern diese in ihren Herrschaftsverhältnissen den Naturzwang reproduziert und nicht wirklich von ihm befreit, stellt sie auch die repressive Struktur der Subjektivität auf Dauer, durch die sie sich in ihrem Herrschaftscharakter wiederum erhält.

Die repressive Struktur der Subjektivität, wie sie für die odysseische Stufe der Selbsterhaltung exemplarisch als Rationalität der Naturbeherrschung selber ent-

---

106 DA, 59.
107 a. a. O.
108 DA, 177–217.
109 DA, 190; vgl. DA, 46; GS 8, 445.
110 F. Grenz (a. a. O., 25) übersieht den paradigmatischen Charakter der Einzeltaten des Odysseus und verfällt so auf die Aufteilung der Geschichte in eine Phase, in der der Mensch unmittelbar mit der Natur kämpft, und eine spätere, in der dieser Kampf durch die Gesellschaft abgelöst wird. Eine solche Aufteilung findet sich aber bei Adorno nirgendwo.
111 Th. Baumeister und J. Kulenkampff (a. a. O., 81) erkennen zwar in ihrer Rekapitulation der Grundthesen der „Dialektik der Aufklärung" richtig, daß schon in der Urgeschichte der Menschheit die Herrschaft des Menschen über die Natur zur Herrschaft von Menschen über Menschen führt, doch verfehlen sie das Spezifische solcher Dialektik der Naturbeherrschung in jener urgeschichtlichen Phase, indem sie diese mit dem Hobbesschen bellum omnium in omnes ineinssetzen. Eine solche Identifikation ist aber dem Adornoschen Konzept insofern unangemessen, als sie den sozialen Ordnungs- und Zwangscharakter, den Naturbeherrschung selbst über archaische Gesellschaftsformationen schon ausbreitet, außer acht läßt. In Adornos die Genesis gesellschaftlicher Herrschaft thematisierenden Schriften ist nicht ein Kampf aller gegen alle Thema, wohl aber das „unvermittelte Herrentum" (DA, 18).

faltet wurde, erweist sich demnach in unauflösbarer Einheit mit den Herrschaftsverhältnissen der Gesellschaft. Mensch und Natur geraten um der Selbsterhaltung willen unter den totalen Zugriff eben jener Herrschaft, ohne die Selbsterhaltung selbst historisch nicht möglich gewesen wäre. In dem Augenblick, in dem das Selbst durch Herrschaft über die Natur zur „abstrakten Identität"[112], zum „bloßen Haben"[113] erstarrt und als solches sich gesellschaftlich reproduzieren *muß,* um zu überleben, ist die Bedingung dafür gegeben, daß Herrschaft ins Grenzenlose sich erweitert: über die Natur sowohl wie die Menschen. Das, worauf Herrschaft auch immer geht, wird ihr zum „Inbegriff aller Beutemöglichkeit"[114] und damit zum bloßen Gegenstand der Unterwerfung unter ihre eigene Identität. Weil Herrschaft zugleich die Bedingung des Überlebens ist, kann sie nicht dulden, was auch immer außerhalb ihrer Verfügung liegt. Im Prinzip Herrschaft selbst liegt somit schon die Tendenz zu ihrer eigenen Totalisierung.

## 1.2.2. Strukturmomente der hermetisch geschlossenen Gesellschaft

Im vorhergehenden Abschnitt haben wir zu zeigen versucht, daß die anhand der odysseischen Stufe der Subjektivität entfaltete Dialektik der Selbsterhaltung zugleich gesellschaftlich verfaßt ist und in Herrschaftsverhältnissen der Gesellschaft sich realisiert. Damit haben wir die Dialektik der Selbsterhaltung aus ihrer – methodisch bedingten – isolierten Entfaltung am Beispiel der Struktur odysseischer Subjektivität herausgehoben und in ihrem Zusammenhang mit der Struktur der Gesellschaft bestimmt. Es hat sich uns erwiesen, daß schon auf der odysseischen Stufe der Selbsterhaltung der Überdruck der Natur, ihr mythisch Bedrohliches und Fremdes, im Herrschaftscharakter der Gesellschaft wiederkehrt, das Amorphe der Natur mithin schon auf dieser Stufe zugleich auch anthropomorphen Charakter annimmt.

Dieses Ergebnis ist insofern zentral, als es Adorno erlaubt, in Ansehung eines schon in den frühen Phasen der Menschheitsgeschichte ausgebildeten einheitlichen Strukturprinzips menschlicher Subjektivität *und* konkreter Gesellschaft einen Totalzusammenhang der Gesellschaft zu konstruieren, der sich über die ganze Geschichte der bürgerlich-abendländischen Zivilisation erstreckt. Er hat

112 DA, 16.
113 a. a. O.
114 a. a. O.

seine Einheit in seinem Herrschaftscharakter, der sich – wie noch zu zeigen sein wird – durch alle Phasen seiner Konkretion identisch erhält[115].

Das Adornosche Unternehmen einer Rekonstruktion der bürgerlich-abendländischen Zivilisation als einer vom Herrschaftsprinzip strukturierten Totalität darf aber nicht dahingehend mißverstanden werden, als ginge es Adorno um die Konzeption einer Invariantenlehre, in deren Konsequenz dann alle dynamischen Momente als beiläufig oder zufällig, jedenfalls nebensächlich eliminiert würden um der Herausstellung eines vermeintlich Wesentlichen willen. Adornos Unternehmen ist vielmehr polemisch gegen jeglichen Versuch einer Hypostase von Invarianten auf Kosten und unter Elimination der gesellschaftlichen Dynamik, in der sie ihren Ort haben. Das bringt Adorno sehr deutlich zum Ausdruck: „Soweit ... Dynamik das Immergleiche blind derart wiederholt, wie es schon im Spruch des Anaximander und dann in Heraklits dynamischer Metaphysik verkündet war, insistiert die dialektische Theorie auf perennierenden Kategorien, die in der modernen rationalen Form der Gesellschaft lediglich ihre Erscheinungsweise änderten."[116] Auch für eine kritische Theorie der Gesellschaft gibt es, „was man heute Existentialien nennt, nur sind es Herrschaft, Unfreiheit, Leiden, die Allgegenwart der Katastrophe"[117].

Ist somit die Anwendung des Begriffs der Gesellschaft in dem bisher bestimmten Sinn auf das Ganze der bürgerlich-abendländischen Zivilisation legitimiert, so haben wir nunmehr eine Basis der Vergleichbarkeit, von der aus wir fragen können, welche konkrete Gestalt die für die odysseische Stufe explizierte Struktur der Selbsterhaltung in der fortgeschrittensten Phase der bürgerlichen Gesellschaft annimmt. Für jene frühe Phase der Gesellschaft, die durch „unvermittelte(s)

---

115 F. Grenz' Interpretation wird der Adornoschen These von der strukturellen Identität der Selbsterhaltung in allen bisherigen Gesellschaftsformationen nicht gerecht. F. Grenz hat im Hinblick auf die fortgeschrittenen Stufen gesellschaftlicher Naturbeherrschung behauptet, daß die „Rückkopplung an das ‚Vorweltliche', Amorphe, die an Odysseus noch recht deutlich war, ... in der Aufklärung insofern ungleich schwieriger wird, als das Naturgewaltige in dem Moment anthropomorphen Charakter annimmt, in welchem das Überleben nicht mehr unmittelbar gefährdet ist" (a. a. O., 25). Der Adornoschen Bestimmung des Odysseus als „Urbild ... des bürgerlichen Individuums" (DA, 50) wäre jedoch mit dieser Behauptung der Boden entzogen. Unterscheidet man nämlich zwischen einem Naturgewaltigen als bloß Amorphem, und einem Naturgewaltigen späterer Stufe mit anthropomorphem Charakter, dann läßt sich bestenfalls noch von einer „Analogie" (Grenz, F.: a. a. O., 22) zwischen der Struktur odysseischer Selbsterhaltung und der Struktur der Selbsterhaltung des modernen bürgerlichen Individuums sprechen, nicht aber mehr von einer *strukturellen* Identität. Diese nachzuweisen ist aber gerade das Bemühen Adornos im „Exkurs I".
116 GS 8, 234.
117 a. a. O.; vgl. GS 8, 229, 375.

Herrentum"[118] gekennzeichnet ist, hatten wir festgestellt, daß Selbsterhaltung sich in einer ganz eigenartigen Dialektik wider ihre eigenen Subjekte kehrt – und zwar Herr wie Knecht. Welcher Art sind nun die zentralen Merkmale der Dialektik der Selbsterhaltung in der Spätphase der bürgerlichen Gesellschaft, die es rechtfertigen, von einer strukturellen Identität der Selbsterhaltung seit dem Beginn der bürgerlich-abendländischen Zivilisation zu sprechen? Eine Antwort auf diese Frage gibt Adornos Theorie der spätkapitalistisch-industriellen Gesellschaft. Sie ist das Zentrum der Adornoschen Denkbemühungen. Deshalb wollen wir uns nun im Folgenden jene Theorie genau vergegenwärtigen.

### 1.2.2.1. Die hermetisch geschlossene bürgerliche Gesellschaft als Totalität der Vermittlung

„Zur ersten, noch allzu abstrakten Annäherung sei an die Abhängigkeit aller Einzelnen von der Totalität erinnert, die sie bilden. In dieser sind auch alle von allen abhängig. Das Ganze erhält sich nur vermöge der Einheit der von seinen Mitgliedern erfüllten Funktionen. Generell muß jeder Einzelne, um sein Leben zu fristen, eine Funktion auf sich nehmen und wird gelehrt, zu danken, solange er eine hat."[119]
Gesellschaft wird von Adorno in dieser noch sehr äußerlichen Abstraktion nicht als Substanzbegriff[120], sondern als Funktionsbegriff bestimmt. Die Adornosche Bestimmung des Begriffs der Gesellschaft ist aber nicht funktionalistisch so zu verstehen, als sei Gesellschaft bloß der Inbegriff des Zusammenhangs von wechselseitig aufeinander bezogenen Einzelfunktionen, die sektoral wohlgeordnet sind. Gesellschaft ist nicht rational-kontinuierlich aus einzelnen Sektoren zusammengefaßt, „kein Sozialatlas"[121], in dem alles seinen wohldefinierten Ort hätte, sondern Funktionszusammenhang in dem eminenten Sinne, daß in ihr nur das zu bestehen und sich zu entfalten vermag, was eine Funktion für sie hat.
Die gesellschaftliche Totalität ist jedoch keine „Hinterwelt"[122]. Sie „führt kein Eigenleben oberhalb des von ihr Zusammengefaßten, aus dem sie selbst besteht. Sie produziert und reproduziert sich durch ihre einzelnen Momente hindurch"[123]. Die gesellschaftliche Totalität ist also funktional einerseits in dem

---

118 DA, 18.
119 GS 8, 10.
120 vgl. GS 8, 349.
121 GS 8, 210.
122 GS 8, 291.
123 GS 8, 549.

Sinne, daß sie abhängig ist von den einzelnen Elementen, aus denen sie sich zusammenfaßt; denn „das Ganze erhält sich nur vermöge der Einheit der von seinen Mitgliedern erfüllten Funktionen"[124]. Ohne sie wäre es nicht. Zugleich aber sind diese Elemente kein substrathaft Letztes, aus dem als absoluter Vorgabe der Produktions- und Reproduktionsprozeß der gesellschaftlichen Totalität sich bruchlos deduzieren ließe. Vielmehr sind sie in ihrem Funktionieren selbst wiederum funktional abhängig vom Ganzen, das sich aus ihnen zusammensetzt[125]. Der gesellschaftliche Zusammenhang „ist, als ein Verhältnis zwischen Menschen, ebenso in ihnen fundiert, wie er sie umgreift und konstituiert"[126]. Diese abstrakte „Reziprozität"[127] im Verhältnis des Allgemeinen der gesellschaftlichen Totalität zum Besonderen ihrer einzelnen Momente realisiert sich konkret als die Abhängigkeit aller von allen[128]. Denn das, wovon alle abhängen, ist nichts anderes als der „Inbegriff des gesellschaftlichen Verhältnisses der Individuen untereinander"[129].

Darin, daß in der gesellschaftlichen Totalität alles durch alles vermittelt und voneinander abhängig ist, manifestiert sich zugleich das Negative, der Zwangscharakter der gesellschaftlichen Totalität als eines universellen Funktionszusammenhangs. Was auch immer in der gesellschaftlichen Totalität existieren will, kann in ihr nur als „Füranderessein"[130], als Funktion von und für etwas anderes, als „Mittel"[131] existieren und sich erhalten: „Generell muß jeder Einzelne, um sein Leben zu fristen, eine Funktion auf sich nehmen und wird gelehrt, zu danken, solange er eine hat."[132] Die Identität des gesellschaftlichen Funktionszusammenhangs wird damit bezahlt, „daß nichts zugleich mit sich selber identisch sein darf"[133], sondern nur sein kann als „Füranderessein"[134]. Sie erweist sich damit insofern als Schein und als nichtidentisch mit sich selbst, als sie nur sich realisieren kann um den Preis der Nichtidentität des Einzelnen mit sich selbst, seiner

---

124 GS 8, 10.
125 vgl. GS 8, 549; ND, 305.
126 GS 8, 326.
127 GS 8, 550.
128 vgl. DA, 28.
129 GS 8, 292.
130 GS 8, 13.
131 GS 8, 451.
132 GS 8, 10.
133 DA, 18; vgl. GS 8, 69, 451.
134 GS 8, 13.

Entfremdung sich selbst und dem Ganzen gegenüber[135]. Als mit dem Ganzen identische sind die Einzelnen es zugleich auch nicht, insofern sie durch es nichtidentisch mit sich selbst sind[136].

Die Ausschließlichkeit des Füranderesseins, deren Vermittlungsprinzip im Folgenden noch zu bestimmen sein wird, unterscheidet demnach den Adornoschen funktionalen Begriff der Gesellschaft radikal vom Begriff eines nach dem Modell einer göttlichen Teleologie gedachten Organismus, „durch welche jedes Organ seine Funktion im Ganzen hätte und von diesem Sinn empfinge"[137]. Solcher Sinn wird gerade durch die Ausschließlichkeit des Füranderesseins, den universellen Zwang zur Nichtidentität durch die Identität hindurch, unmöglich gemacht.

Fassen wir unsere erste und ganz vorläufige Kennzeichnung des Adornoschen Begriffs der Gesellschaft zusammen: Die gesellschaftliche Totalität erweist sich in der Gestalt eines abstrakten Funktionszusammenhangs als Totalität der Vermittlung, deren Identität kraft ihrer Vermittlungsprozesse nur als Zwang sich realisieren kann und insofern nicht wahrhaft identisch mit sich selbst ist. Die Antinomie im Begriff der Gesellschaft liegt also darin, daß ihre Totalität nicht identisch ist mit den einzelnen Momenten des gesellschaftlichen Vermittlungszusammenhangs, ohne die jene jedoch nicht wäre, daß sie aber auch nicht jenseits ihrer Momente existiert, die wiederum der Totalität bedürfen, um zu sein. Keines von beiden, weder das Allgemeine der gesellschaftlichen Totalität noch das Besondere ihrer einzelnen Momente könnte existieren ohne seine Identität mit dem anderen, mit dem es kraft solcher Vermittlung zugleich nichtidentisch ist.

Eine solche zunächst einmal paradox anmutende Formulierung des Begriffs der Gesellschaft gilt es auseinanderzulegen. Ihre Paradoxie signalisiert nach Adorno einen Bruch, der nicht als logischer Widerspruch dem Denken aufzubürden ist, sondern der Sache selbst. Er ist zu entschlüsseln als das Mal ihrer eigenen Unstimmigkeit[138].

---

135 Den Adornoschen kritischen Begriff der Totalität verfehlt man, wenn man das kritische Element in ihm, nämlich zugleich der „Totalität zu opponieren" (ND, 148), übersieht und sie affirmativ macht. Solche Opposition gegen die Totalität im Medium ihres eigenen Begriffs geschieht, „indem sie der Nichtidentität mit sich selbst überführt wird, die sie dem eigenen Begriff nach verleugnet" (a. a. O.). Vgl. hierzu Seebohm, Th.: Reflexion, Interpretation und Dialektik. In: Reimann, H./Müller, E. W. (ed.): Entwicklung und Fortschritt. Soziologische und ethnologische Aspekte des sozialkulturellen Wandels. Wilhelm Emil Mühlmann zum 65. Geburtstag, Tübingen 1969, 67 ff.
136 vgl. GS 8, 11.
137 GS 8, 321.
138 vgl. ND, 15; diese Konzeption des Widerspruchs war ein zentraler Kontroverspunkt im Positivismusstreit. Vgl. Adorno, Th. W./Albert, H., u. a.: Der Positivismusstreit in der deutschen Soziologie, Neuwied 1969.

### 1.2.2.2. Der abstrakte Tausch als Strukturprinzip der konkreten gesellschaftlichen Vermittlung

Die bisher gegebene funktionale Bestimmung des Begriffs der Gesellschaft ist noch viel zu abstrakt und äußerlich, als daß sie schon zureiche, ihn adäquat zu erfüllen. Einige der zentralen Momente der spätkapitalistisch-industriellen Gesellschaft wurden zwar genannt, aber noch nicht aus ihr abgeleitet.
Deutlich geworden ist jedenfalls zunächst einmal, daß – im Gegensatz „zu primitiv-totalen Gesellschaften"[139] –, „Totalität . . . in den demokratisch verwalteten Ländern der industriellen Gesellschaft eine Kategorie der Vermittlung, keine unmittelbarer Herrschaft und Unterdrückung"[140] ist. In der Explikation des Vermittlungscharakters der modernen Gesellschaft zeigte sich dann jedoch nicht wesentlich mehr, als daß alles irgendwie mit allem zusammenhängt und das noch dazu recht widersprüchlich und zwanghaft. Vor allem ist noch nicht hinreichend klar geworden, wie es dazu kommt, daß die gesellschaftliche Totalität, die doch nur der „Inbegriff des gesellschaftlichen Verhältnisses der Individuen untereinander"[141] ist, sich so sehr gegenüber den Einzelnen verselbständigt und abblendet, daß sie ihnen als totaler Zwang ihres eigenen Funktionszusammenhangs bloß noch schicksalhaft „widerfährt"[142]. Um den Begriff der Gesellschaft weiter zu konkretisieren, gilt es daher, nach dem Strukturprinzip der Vermittlung des gesellschaftlichen Funktionszusammenhangs zu fragen, den wir bisher in seinem unmittelbaren Funktionieren nur beschrieben haben.

### 1.2.2.2.1. Der Adornosche Begriff des Tausches

Unsere ersten Erörterungen zum Begriff der spätkapitalistisch-industriellen Gesellschaft ergaben zunächst einmal nicht viel mehr als die „Trivialität, daß alles mit allem zusammenhängt"[143]. Nach Adorno ist jedoch „die schlechte Abstraktheit jenes Satzes . . . nicht sowohl dünnes Denkprodukt wie schlechter Grundbestand der Gesellschaft an sich: der des Tausches in der modernen Gesellschaft. In dessen universalem Vollzug, nicht erst in der wissenschaftlichen Reflexion, wird objektiv abstrahiert; wird abgesehen von der qualitativen Beschaffenheit der Produzierenden und Konsumierenden, vom Modus der Produktion, sogar vom Bedürfnis, das der gesellschaftliche Mechanismus beiher, als Sekundäres befriedigt.

---

139 GS 8, 549.
140 a. a. O.
141 GS 8, 292.
142 GS 8, 360.
143 GS 8, 14.

Primär ist der Profit. Noch die als Kundenschaft eingestufte Menschheit, das Subjekt der Bedürfnisse, ist über alle naive Vorstellung hinaus gesellschaftlich präformiert, und zwar nicht nur vom technischen Stand der Produktivkräfte, sondern ebenso von den wirtschaftlichen Verhältnissen, so schwer das auch empirisch sich kontrollieren läßt. Die Abstraktheit des Tauschwerts geht vor aller besonderen sozialen Schichtung mit der Herrschaft des Allgemeinen über das Besondere, der Gesellschaft über ihre Zwangsmitglieder zusammen. Sie ist nicht, wie die Logizität des Reduktionsvorgangs auf Einheiten wie die gesellschaftlich durchschnittliche Arbeitszeit vortäuscht, gesellschaftlich neutral. In der Reduktion der Menschen auf Agenten und Träger des Warenaustausches versteckt sich die Herrschaft von Menschen über Menschen. ... Der totale Zusammenhang hat die Gestalt, daß alle dem Tauschgesetz sich unterwerfen müssen, wenn sie nicht zugrundegehen wollen, gleichgültig, ob sie subjektiv von einem Profitmotiv geleitet werden oder nicht."[144]

Adorno gibt in dem angeführten Zitat eine prägnante Bestimmung von Begriff und Funktion des Tausches in der modernen Gesellschaft. Wir wollen jene Bestimmung nun in ihre einzelnen Momente auseinanderlegen.

Adorno führt die Abstraktheit des totalen gesellschaftlichen Funktionszusammenhangs auf die Implikationen zurück, die im Tauschakt selbst liegen. Die zentrale Bedeutung, die der Tausch für die moderne arbeitsteilige Gesellschaft hat, resultiert daraus, daß Selbsterhaltung in ihr ausschließlich durch den Tausch vermittelt ist und daher alle, „wenn sie nicht zugrundegehen wollen"[145], sich dem Tauschgesetz unterwerfen müssen. Die Notwendigkeit des Tausches ist mit der arbeitsteilig organisierten, hochspezialisierten und total durchindustrialisierten Gesellschaft selbst gegeben. Die Millionen unterschiedlicher Güter und Leistungen, die in ihr erzeugt werden, lassen sich in ihr miteinander nur vermitteln, wenn sie getauscht werden.

Daß die moderne Gesellschaft im universalen Vollzug des Tausches jedoch so abstrakt, undurchsichtig und allen gegenüber objektiv fremd geworden ist, hat seinen Grund darin, daß im Tauschprozeß selbst von allen qualitativen Momenten sowohl der in ihn eingehenden Sachen und Leistungen wie der sie produzierenden und konsumierenden Menschen abstrahiert wird. Schon Marx hatte gezeigt – und darauf basiert auch die Adornosche Argumentation[146] –, daß sich unter arbeitsteiligen Bedingungen die ihrem Gebrauchswert[147] nach

---

144 a. a. O.
145 a. a. O.
146 Wir rekapitulieren die Marxschen Analysen hier nur so weit, wie es für die Adornosche Argumentation relevant ist.
147 Vgl. hierzu PT, 269: „Der Gebrauchswert ist der Wert, den irgendein Objekt in seiner konkreten Gestalt für Menschen hat, die es konsumieren."

verschiedenen Produkte qualitativ unterschiedener Privatarbeiten nur austauschen lassen, wenn sie auf ein ihnen Äquivalentes reduziert werden. Äquivalent sind die in den Produkten sich austauschenden qualitativ unterschiedlichen Arbeiten aber nur als abstrakte Repräsentanten abstrakter menschlicher Arbeit. Dies gegenüber dem Gebrauchswert Abstrakte der in den Produkten vergegenständlichten, zu ihrer Herstellung erforderlichen gesellschaftlich durchschnittlichen Arbeitszeit macht ihren Tauschwert[148] aus. Die unterschiedlichen Produkte lassen sich also gegeneinander nur austauschen, wenn sie auf ihren abstrakten Tauschwert, die zu ihrer Herstellung durchschnittlich aufgewandte gesellschaftliche Arbeitszeit reduziert werden, schließlich auf Geld, das nach Marx jedoch nur als deren Erscheinungsform zu verstehen ist[149].

Das Zentrale aber nun ist, daß die Abstraktheit des Tauschwertes „nicht, wie die Logizität des Reduktionsvorgangs auf Einheiten wie die gesellschaftlich durchschnittliche Arbeitszeit vortäuscht, gesellschaftlich neutral"[150] ist. Denn „indem das Tauschprinzip kraft seiner immanenten Dynamik auf die lebendige Arbeit von Menschen sich ausdehnt, verkehrt es sich zwangsvoll in objektive Ungleichheit, die der Klassen"[151]. Adorno beruft sich hier insofern auf Marx, als dieser zeigte, „daß in dieser Gesellschaft alles mit rechten Dingen zugeht, daß die Äquivalente wirklich getauscht werden, daß es aber an einer entscheidenden Stelle, nämlich wo es sich um die Ware Arbeitskraft handelt, indem es mit rechten Dingen zugeht, zugleich nicht mit rechten Dingen zugeht. Die Reproduktionskosten der von dem Arbeiter verausgabten durchschnittlichen gesellschaftlichen Arbeitskraft sind geringer als die in Arbeitsstunden berechnete Arbeitskraft, die der Arbeiter in dem Produktionsapparat verausgabt. Diese Differenz bildet den berühmten Mehrwert, der dem Unternehmer und klassenmäßig gesehen der herrschenden, der bürgerlichen Klasse im Gegensatz zum Proletariat zufällt. Auf

---

148 Wir vereinfachen hier bewußt. Adorno selbst unterscheidet nicht wie der Marx des „Kapital" (K I, MEW 23, 50f.) zwischen *Wert* und *Tauschwert*, der dort als die „Erscheinungsform" des von ihm unterschiedenen Werts eingeführt wird. Adorno verwendet den Terminus Tauschwert eher in dem Sinn, den er in der „Kritik der politischen Ökonomie" hat. Vgl. hierzu MEW 13, 18.
149 vgl. K I, MEW 23, 109: „Die Waren werden nicht durch das Geld kommensurabel. Umgekehrt. Weil alle Waren als Werte vergegenständlichte menschliche Arbeit, daher an und für sich kommensurabel sind, können sie ihre Werte gemeinschaftlich in derselben spezifischen Ware messen und diese dadurch in ihr gemeinschaftliches Wertmaß oder Geld verwandeln. Geld als Wertmaß ist notwendige Erscheinungsform des immanenten Wertmaßes der Waren, der Arbeitszeit". – Unter den „Werten" können hier jedoch sinnvollerweise nur die Tauschwerte verstanden werden. Zur Interpretation dieser Stelle vgl. Nanninga, J.: Tauschwert und Wert, Diss. Hamburg 1975, 41.
150 GS 8, 14.
151 GS 8, 307.

der anderen Seite geht aber deshalb alles mit rechten Dingen zu, weil der Kapitalist sagt: Bitte, du verausgabst soundsoviel Arbeitskraft, ich gebe dir genausoviel, daß du diese Arbeitskraft wiederherstellen kannst. Insofern ist es also wirklich gleicher und gerechter Tausch; nur sind die durchschnittlichen Arbeitsstunden, die aufgewandt werden müssen, um den Arbeiter zu reproduzieren, weniger als die Arbeitsstunden, die der Arbeiter dem Kapitalisten zur Verfügung stellt."[152] Im universalen Vollzug des Tausches, der schließlich die Menschen selbst ergreift und zu Waren macht, indem er sie auf „Agenten und Träger des Warenaustausches"[153] reduziert, erneuert sich – und hier folgt Adorno explizit der Marxschen Analyse – die Herrschaft von Menschen über Menschen[154].

Zugleich aber „versteckt"[155] sie sich in solcher Reduktion in genau dem Sinne, den Marx im Fetischkapitel des „Kapital"[156] analysiert hat: Im universalen Vollzug des Tausches erscheinen die durch den Tausch vermittelten gesellschaftlichen Eigenschaften und Verhältnisse menschlicher Arbeit als gesellschaftliche Eigenschaften und Verhältnisse der Arbeitsprodukte, der Waren. Diese selbst erscheinen nunmehr als „untereinander und mit den Menschen im Verhältnis stehende selbständige Gestalten"[157] und die Menschen ihrerseits bloß mehr als Agenten und Träger ihres Austauschs.

Die Erscheinungsweise der Waren als derart selbständiger Gestalten ist aber für Adorno genauso wie für Marx nicht ein bloßer Schein, nicht eine bloße Tatsache des Bewußtseins[158], sondern dialektisch in eben dem Sinn, daß sie reale Gewalt hat über die Menschen selbst: Sie macht sie blind gegenüber der Vermitteltheit des Ganzen und verwandelt dieses in ein unmittelbares Ansich. Die Verselbständigung der Verhältnisse gegenüber den Menschen wird auf diese Weise in diesen aufgehoben zu einer Identität zweiter Natur. Indem im Fetischcharakter der Ware die falsche Gesellschaft und das Bewußtsein der Einzelnen zwanghaft zur

---

152 PT, 261 ff.
153 GS 8, 14.
154 vgl. hierzu Adornos emphatische Beteuerung: „Das bleibt wahr, trotz all der Schwierigkeiten, denen mittlerweile manche Kategorien der Kritik der politischen Ökonomie konfrontiert sind" (GS 8, 14).
155 GS 8, 14.
156 vgl. K I, MEW 23, 85 f.
157 K I, MEW 23, 86.
158 Vgl. hierzu Adornos Brief an Benjamin vom 2. August 1935 (In: Adorno, Th. W./ Scholem, G. (ed.): Benjamin. Briefe, Bd. 2, Frankfurt 1966, 627 ff.), in dem Adorno im Zusammenhang seiner Kritik an Benjamins Konzeption der dialektischen Bilder, wie sie im Memorandum von 1935 entfaltet wurde, nachdrücklich auf der objektiven Gewalt des Fetischcharakters der Ware wider alle Psychologisierung insistiert, der Benjamins Konzeption der dialektischen Bilder damals verfiel. – Zur Auseinandersetzung zwischen Adorno und Benjamin in diesem Punkt vgl. Tiedemann, R.: Studien zur Philosophie Walter Benjamins, Frankfurt 1973, 155 f.

Einheit gelangen, wird den Einzelnen jede Möglichkeit entzogen, den autonom sich gegen sie durchsetzenden Gesellschaftsprozeß in all seinen Vermittlungen zu begreifen. Es ist also gerade die durch den Tausch geleistete abstrakte Vermittlung in allem konkret Gesellschaftlichen, „die den Menschen das für Anderes Seiende als An sich vorgaukelt und sie am Bewußtsein der Bedingungen hindert, unter denen sie leben"[159]. Der durch den Tausch produzierte Fetischcharakter der Ware erweist sich damit – metaphorisch gesprochen – als das Einfallstor der falschen Gesellschaft ins Bewußtsein der Einzelnen. Die Identität zwischen verselbständigter Gesellschaft und abhängigen Einzelnen, die dadurch sich herstellt, ist zugleich jener strukturelle Angelpunkt, von dem aus das gesellschaftliche Ganze sich allererst ungehindert gegen die Einzelnen und hinter ihrem Rücken durchzusetzen vermag.

Als zwanghafte, gegen die Einzelnen verselbständigte und als verselbständigte gegen sie sich durchsetzende ist solche Identität jedoch ebenso „die Negation jedes Einzelnen"[160] und darum wiederum auch nichtidentisch: „Die Wohltat, daß der Markt nicht nach Geburt fragt, hat der Tauschende damit bezahlt, daß er seine von Geburt verliehenen Möglichkeiten von der Produktion der Waren, die man auf dem Markte kaufen kann, modellieren läßt"[161]. Daß der Tauschende dies zuläßt und auf eine pure Funktion im Tauschprozeß regrediert, rechnet dem Tauschprozeß selbst und dem in ihm konstituierten Fetischcharakter der Ware zu.

Mit dem Tauschprinzip ist nunmehr das Strukturprinzip der konkreten gesellschaftlichen Vermittlung bestimmt. In ihm gründet die Abstraktheit und dinghafte Selbständigkeit des totalen gesellschaftlichen Vermittlungszusammenhangs, in dem niemand mehr überleben kann, der nicht eine Funktion übernimmt und als Füranderessein dem verselbständigten Ganzen sich unterwirft. Selbsterhaltung ist in der spätkapitalistisch-industriellen Gesellschaft aufgrund der universellen Ausbreitung des Tausches identisch damit geworden, eine blinde Funktion des universellen Warenaustausches zu sein. Die Einzelnen sind deshalb bloße und blinde Funktion innerhalb des Ganzen, weil ihnen der durch den Tausch produzierte totale gesellschaftliche Vermittlungszusammenhang als ein undurchsichtiges Ansich gegenübertritt, dem sie sich blind unterwerfen, funktional einordnen müssen, um zu überleben. Der Verfügung aller entzogene Selbständigkeit des Ganzen und heteronomes Füranderessein als bloße blinde Funktion bedingen einander. Der Fortbestand des Einzelnen ist nur durch seine Funktion für den Fortbestand des Ganzen gesichert. Eine andere Weise, sich zu erhalten, ist

---

159 GS 8, 210; vgl. GS 8, 194, 238.
160 DA, 19.
161 a. a. O.

unter den gegebenen Bedingungen versperrt: „Es ist die gesellschaftliche Not, daß der, welcher dem universalen, ungleichen und ungerechten Tausch sich entziehen, nicht entsagen, sogleich das ungeschmälerte Ganze ergreifen würde, eben damit alles verlöre, noch den kargen Rest, den Selbsterhaltung ihm gewährt."[162] Die Totalität der bürgerlichen Gesellschaft erweist sich damit zugleich als Totalität von Herrschaft.

### 1.2.2.2.2. Die Dominanz der Herrschaft über den Tausch. Zur Differenz von Marx und Adorno

In der bisherigen Bestimmung des Tauschprinzips als des zentralen Konstituens der modernen industriellen Gesellschaft haben wir zunächst nur jene Momente entwickelt, in deren Explikation Marx und Adorno übereinstimmen. Im Folgenden wollen wir nun erörtern, worin sich Adornos und Marxens Analysen der modernen Gesellschaft und ihrer Entwicklung unterscheiden. Die Herausarbeitung dieser Differenz geschieht dabei nicht unter Zugrundelegung irgendeines von außen herbeigeholten Marxverständnisses, sondern dem bisher verfolgten Prinzip immanenter Darstellung gemäß auf der Basis jener Rechenschaft, die Adorno selbst von seiner Differenz zu Marx gegeben hat.

Marx hatte nachgewiesen, daß die bürgerliche Gesellschaft kraft der ihr immanenten Dynamik des Tauschprinzips auf einen Punkt zutreibt, wo ihr die aufgrund der universellen Ausbreitung des Tauschgesetzes völlig verelendeten Proletarier durch die revolutionäre Aufhebung des Privateigentums an den Produktionsmitteln ein Ende bereiten und sich des von ihnen produzierten Übermaßes an gesellschaftlichem Reichtum bemächtigen. Hatte bei Hegel noch der Staat die objektive Funktion, die Widersprüche der bürgerlichen Gesellschaft zum Ausgleich zu bringen und ihre Stabilität zu gewährleisten[163], so nimmt Marx die Institution des Staates aus der Dynamik der bürgerlichen Gesellschaft gerade nicht aus[164]. Der Staat ist ihm nicht das dem objektiven Antagonismus enthobene „an und für sich Vernünftige"[165], nicht „die göttliche Idee, wie sie auf Erden vorhanden ist"[166], sondern massiver Ausdruck des Interesses jener Klasse, die das Eigentum an den Produktionsmitteln hat. Eine Aufhebung des Antagonismus der bürgerlichen Gesellschaft kann daher nach Marx nur Sache jener

---

162 DA, 62.
163 vgl. Hegel, G. W. F.: Grundlinien der Philosophie des Rechts, WW 7, 329 f.
164 vgl. Marx, K.: Die deutsche Ideologie, MEW 3, 61 f.; K III, MEW 25, 799 ff.
165 Hegel, G. W. F.: a. a. O., 329.
166 Hegel, G. W. F.: Vorlesungen über die Philosophie der Geschichte, WW 11, 71.

Klasse sein, die, obgleich Produzent des gesellschaftlichen Reichtums, nichts zu verlieren hat als ihre Ketten[167] und insofern durch ihr Elend aus dieser Gesellschaft schon herausgefallen ist.

Von den Bedingungen, unter denen nach Marx die revolutionäre Aufhebung der bürgerlichen Gesellschaft ökonomisch zwangsläufig sich einstellen sollte, kann Adorno nicht mehr ausgehen. Die von Marx und Engels als unmittelbar bevorstehend projektierte Revolution hat nicht stattgefunden. Und selbst auch dort, wo sie schließlich sehr verspätet und unter gänzlich anderen Bedingungen als von der Theorie vorgesehen stattfand, zeigte sich etwas, was von Marx und Engels theoretisch in keiner Weise abzusehen war: „daß Herrschaft die Planwirtschaft, welche die Beiden freilich nicht mit Staatskapitalismus verwechselt hatten, zu überdauern vermag; ein Potential, das den von Marx und Engels entwickelten antagonistischen Zug der gegen bloße Politik pointierten Ökonomie über deren spezifische Phase hinaus verlängert"[168]. Von diesem Faktum gehen Adornos weitere Erörterungen der gesellschaftlichen Funktion des Tauschgesetzes aus, die ihn zugleich über die Marxsche Konzeption hinausführen.

Was nach dem Ausbleiben der von Marx als Aufhebung aller bisherigen Geschichte gedachten Revolution geschah, wirft nach Adorno Licht auf Momente, die der Marxschen Analyse selbst verborgen blieben. An einer Stelle der postum erschienenen „Reflexionen zur Klassentheorie"[169] charakterisiert Adorno das postmarxsche Stadium der bürgerlichen Gesellschaft folgendermaßen: „Die jüngste Phase der Klassengesellschaft wird von den Monopolen beherrscht; sie drängt zum Faschismus, der ihrer würdigen Form politischer Organisation. Während sie die Lehre vom Klassenkampf mit Konzentration und Zentralisation vindiziert, äußerste Macht und äußerste Ohnmacht unvermittelt, in vollkomme-

---

167 vgl. Marx, K.: Manifest der Kommunistischen Partei, MEW 4, 493.
168 ND, 314; nach Adorno waren Marx und Engels insofern mitschuldig an dieser Entwicklung, als sie einer affirmativen Geschichtskonstruktion verhaftet blieben, die das Zentrum der Negativität der geschichtlichen Bewegung, das Herrschaftsprinzip, noch einmal ideologisch verschleiert: durch die Behauptung des Primats der Ökonomie: „Es ging um die Vergottung der Geschichte, auch bei den atheistischen Hegelianern Marx und Engels. Der Primat der Ökonomie soll mit historischer Stringenz das glückliche Ende als ihr immanent begründen" (ND, 313). Vgl. E, 32.
169 GS 8, 373–391; zur Relevanz der „Reflexionen zur Klassentheorie" für die Erörterung des Adornoschen Gesellschaftsbegriffs hat F. Grenz folgendes bemerkt: „Die ‚Reflexionen zur Klassentheorie' wurden 1942 im Exil geschrieben. Damit entfällt der Einwand, der Text beziehe sich auf die Frühphase des Faschismus. So spät im Krieg geschriebene Faschismuskritik kann nicht unter Hinweis auf das Kriegsende als überholt abgewiesen werden" (a. a. O., 263 Anm. 70). Darin ist F. Grenz zweifelsohne recht zu geben. Allerdings wird bei F. Grenz nicht deutlich, wie sehr die in den „Reflexionen zur Klassentheorie" vorgetragene Faschismuskritik zugleich Marx-Kritik ist.

nem Widerspruch einander entgegenstellt, läßt sie die Existenz der feindlichen Klassen in Vergessenheit geraten."[170]
Die postmarxsche Situation der Gesellschaft ist also nach Adorno dadurch gekennzeichnet, daß der Antagonismus der bürgerlichen Gesellschaft, obgleich bis zum äußersten gesteigert, nicht umschlägt in die totale Befreiung, sondern bei gleichzeitigem Fortbestand verschwindet. Darin wird für Adorno etwas offenbar, was in der Ära von Konkurrenz und Markt latent vorhanden war und daher bei Marx und Engels unberücksichtigt blieb: die „Unwahrheit"[171] im Klassenbegriff selbst. Damit meint Adorno einen Zusammenhang, der „exterritorial zum System der politischen Ökonomie, aber zentral in der Geschichte der Herrschaft"[172] steht. Er ist dadurch charakterisiert, daß die Klassen, sowohl die der Bourgeoisie wie die des Proletariats, durch ihnen immanente Herrschaftsverhältnisse bestimmt sind, die nicht unmittelbar aus dem Tauschprozeß selbst erst hervorgehen, sondern ihren Ursprung außerhalb jenes Mechanismus haben. Deshalb ist die Einheit der Klasse „notwendig Nichteinheit in sich selber"[173]. Aufgrund solcher Nichteinheit aber wird „die ebenso reale Einheit zum Schleier"[174].
Unter der theoretischen Voraussetzung eines ungestörten, autonomen Ablaufs des Wirtschaftsmechanismus auf der Basis freier Konkurrenz bleibt der interne Herrschaftscharakter der Klassen jedoch notwendig verborgen. Denn die Voraussetzung eines autonomen Wirtschaftsmechanismus, die auch die Marxsche Theorie macht, um sie ihrer eigenen Inkonsequenz zu überführen[175], sieht ab von der Tatsache, daß „gleiches Recht und gleiche Chance der Konkurrierenden weithin fiktiv"[176] sind. Solche Gleichheit ist ein bloßes Postulat des liberalistischen Wirtschaftsmodells. In Wahrheit hängt der Erfolg der Konkurrierenden schon in der Frühphase der modernen industriellen Gesellschaft von *metaökonomischen* Bedingungen ab, „von der – außerhalb des Konkurrenzmechanismus gebildeten – Kapitalkraft, mit der sie in die Konkurrenz eintreten, von der politischen und gesellschaftlichen Macht, die sie repräsentieren, von altem und neuem Conquistadorenraub, von der Affiliation mit dem feudalen Besitz, den die Konkurrenzwirtschaft nie ernstlich liquidiert hat, vom Verhältnis zum unmittelbaren Herrschaftsapparat des Militärs"[177]. All diese metaökonomischen, nach

---

170 GS 8, 376.
171 GS 8, 379.
172 GS 8, 385.
173 GS 8, 379.
174 a. a. O.
175 vgl. GS 8, 385.
176 GS 8, 378.
177 a. a. O.

Adorno in der Geschichte von Gewalt und Herrschaft[178] zu verortenden Momente führen schließlich durch ihre Aktualisierung im ökonomischen Prozeß selbst zur Aufhebung von Markt und Konkurrenz und zur Etablierung der Monopole.
Die bürgerliche Klasse ist daher nach Adorno nur solange anonyme und bewußtlose Klasse und als solche einheitlich, solange sie und das Proletariat vom ökonomischen Prozeß selbst beherrscht werden. Das gilt für jene Phase, in der um marktbeherrschende Stellungen noch gekämpft wird. Die Bourgeoisie zerfällt aber als Klasse, sobald die in ihrem Ursprung latente, metaökonomisch bedingte Ungleichheit zum Ausbruch kommt: Indem jene metaökonomischen Kräfte durch den Kampf im universalen Tauschprozeß selbst und durch ihn hindurch sich zur Geltung bringen, gelingt es schließlich den von ihnen Gestützten, ihn zu beherrschen und unter ihre Kontrolle zu bringen. Nach Adorno haben demnach nicht „die Tauschgesetze zur jüngsten Herrschaft"[179] als der historisch adäquaten Form der Reproduktion der Gesamtgesellschaft auf der gegenwärtigen Stufe geführt, sondern die alte Herrschaft war in die ökonomische Apparatur zuzeiten eingegangen, um sie, einmal in voller Verfügung darüber, zu zerschlagen und sich das Leben zu erleichtern"[180]. Mit der metaökonomischen Restitution von Herrschaft in der Ökonomie selbst zergeht zugleich die politische Ökonomie als vergänglich. Ökonomie enthüllt sich damit für Adorno in der von den Monopolen und Konzernen bestimmten Phase der bürgerlichen Gesellschaft als „Sonderfall der Ökonomie, des für Herrschaft präparierten Mangels"[181].
Die Wahrheit des Klassenbegriffs, die reale Existenz von Klassen, wird dadurch „unsichtbar"[182]: Unter den Bedingungen der Auflösung der politischen Ökonomie verschwindet die Bourgeoisie als einheitliche Klasse. Was „als Spielregel des Kampfes, als Gemeininteresse die Konkurrenten zusammenhielt"[183], vergeht mit der Konkurrenz und ihrem Kampf durch die Etablierung der Monopole. Aufgrund ihrer marktbeherrschenden Stellung ist ihnen der im Konkurrenzkampf auf der Strecke gebliebene Rest der Klasse, der „Anhang"[184], der zu seiner eigenen Reproduktion auf jene Mächte angewiesen ist wie diese auf ihn[185], ebenso

---

178 vgl. GS 8, 379; hier wird das metaökonomische Moment von Herrschaft wieder auf den Generalnenner des Privilegs gebracht. Vgl. auch GS 8, 383. An der letztgenannten Stelle spricht Adorno von der „Unmenschlichkeit, die das Privileg in die objektive Notwendigkeit der Geschichte eingräbt".
179 Gemeint ist hier die Herrschaft der Monopole.
180 GS 8, 381.
181 a. a. O.
182 GS 8, 379.
183 a. a. O.
184 a. a. O.
185 GS 8, 378.

ausgeliefert wie die Arbeiter. Beiden, sowohl den Arbeitern wie dem Anhang wird die gleiche Funktion und das gleiche Bedürfnis aufgezwungen: Sie haben, um überleben zu können, die Macht der Monopole und Konzerne erweitert zu reproduzieren[186]. In einer Phase, in der die Organisation der Bourgeoisie „die Form des Consensus der Interessengleichen abwirft, die im achtzehnten und neunzehnten Jahrhundert als Klasse sie konstituiert hatte"[187], und ihr größter Teil in Bedürfnis und Funktion identisch wird mit den Arbeitern, wird es für diese geradezu unmöglich, das nichtsdestoweniger weiter bestehende Klassenverhältnis zu durchschauen[188]. Was ihnen als Feind einzig noch gegenübersteht, ist nicht eine einheitliche Klasse, die als solche im Marxschen Sinn revolutionär zu stürzen wäre, sondern die Anonymität des konzentrierten Kapitals. Was im Marxschen Sinn einmal herrschende Klasse hieß, verschwindet dahinter.
In diesem Resultat der postmarxschen Gesellschaftsentwicklung, dem „gesellschaftlich-totalen Aspekt des Kapitals"[189], „terminiert der alte Fetischcharakter der Ware"[190]. Nach Marx sollte er einmal durch die revolutionäre Tat des Proletariats gebrochen werden; doch er kann nunmehr deshalb nicht mehr gebrochen werden, weil keine andere zu brechende Instanz mehr auszumachen ist als die des abstrakten Kapitals selbst, von dem die Selbsterhaltung aller abhängt. Den Proletariern von ehedem bleibt deshalb keine andere Möglichkeit zu überleben, als sich den von der abstrakten Übermacht des Kapitals gesetzten Bedingungen anzupassen. Sie müssen sich um ihrer eigenen Selbsterhaltung, ihres eigenen materiellen Interesses willen mit dem Bestehenden arrangieren und ihre Interessen *systemimmanent* vertreten. Dadurch zerfallen auch sie als einheitliche Klasse: „Zwanghaft reproduziert unten sich die Spaltung in Führer und Gefolge, die an der herrschenden Klasse selber sich vollzieht. Die Gewerkschaften werden zu Monopolen und die Funktionäre zu Banditen, die von den Zugelassenen blinden Gehorsam verlangen, die draußen terrorisieren, loyal jedoch bereit wären, den Raub mit den anderen Monopolherren zu teilen."[191] Die interne Aufspaltung der organisierten Arbeiterbewegung in Führer und abhängiges Gefolge und damit die Wiederholung gesellschaftlicher Herrschaftsverhältnisse in ihr selbst ist nach Adorno der Preis, der unter dem Zwang zur systemimmanenten Vertretung der Arbeiterinteressen für eine solche Vertretung zu zahlen ist. Zwar trägt sie mit zu einer Verbesserung des Lebensstandards der Arbeitenden bei, doch indem sie zugleich zum internen Zerfall der Einheit der Klasse führt,

---

186 vgl. GS 8, 378 f.
187 GS 8, 379.
188 GS 8, 377, 380.
189 GS 8, 380.
190 a. a. O.
191 a. a. O.

arbeitet sie nach Adorno gerade dem zu, was nach Marx einmal um der Freiheit willen hätte gestürzt werden sollen. Die Dialektik in der systemimmanenten Vertretung der Arbeiterinteressen ist also die, daß sie zugleich zwangsläufig wider die Interessen der von ihr Vertretenen sich kehrt.

In einem späteren Aufsatz, den zusammen mit Ursula Jaerisch verfaßten „Anmerkungen zum sozialen Konflikt"[192] ist zwar Adornos Sprache nicht mehr so drastisch wie in dem zuletzt angeführten Zitat aus den unter dem unmittelbaren Eindruck des Faschismus verfaßten „Reflexionen zur Klassentheorie". Aber auch dort wird nachdrücklich auf die systemintegrierende Wirkung verwiesen, die die gewerkschaftliche Bewegung durch die konsequente Vertretung der materiellen Interessen der Arbeitenden notwendig produziert[193].

Adorno ist jedoch weit davon entfernt, diese Entwicklung abstrakt zu verurteilen. Daß die Gesellschaft sich die Proletarier von ehedem einverleibte, dürfte nach Adorno „nur der ... ungeschehen wünschen, der das Glück des Ganzen abstrakt über das der lebendigen Einzelwesen stellt"[194]. Doch daß für solche Integration der Preis totaler Anpassung an das heteronome Ganze zu zahlen ist, ist für Adorno ein Skandalon, an dem sich zugleich seine Kritik dieser Entwicklung entzündet.

Der Integration der Gesellschaft durch das materielle Interesse der Arbeitenden hindurch kommt die Tendenz des verselbständigten, anonym gewordenen Systems jedoch auch selbst entgegen: sie verhindert, was einmal bei Marx Verelendung hieß: „Sie darf nicht in Erscheinung treten, um nicht das System zu sprengen."[195] Bei Marx war der Prozeß der Verelendung strikt ökonomisch als proportional zum Anwachsen des funktionierenden Kapitals im freien Spiel der Kräfte bestimmt[196]. Mit der durch die metaökonomischen Momente im ökonomischen Prozeß vermittelten Elimination von Markt und Konkurrenz wird jedoch auch die Dynamik des Elends „stillgelegt"[197], die mit der Kapitalakkumulation unter jenen Bedingungen wesentlich gekoppelt war. Die Verbesserungen der ökonomischen Lage der Arbeitenden können daher unter den Bedingungen der „Liquidation der Ökonomie"[198] gerade nicht aus dem ökonomischen Prozeß selbst heraus erfolgen, sondern werden außerökonomisch zugeteilt[199]. Sie haben nach Adorno letztlich den Charakter von „Arbeitslosenunterstützung auch wo

---

192 GS 8, 177–195.
193 vgl. GS 8, 183 ff.
194 GS 8, 364.
195 GS 8, 385.
196 vgl. K I, MEW 23, 673 f.
197 GS 8, 385.
198 a. a. O.
199 a. a. O.

diese nicht deklariert ist, ja wo der Schein von Arbeit und Lohn dicht fortbesteht: Zugabe, Trinkgeld im Sinne der Herrschenden"[200].

Mit dieser polemischen Charakterisierung der Verbesserung des Lebensstandards will Adorno nichts anderes sagen als dies, daß das Maß solcher Verbesserungen nicht mehr im genuinen Sinne ökonomisch vermittelt ist, gerade nicht dem ökonomischen Prozeß selbst unmittelbar entspringt, sondern von metaökonomischen Elementen bestimmt wird. Damit aber, unter den Bedingungen „des kryptogamen, gleichsam zensurierten Elends"[201], werden „alle Menschen derart zu bloßen Verwaltungsobjekten der Monopole und ihrer Staaten, wie es zur Zeit des Liberalismus nur jene paupers waren, die man in der Hochzivilisation hat aussterben lassen"[202]. Die Degradation der Menschen zu bloßen Verwaltungsobjekten ist demnach der Preis, der historisch für die Steigerung der Wohlfahrt aller zu zahlen ist.

Das Ganze der spätkapitalistisch-industriellen Gesellschaft wird somit dadurch zu einem hermetisch geschlossenen, daß es sowohl die Identität der Bourgeoisie wie die des Proletariats durch ihren Antagonismus hindurch zerfallen macht und damit diesen selbst zum Verschwinden bringt: Die bürgerliche Klasse zerfällt aufgrund der Aktualisierung metaökonomischer Herrschaft im Tauschprozeß in die Anonymität des konzentrierten Kapitals einerseits und die von ihm Abhängigen andererseits. Durch diesen Prozeß wird zugleich die allgemeine Steigerung des Lebensstandards möglich, die ökonomisch, auf der Basis eines wirklich autonomen Wirtschaftsmechanismus nicht hätte möglich sein können. Sowohl der Zerfall der bürgerlichen Klasse ebenso wie die damit einhergehende Steigerung des Lebensstandards bringt diejenige Klasse, von der Marx sich die geschichtlich entscheidende Veränderung der Wirklichkeit erwartete, in totale Abhängigkeit von der Anonymität des Gratifikationen gewährenden konzentrierten Kapitals. Die Arbeitenden werden dadurch zu totaler Anpassung gezwungen: Ihre Interessen lassen sich unter den angegebenen Bedingungen nur mehr systemimmanent vertreten, und dadurch zerfallen sie als Klasse. Das befördert wiederum die Integration des Ganzen. Eine Perspektive, die über es hinausführte, ist auf der Basis eines zum monolithischen Block erstarrten Unterbaus nicht mehr möglich.

Fassen wir nun das in den beiden letzten Kapiteln Erörterte zusammen: In der postmarxschen Phase der Gesellschaftsentwicklung hat der objektive Antagonismus sich so sehr gesteigert, daß die gesellschaftliche Ohnmacht der Arbeitenden total geworden ist, aber in einer Weise, wie Marx und Engels sie nicht vorausahnen konnten: Die metaökonomische Restitution von Herrschaft in der Öko-

---

200 a. a. O.
201 GS 8, 386.
202 a. a. O.; vgl. DA, 45.

nomie selbst hat zu einer Anonymität des konzentrierten Kapitals geführt, die schier undurchdringlich geworden ist und zu totaler Anpassung an das heteronome Ganze zwingt. Weil die Klassen objektiv zerfallen sind und keine andere Weise der Selbsterhaltung mehr abzusehen ist als die totaler Anpassung, ist das Klassenverhältnis subjektiv wie objektiv unsichtbar geworden. Damit wird die gesellschaftlich-geschichtliche Dialektik stillgestellt, die nach Marx zur Befreiung aller hätte führen sollen: „So angewachsen ist die Spannung, daß zwischen den inkommensurablen Polen gar keine mehr besteht. Der unermeßliche Druck der Herrschaft hat die Massen so dissoziiert, daß noch die negative Einheit des Unterdrücktseins zerrissen wird, die im 19. Jahrhundert sie zur Klasse macht. Dafür werden sie unmittelbar beschlagnahmt von der Einheit des Systems, das es ihnen antut. Die Klassenherrschaft schickt sich an, die anonyme, objektive Form der Klasse zu überleben."[203]

Nicht der Tauschprozeß selbst hat sich zur totalen Herrschaft über alle verholfen, sondern es war Herrschaft selbst, die ihm dazu verhalf und ihn nur als Medium ihrer universellen Ausbreitung benutzte. In der im vorhergehenden Kapitel entfalteten These von der Dominanz der Herrschaft über den Tauschprozeß liegt die zentrale Differenz von Marx und Adorno[204].

---

203 GS 8, 377.
204 F. Böckelmanns Behauptung, „daß Adorno eine allseitige Auseinandersetzung mit Marx für inopportun hält" und „stets vermieden hat" (Böckelmann, F.: Über Marx und Adorno. Schwierigkeiten der spätmarxistischen Theorie, Frankfurt 1972, 127), ist von diesem Ergebnis her nicht zu halten. Die Kritik O. Massings (Adorno und die Folgen. Über das „hermetische Prinzip" der Kritischen Theorie, Neuwied 1970, 53 ff.) an Adorno berücksichtigt den oben skizzierten Zusammenhang ebenfalls nicht. Festzuhalten bleibt deshalb, daß in Adornos Nachweis der Dominanz der Herrschaft über den Tausch zugleich die zentrale Auseinandersetzung zwischen Adorno und Marx besteht. – In der orthodox-marxistischen Auseinandersetzung mit Adorno wird dieser Punkt ebenfalls nicht berücksichtigt und Adorno einfach pauschal als Idealist abgetan. Vgl. hierzu Bauermann, R./Rötscher, H.-J.: Zur Marxverfälschung der „kritischen Theorie" der Frankfurter Schule. In: Deutsche Zeitschrift für Philosophie 19 (1971), 1440–1451; Beyer, W. R.: Adorno. In: Beyer, W. R.: Vier Kritiken: Heidegger, Sartre, Adorno, Lukácz. Köln 1970, 151–194; ders.: Die Sünden der Frankfurter Schule, Frankfurt 1971; Dawydow, J.: Die sich selbst negierende Dialektik. Kritik der Musiktheorie Theodor W. Adornos, Frankfurt 1971; Gedö, A.: Dialektik der Negation oder Negation der Dialektik. In: Heiseler, J./Schleifstein, J., u. a.: Die „Frankfurter Schule" im Lichte des Marxismus. Zur Kritik der Philosophie und Soziologie von Horkheimer, Adorno, Marcuse, Habermas. Frankfurt 1970, 7–25; Jopke, W.: Dialektik der Anpassung. Zur Kritik der philosophischen Position von Theodor W. Adorno, Diss. Berlin (Ost) 1965; ders.: Grundlagen der Erkenntnis- und Gesellschaftstheorie Adornos und Horkheimers. In: Heiseler, J./Schleifstein, J. u. a.: a. a. O., 48–69; Reichel, P.: Verabsolutierte Negation. Zu Adornos Theorie von den Triebkräften der gesellschaftlichen Entwicklung, Frankfurt 1972.

### 1.2.2.2.3. Spuren des gesamtgesellschaftlich verdrängten Antagonismus im apolitisch-privaten Bereich

Die „Unsichtbarkeit der Klassen in der Versteinerung ihres Verhältnisses"[205] ist nach Adorno die Signatur des Zeitalters. Sie geht einher mit der totalen gesellschaftlichen Ohnmacht aller, die aus der metaökonomischen Restitution von Herrschaft als der Vermittlungsinstanz der „auseinanderweisenden Tendenzen ökonomischer Verelendung und extraökonomischer Besserung des Lebensstandards"[206] resultiert. Nachdem die Proletarier von einst ebenso wie „der Fabrikant der ,Weber'"[207] verschwunden sind, ist die zentrale Frage, wo und wie der nach wie vor weiter bestehende objektive Antagonismus sich zu äußern vermag. Dieser Frage muß sich die Adornosche kritische Theorie der Gesellschaft stellen, wenn ihr die eigenen Voraussetzungen nicht zum Fetisch werden sollen. Es ist nun Adornos These, daß der objektive Antagonismus, der gesamtgesellschaftlich nicht mehr erscheinen kann und daher im subjektiven Bewußtsein in Vergessenheit geraten ist, in ephemeren Konflikten und gesellschaftlichen Randphänomenen verhüllt zum Ausbruch kommt. Der gesellschaftliche Verblendungszusammenhang wird darin nach Adorno jedoch nicht aufgebrochen in der Weise, daß die Individuen in den einzelnen Konflikten sich des objektiven Antagonismus auch bewußt würden. Vielmehr wird ihnen ein solches Bewußtsein durch diese Konflikte gerade verstellt. Obgleich also „in den blinden, sich selbst verhängten Konflikten ... das gesellschaftliche Wesen an die Subjekte"[208] zurückgelangt, so geschieht dies doch so, daß die Subjekte dessen nicht gewahr werden können.

Dies sei durch einige Beispiele erläutert, die Adorno hier gibt: „In der automatisierten Sektion eines Rußwerks ist den Arbeitern, welche die Maschinen lediglich zu kontrollieren und zu reinigen haben, verboten, während der Arbeitszeit zu sitzen oder zu rauchen, obwohl das ihre Tätigkeit keineswegs behinderte. Die Ideologie duldet nicht einmal den Schein von Faulheit. Einen, der beim Auftritt des Obermeisters die brennende Pfeife in der Tasche versteckt, verwickelt dieser ausdauernd in ein nichtssagendes Gespräch und zwingt ihn zum schmerzhaften Eingeständnis der Übertretung. Parasitär siedeln sich an den technischen Rationalisierungen von Produktions- wie Konsumsphäre Relikte archaischer sozialer Formen an."[209] Der geschilderte Fall kann nach Adorno als prototypisch dafür gelten, wie in Reibereien zwischen Arbeitern, Meistern und anderen Vorgesetz-

---

205 GS 8, 376.
206 GS 8, 388.
207 GS 8, 187.
208 GS 8, 186.
209 GS 8, 192.

ten genuin soziale Konflikte an die falsche Stelle verschoben werden. Der Obermeister, der in übertriebener Identifikation mit der bestehenden Ordnung auf die archaische Stufe unvermittelten Herrentums zurückfällt, vollzieht ebenso eine krampfhafte Rationalisierung der Irrationalität des Bestehenden wie umgekehrt der Gescholtene mit seiner Wut auf den Obermeister. Krampfhaft wird jener durch das Verhalten des Obermeisters gezwungen, in ihm den eigentlichen Gegner zu sehen, obgleich doch dieser selbst unter dem Druck „einer nach oben unabsehbaren Hierarchie"[210] steht und dafür zu sorgen hat, daß das Soll der Produktion erfüllt wird[211].

In einer solchen Personalisierung der Konflikte wird nach Adorno der objektive Antagonismus noch einmal subjektiv zum Verschwinden gebracht. Woran sich die Konflikte der Einzelnen entzünden, sind eigentlich „Phantome..., durch welche die Abhängigen das Abstrakte und Undurchdringliche der Verhältnisse in ihre lebendige Erfahrung zurückzuübersetzen trachten"[212].

Adorno gibt noch ein anderes Beispiel, an dem sich der objektive Verschleierungscharakter pseudoprivater Konflikte ablesen läßt: „Macht der Straßenbahnschaffner seinem Ärger über Studenten Luft mit einer Bemerkung über deren allzu üppige Freizeit, so ist daran weniger erheblich die durchsichtige psychologische Motivation als der gesellschaftliche Gehalt des Gesagten, etwa der Neid des fest, aber schlecht besoldeten, reglementierten, an starre Arbeitszeiten gebundenen Beamten auf die nach seiner Ansicht später einmal in freieren Berufen mit besseren materiellen Chancen Tätigen. Der Schaffner, der die recht komplexen Ursachen dieser Gruppendifferenz verkennt, wird seine Rancune an denen auslassen, die, selber Objekt der sozialen Prozesse, weit weniger begünstigt sind, als er es sich vorstellt."[213] Auch dieses Beispiel zeigt nach Adorno, wie das, was einmal bei Marx als revolutionär aufzuhebender objektiv-gesellschaftlicher Antagonismus konzipiert war, sich zusammengezogen hat in spontane Ausbrüche von Neid und fehlgeleiteter Aggression.

Adorno hat das noch an einer weiteren Beobachtung exemplifiziert. Sie zeigt ganz besonders deutlich jene skizzierte Verlagerung: Was den Menschen in der hermetisch geschlossenen Gesellschaft angetan wird, treibt zu irrationalen Reaktionen, in denen das Bestehende nur noch einmal bestätigt wird, anstatt auf seine eigene Irrationalität hin durchsichtig zu werden. Es handelt sich um folgende Beobachtung: „Ein altes Weib herrscht Kinder, die auf einer ohnehin lauten Straße spielen, wegen Lärmens an. Noch nachdem sie längst verschwunden sind,

---

210 GS 8, 187.
211 vgl. GS 8, 192.
212 GS 8, 188.
213 GS 8, 190.

schimpft es weiter. Das Keifen ersetzt physische Gewalt, bereit, in diese überzugehen; unter der Rationalisierung notwendiger Erziehung – einer der beliebtesten im Klima der deutschen Reaktion – läßt die Frau die aufgestaute Wut über die eigene armselige Existenz und die allgemeine über den Verkehrslärm an denen aus, die sich ihr schutzlos darbieten, den Kindern. Daß ihr Affekt gegen den Anlaß sich verselbständigt, zeigt, wie irrelevant dieser für ihren Sozialcharakter ist. Protest wider die Brutalität von Autofahrern jedoch käme ihr schwerlich in den Sinn: verhaßt ist ihr vielmehr, aus zweiter Natur, was sie als ungebändigte erste irritiert, sie an das mahnt, was sie in sich unterdrücken mußte: der Radau."[214] Das angegebene Beispiel zeigt nach Adorno weiter, wie leicht das Bestehende die Menschen gegeneinander – selbst bis zu brutaler Gewaltanwendung – zu treiben vermag und nicht gegen es selbst.

Doch sind nach Adorno nicht bloß bestimmte soziale Gruppen und Verhaltensweisen Anlaß zu irrationalen Konflikten wie den geschilderten. Es ist auch zu beobachten, daß sich soziale Konflikte schon selbst an Maschinen und Apparaten der Konsumsphäre entzünden, wenn einmal etwas an ihnen nicht ordnungsgemäß funktioniert: „Der Familienkrach bricht aus, weil der Fernsehapparat nicht funktioniert, vor dem die wiedervereinigte Primärgruppe den längst entschiedenen Boxkampf noch einmal verfolgen will. Denen, die um ihr synthetisches Vergnügen geprellt wurden, bietet der Familienkreis den willkommenen Anlaß, abzureagieren, was mit den anwesenden Personen gar nichts zu tun hat."[215]

All diese im vorhergehenden geschilderten Konflikte lassen sich nach Adorno auf einen gemeinsamen Nenner bringen: Sie sind „Deckbilder"[216] der zur antagonistischen Totalität erstarrten Gesellschaft.

### 1.2.2.2.4. Der Antagonismus der menschlichen Bedürfnisstruktur als Spiegelbild des objektiv-gesellschaftlichen Antagonismus

Mit den oben erörterten Beispielen ist nur die soziale Außengestalt des durch die partikularen Konflikte verdeckten objektiven Antagonismus getroffen. Nach Adorno ist der gesamtgesellschaftlich verdrängte Antagonismus jedoch selbst in die Immanenz der menschlichen Bedürfnisstruktur eingewandert, deren aktuell Falsches sich in der Irrationalität von Konflikten der geschilderten Art bloß niederschlägt. Ohne die falsche, in sich selbst widersprüchliche Gestalt der Bedürfnisse könnte es gar nicht zu den blinden Ausbrüchen von Neid, fehlgeleite-

---

214 a. a. O.
215 GS 8, 191.
216 GS 8, 187.

ten Aggressionen und privaten Zänkereien kommen. Der Familienkrach vorm kaputten Fernsehschirm ist nach Adorno prototypisch dafür, daß in der hermetisch geschlossenen Gesellschaft „Libido weniger lebenden Menschen denn fabrizierten Schemen von Lebendigem und den Konsumgütern selbst, den Waren"[217] gilt.

Um zu einem klaren und deutlichen Verständnis des von Adorno Gemeinten zu gelangen, ist es auch an dieser Stelle wiederum vorteilhaft, sich kurz zu vergegenwärtigen, welche Funktion die Kategorie des Bedürfnisses bei Marx hatte. Wir erlauben uns, zu diesem Zweck die von F. Grenz gegebene zusammenfassende Bestimmung des Marxschen Bedürfniskonzepts hier zu wiederholen.

Bei Marx wird das Verhältnis von Bedürfnis und falscher Gesellschaft analog zu Hegels Modell der List der Vernunft entfaltet: „Bei Marx ist die Verknüpfung der Bedürfniskategorie mit der Natur als Quelle der Gebrauchswerte einerseits und als unmittelbare Lebensäußerung der Menschen andererseits Grundlage der Auslegung der Geschichte als Vorgeschichte, die über eine Reihe antagonistischer Zustände zu einem Zielpunkt treibt, der die Abschaffung der Antagonismen durch Mittel erlaubt, welche ausschließlich in den antagonistischen Epochen entstehen können. Die Hoffnung auf ein Ende der Falschheit ist aber daran geknüpft, daß in der Bedürfniskategorie das Naturmoment, und sei es negativ, real fortlebt."[218]

Für Adorno ist nun aber das Bedürfnis in der postmarxschen Phase der Gesellschaft gerade dadurch gekennzeichnet, daß das Naturmoment aus ihm verschwindet. Dies hat seinen Grund darin, daß der Tauschwert für das Bedürfnis objektiv die Funktion des Gebrauchswerts gewinnt. Die „affektive Besetzung des Tauschwertes"[219] ist aber nicht etwas, was ins Belieben des Subjekts fiele und von ihm ebensosehr wieder rückgängig gemacht werden könnte, sondern objektiv bedingt durch den gesellschaftlichen Vorgang des universellen Tauschprozesses selbst: Der Gebrauchswert der Ware hat in der „durchkapitalisierten Gesellschaft"[220] seine „letzte naturwüchsige Selbstverständlichkeit eingebüßt"[221]. Die Warenproduktion hat damit ein Stadium erreicht, in dem „der Gebrauchswert abstirbt"[222]. Die Bedürfnisse werden bloß mehr indirekt, über den Tauschwert, befriedigt und „in wirtschaftlich relevanten Sektoren vom Profitinteresse selber erst hervorgebracht"[223]. Adorno weist darauf hin, daß „über alles zur Zeit von

---

217 GS 8, 191.
218 Grenz, F.: a. a. O., 45 ff.
219 D, 21.
220 D, 20.
221 GS 8, 361.
222 Brief Adornos an W. Benjamin vom 2. August 1935, a. a. O., 675.
223 GS 8, 362.

Marx Absehbare hinaus die Bedürfnisse, die es potentiell längst waren, vollends zu Funktionen des Produktionsapparats geworden sind, nicht umgekehrt"[224].
Aus einem Beispiel, das Adorno anführt, läßt sich die neue Qualität des Bedürfnisses unmittelbar ersehen: das Bedürfnis einer zweiköpfigen Familie, das auf den Erwerb von drei Autos geht, ist eben etwas gänzlich anderes als das Bedürfnis, das eine primitive Sammlerhorde zum Auflesen von Früchten treibt[225]. Der Tauschwert selbst wird zum unmittelbaren Gegenstand des Genusses[226].
Indem aber das menschliche Bedürfnis im universellen Tauschprozeß vom Tauschwert beherrscht und geformt wird, wird es zugleich widersprüchlich in sich selbst[227]: die Erfüllung, auf die das Bedürfnis sich richtet, betrügt es zugleich um diese Erfüllung[228]. Sie bleibt scheinhaft, weil die objektive Gestalt des Bedürfnisses strukturell „der Verhaltensweise des Gefangenen" gleicht, „der seine Zelle liebt, weil nichts anderes zu lieben ihm gelassen wird"[229]. Das subjektive Bedürfnis ist im postmarxschen Stadium der Gesellschaft bloßer Reflex des Tauschwerts, auf den es sich unmittelbar bezieht[230].
Die falsche Einrichtung der Gesellschaft kehrt so wieder im Falschen des subjektiven Verlangens: Wie die Gesellschaft das Leben zugleich mit seiner Reproduktion unterdrückt[231], so wird subjektiv das Bedürfnis durch seine Befriedigung zugleich um diese betrogen. In seiner durch den Produktionsapparat vermittelten und fixierten Gestalt trägt es zu dessen Fortbestand bei und damit zugleich zur Perpetuierung einer Erfüllung, die – weil tauschwertbestimmt und den Einzelnen in seiner Ohnmacht fixierend – gar keine ist[232]. Diese Paradoxie im „quid pro quo von Bedürfnis, Befriedigung und Profit- oder Machtinteresse"[233] ist nach Adorno das hervorstechende Merkmal der Dialektik der Selbsterhaltung in der modernen industriellen Tauschgesellschaft.

### 1.2.2.3. *Das Verhältnis von Tauschrationalität und technischer Rationalität als Grundproblem der Adornoschen Gesellschaftstheorie*

Die Erörterung der Adornoschen Konzeption der spätkapitalistisch-industriellen Gesellschaft hat zum zentralen Ergebnis gehabt, daß im universellen Vollzug des

---

224 GS 8, 361.
225 vgl. GS 8, 221.
226 vgl. D, 20; GS 8, 362.
227 vgl. GS 8, 393.
228 vgl. GS 8, 394.
229 D, 21.
230 D, 18 ff., 54; MM, 308.
231 vgl. DA, 62 ff.; GS 8, 18.
232 vgl. DA, 62, 129, 149; GS 8, 366.
233 GS 8, 366.

Tausches die totale Ohnmacht aller ihm Unterworfenen sich durchsetzt. Wir haben zunächst gezeigt, daß durch den Tauschprozeß hindurch die metaökonomische Restitution von Herrschaft in der Ökonomie erfolgt. Dadurch erst, so führten wir weiter aus, kommt jene totale gesellschaftliche Unterdrückung und Ohnmacht zustande, die in der explizierten Gestalt nach Marx sich nie hätte ereignen dürfen[234]. Anschließend haben wir sie dann bis in ihre Epiphänomene hinein verfolgt.

Selbsterhaltung hat, wie sich erwies, in der zur antagonistischen Totalität erstarrten Gesellschaft nichts an Schrecken und Not verloren. Sie ist nach wie vor prekär und leidvoll. In dieser Hinsicht hat für Adorno strukturell kein Fortschritt stattgefunden: Darin, daß in der modernen Tauschgesellschaft Selbsterhaltung als totale Ohnmacht jedes Einzelnen sich wider sich selbst kehrt, erweist sich die fortgeschrittene Selbsterhaltung dieser Stufe als von derselben Dialektik der Selbsterhaltung bestimmt, wie sie für die Urgeschichte der Subjektivität an Odysseus aufgewiesen worden ist: auch dieser wird durch seine angestrengten Versuche der Selbsterhaltung deren eigenes Opfer. Er erhält sein Leben nur, indem er es unterdrückt. Er muß immerzu verzichten, entsagen und darf sich, um zu überleben, nie gewähren, was er eigentlich will. Seine Selbsterhaltung ist Selbstverleugnung[235]. Auch er betreibt schon virtuell die Abschaffung jenes Selbst, das durch seine Anstrengung doch erhalten werden soll. Selbsterhaltung in der universellen Tauschgesellschaft ist von derselben Dialektik bestimmt: In ihr arbeitet jeder um seiner Selbsterhaltung willen ebenso als Füranderessein sich selbst entgegen.

Die Identität solcher Dialektik der Selbsterhaltung auf beiden durch mehr als 2000 Jahre voneinander getrennten historischen Stufen wird in der „Dialektik der Aufklärung" ausdrücklich behauptet. Wegen der Wichtigkeit des im folgenden zu explizierenden Problems sei die genannte Stelle hier in ihrem vollen Wortlaut wiedergegeben: „Die Geschichte der Zivilisation ist die Geschichte der Introversion des Opfers. Mit anderen Worten: die Geschichte der Entsagung. Jeder Entsagende gibt mehr von seinem Leben als ihm zurückgegeben wird, mehr als das Leben, das er verteidigt. Das entfaltet sich im Zusammenhang der falschen Gesellschaft. In ihr ist jeder zu viel und wird betrogen. Aber es ist die gesellschaftliche Not, daß der, welcher dem universalen, ungleichen und ungerechten Tausch sich entziehen, nicht entsagen, sogleich das ungeschmälerte Ganze ergreifen würde, eben damit alles verlöre, noch den kargen Rest, den Selbsterhaltung ihm gewährt. Es bedarf all der überflüssigen Opfer: gegen das Opfer. Auch Odysseus ist eines, das Selbst, das immerzu sich bezwingt und darüber das Leben versäumt,

---

234 vgl. GS 8, 388.
235 vgl. DA, 75.

das es rettet und bloß noch als Irrfahrt erinnert"[236]. Wie Odysseus Erfüllung nicht kennt und um seiner Selbsterhaltung willen sich nicht erlauben darf, so auch das Mitglied der modernen Tauschgesellschaft nicht: nur ist sie diesem durch die universelle Herrschaft des Tauschwerts verstellt. Das macht zugleich die Differenz des neuzeitlichen Bürgers zu seinem Urbild aus: Für Odysseus ergibt sich, wie ausgeführt wurde, die Dialektik der Selbsterhaltung aus der Dialektik der naturbeherrschenden, technischen ratio. So jedenfalls entfaltet es Adorno im „Exkurs I". Und doch wird die Dialektik der Selbsterhaltung sowohl des Mitglieds der Tauschgesellschaft wie des verzweifelt umherirrenden Odysseus als dieselbe behauptet. Sind also technische Rationalität und Tauschrationalität ein- und dasselbe, strukturgleich und wechselseitig substituierbar?
Die angeführte Stelle legt den Schluß zumindest nahe, daß eine solche Identität besteht. Er kann sogar noch weiter erhärtet werden. Es gibt in der Tat im „Exkurs I" eine Stelle, an der eine solche Identität explizit behauptet wird. Es heißt dort im Zusammenhang des Prozesses der Ablösung des Opfers durch eine fortgeschrittenere Form naturbeherrschender Rationalität: „Die Abdingung des Opfers durch selbsterhaltende Rationalität ist Tausch nicht weniger, als das Opfer es war."[237] Sie ist Tausch deswegen, weil sie als Herrschaft über die Natur zugleich Betrug an der Natur ist, die um des Selbst willen gefügig gemacht und ihrer Bedrohlichkeit beraubt wird. Der Gewinn für das Selbst erfolgt durch den Betrug an der Natur und ist doch dadurch wiederum auch Betrug am Selbst, das sich dabei aufopfern muß – eine Dialektik von Gewinn und Betrug, wie sie strukturgleich im modernen Tauschprozeß enthalten ist.
Wird die Identität von Tauschrationalität und technischer Rationalität aber so streng behauptet, nämlich als die von Herrschaft, dann ist schlechterdings nicht abzusehen, was über die Dialektik der Selbsterhaltung gerade in der spätkapitalistisch-industriellen Gesellschaft überhaupt noch hinausführen soll. Bei Marx sollte die immanente Dialektik von Produktivkräften und Produktionsverhältnissen aus sich selbst heraus den befreiten Zustand produzieren. Eine solche Dialektik läßt sich aber dann nicht einmal mehr im Ansatz formulieren, wenn Produktivkräfte und Produktionsverhältnisse derart radikal in eine ihnen gemeinsame Dialektik der Herrschaft zurückgenommen werden, wie das an vielen Stellen der „Dialektik der Aufklärung" und in anderen Schriften Adornos der Fall ist.
Angesichts dieser Aporie setzen Adorno und Horkheimer in der „Dialektik der Aufklärung" auf ein abstraktes und unbestimmtes „Eingedenken der Natur"[238],

236 DA, 62 ff.
237 DA, 61.
238 DA, 47; vgl. GS 8, 202.

das dennoch über die skizzierte Aporie hinausführen soll. Solches Eingedenken kann dies aber – recht besehen – deshalb nicht leisten, weil seine immanent-gesellschaftliche Vermittlung unter den Bedingungen der hier formulierten Identität von technischer Rationalität und Tauschrationalität gänzlich ausfällt. Die Behauptung Horkheimers und Adornos, daß durch „Eingedenken der Natur" Herrschaft zerginge[239], ist solcher Identität gegenüber schlecht abstrakt und appellativ.

An dieser Stelle ergibt sich für die Adornosche kritische Theorie der Gesellschaft ein Problem, das wir nun im Folgenden eingehend erörtern wollen. Wir haben es bis hierher aufgeschoben, um der immanenten Entfaltung der Adornoschen Gesellschaftstheorie zunächst so viel Raum wie möglich zu gewähren. Nunmehr aber werden wir die Immanenz der Darstellung verlassen und zur immanenten Kritik der Gesellschaftstheorie selbst übergehen.

Wie schon ausgeführt, behauptet Adorno an einer Stelle die Identität von Tauschrationalität und technischer Rationalität als die von Herrschaft. Das wird jedoch nicht streng durchgehalten. An einer anderen Stelle des „Exkurses I" wird die behauptete Identität von technischer Rationalität und Tauschrationalität dadurch noch einmal in sich selbst differenziert, daß Herrschaft nunmehr ausschließlich in den Produktionsverhältnissen und ihrer Tauschrationalität begründet und zugleich als objektiver Bestimmungsfaktor technischer Rationalität dieser logisch übergeordnet wird. Es ist die Rede von Technik „in ihrer vergegenständlichten, von Herrschaft determinierten Gestalt"[240]. Eine solche Differenzierung, wenn auch noch weitaus unbestimmter, ist gegen Ende der Abhandlung über den „Begriff der Aufklärung" angedeutet: Die Infragestellung der Erfüllung – so heißt es dort – sei nicht der Technik aufzubürden[241]. Wird Herrschaft, als ökonomisch, durch Tauschrationalität entfaltete, der Technik und ihrer Rationalität derart über- und vorgeordnet, daß diese als in ihrem destruktiven Wesen durch jene bedingt erscheint, so hat auch eine – wenn auch veränderte – Dialektik von Produktivkräften und Produktionsverhältnissen hier wieder ihren Ort.

In seinem Einleitungsvortrag zum 16. Deutschen Soziologentag in Frankfurt hat Adorno den – wie die Durchsicht der Texte ergab – ersten und einzigen Versuch unternommen, für die spätkapitalistisch-industrielle Gesellschaft eine solche Dialektik zu explizieren. In jenem Vortrag behauptet Adorno, daß die moderne

---

239 vgl. DA, 46 ff.; dieses Motiv wiederholt sich – ebenso abstrakt und appellativ – in zahlreichen Passagen der „Negativen Dialektik". Vgl. hierzu Koch, T./Kodalle, K.-M.: Negativität und Versöhnung. In: Koch, T./Kodalle, K.-M./Schweppenhäuser, H.: Negative Dialektik und die Idee der Versöhnung. Eine Kontroverse über Theodor W. Adorno, Stuttgart 1973, 21 f.
240 DA, 62.
241 vgl. DA, 48.

westliche Gesellschaft Industriegesellschaft „nach dem Stand ihrer Produktivkräfte"[242] sei, hingegen „Kapitalismus in ihren Produktionsverhältnissen"[243]. Es gibt nun in dem genannten Vortrag zwei methodisch unterschiedliche Ansätze, von denen aus Adorno das Verhältnis von Produktivkräften und Produktionsverhältnissen für die spätkapitalistisch-industrielle Gesellschaft zu bestimmen versucht hat. Wir beginnen mit jenem Ansatz, der das Verhältnis von Produktivkräften und Produktionsverhältnissen im Ausgang von den letzteren expliziert. Er sei der leichteren Übersicht halber unter a) angeführt im Unterschied zum zweiten, methodisch gerade umgekehrt vorgehenden Ansatz, den wir unter b) erörtern wollen.

a) Eine erste formale Bestimmung des Verhältnisses von Produktivkräften und Produktionsverhältnissen in der spätkapitalistisch-industriellen Gesellschaft lautet: „Produktivkräfte und Produktionsverhältnisse einfach polar einander zu kontrastieren, stünde ... am wenigsten einer dialektischen Theorie an. Sie sind ineinander verschränkt, eins enthält das andere in sich. Eben das verleitet dazu, auf die Produktivkräfte blank zu rekurrieren, wo die Produktionsverhältnisse die Vorhand haben. Mehr als je sind die Produktivkräfte durch die Produktionsverhältnisse vermittelt; so vollständig vielleicht, daß diese eben darum als das Wesen erscheinen."[244] Adorno behauptet also die Präponderanz der Produktionsverhältnisse über die Produktivkräfte.

Es gibt im wesentlichen zwei Argumente, mit denen Adorno die Vermitteltheit der Produktivkräfte durch die Produktionsverhältnisse begründet. Das gewichtigere und in mannigfaltigen Abwandlungen auch anderswo wiederholte sei zuerst genannt. Adorno ist der Ansicht, daß das destruktive Potential der Technik und ihrer Rationalität, ihr unmittelbarer Herrschaftscharakter, daraus resultiert, „daß die Rücksicht auf das Profit- und Herrschaftsinteresse die technische Entwicklung kanalisierte"[245]. Der durch Herrschafts- und Profitinteressen bestimmte ökonomische Prozeß hat demnach dazu geführt, daß Technik „einstweilen fatal mit Kontrollbedürfnissen"[246] zusammenstimmt. Als exemplarischer Beweis für diesen objektiven Zwang zu einer einseitigen Entwicklung der Potentiale der Technik wird von Adorno die neue Qualität der modernen Technik angeführt, die sich in der massenhaften Produktion von Zerstörungsmitteln manifestiert. Die Drohung, die den technischen Zerstörungsmitteln immanent ist, dient nach Adorno objektiv dazu, ökonomisch vermittelte Herrschaftsinteressen wirksam abzusichern. Die massenhafte Produktion von Zerstörungsmitteln er-

242 GS 8, 361.
243 a. a. O.
244 GS 8, 365.
245 GS 8, 362; vgl. ND, 312 ff.
246 GS 8, 363.

scheint in dieser Perspektive als genuine Manifestation des Wesens der Technik unter den herrschenden Produktionsverhältnissen.

Adorno hat seine These, der destruktive Charakter der Technik sei durch die Produktionsverhältnisse vermittelt, noch zusätzlich durch folgendes Argument zu stützen versucht. Wir halten es für peripher und überdies für äußerst fragwürdig. Adorno behauptet an einer Stelle des genannten Vortrags, daß „die Produktionsverhältnisse ... schwerlich ohne die apokalyptische Erschütterung erneuter Wirtschaftskrisen so härtnäckig sich behaupten (könnten), würde nicht ein unmäßig großer Teil des Sozialprodukts, der sonst keinen Markt mehr fände, für die Herstellung von Zerstörungsmitteln abgezweigt"[247]. Hier allerdings wäre kritisch zu fragen, ob derjenige Teil des Sozialprodukts, „der sonst keinen Markt mehr fände", *notwendig* aufgrund der deduziblen Logik des Systems für die Herstellung von Zerstörungsmitteln aufgewendet werden *muß*, oder ob nicht auch ebenso etwas anderes an deren Stelle treten kann. Es ist jedenfalls – und die Adornoschen Texte bringen kein Argument dagegen – *prinzipiell* nicht auszuschließen, daß anstelle der Zerstörungsmittel ebensosehr etwas anderes produziert werden könnte, um den marktwirtschaftlichen Mechanismus aufrechtzuerhalten. Das ‚marktwirtschaftliche' Argument Adornos jedenfalls reicht nicht zu, den destruktiven, herrschaftlichen Charakter der Technik abzuleiten. – Daß umgekehrt in der Sowjetunion trotz der Beseitigung der Marktwirtschaft ebensosehr ein destruktives technisches Potential fortexistiert, leitet Adorno hingegen wiederum aus dem ökonomisch vermittelten Herrschaftsinteresse einer „diktatorisch straffe(n) Administration"[248] ab.

Wie dem des genaueren auch sei – Adorno bleibt hier vielzu allgemein –, festzuhalten ist jedenfalls, daß Adorno den Herrschaftscharakter der Produktivkräfte unter den durch die Tauschrationalität bestimmten Produktionsverhältnissen[249] aus diesen selbst ableitet. Die von technischer Rationalität bestimmten Produktivkräfte[250] könnten – so Adorno – nicht so destruktiv und repressiv wirken, wären sie nicht in ihrem Wesen von den Produktionsverhältnissen, letztlich dem der Tauschrationalität immanenten Herrschaftsinteresse bestimmt. Die Identität von den Produktivkräften inhärenter technischer Rationalität und die Produktionsverhältnisse bestimmender Tauschrationalität erweist sich in dieser Perspektive als historisch erzwungene: Sie wird verursacht durch die Präponderanz der ökonomisch vorherrschenden Tauschrationalität.

Faßt man allerdings diese Präponderanz so streng, daß die Produktivkräfte in ihrem destruktiven Wesen durch die Tauschrationalität bestimmt erscheinen,

---

247 GS 8, 366.
248 a. a. O.
249 vgl. GS 8, 369.
250 vgl. GS 8, 363.

dann wird ein verändertes Wesen der Produktivkräfte nur denkbar unter der Voraussetzung einer Veränderung der Produktionsverhältnisse. Eine Veränderung der Produktionsverhältnisse, die bei Marx durch die revolutionäre Sprengkraft der Produktivkräfte selbst herbeigeführt werden sollte[251], kann aber von den Produktivkräften dann nicht mehr geleistet werden, wenn sie in ihrer immanenten Struktur durch die Produktionsverhältnisse bestimmt sind. Unter dem Primat der Produktionsverhältnisse erweist sich das Verhältnis von Produktivkräften und Produktionsverhältnissen für Adorno als ein total identischer Zusammenhang, in dem beide Momente sich wechselseitig in ihrem Herrschaftscharakter perpetuieren.

Bleibt die Möglichkeit zur Veränderung der Produktionsverhältnisse somit auch völlig unbestimmt, so sind doch unter der Voraussetzung einer solchen Änderung Potentiale der Technik zumindest denkbar, die Adorno als solche bestimmt, „die von Herrschaft, Zentralismus, Gewalt gegen die Natur sich entfernen und die es wohl auch gestatten würden, viel von dem zu heilen, was wörtlich und bildlich von der Technik beschädigt ist"[252]. Diese Möglichkeit aber bleibt gegen-

251 vgl. Marx, K.: Manifest der Kommunistischen Partei, MEW 4, 461–493.
252 GS 8, 363; vgl. GS 8, 16, 235; zum allgemeinen geistesgeschichtlichen Hintergrund des Adornoschen Gedankens einer anderen, heilenden Form der Naturbeherrschung vgl. Habermas, J.: Ein philosophierender Intellektueller. In: ders.: Philosophisch-politische Profile, Frankfurt 1971, 180; ders.: Urgeschichte der Subjektivität und verwilderte Selbstbehauptung, a. a. O., 196. Für J. Habermas selbst ist dieser Adornosche Gedanke unvollziehbar: „Der Begriff einer kategorial anderen Wissenschaft und Technik ist so leer wie die Idee der universalen Versöhnung grundlos" (a. a. O., 197); J. Habermas setzt sich im übrigen nicht mit der von Adorno häufig und in zahlreichen Abwandlungen formulierten These von der ökonomischen Bedingtheit der repressiven Gewalt technischer Naturbeherrschung auseinander. J. Habermas übergeht einfach jene These, obgleich sie bei Adorno immer genau dann ins Spiel kommt, wenn der Gedanke an die Möglichkeit einer qualitativ anderen Form technischer Naturbeherrschung gerechtfertigt werden soll. Damit wird jedoch die anti-utopische Intention der Habermasschen Adorno-Interpretation durchsichtig: Wider den Begriff einer kategorial anderen Wissenschaft und Technik, wider die Idee universaler Versöhnung des Menschen mit sich selbst durch sein eigenes geschichtliches Werk insistiert J. Habermas auf der Unabwendbarkeit der von Adorno selbst entfalteten immanenten Dialektik der historisch ausgebildeten Form technischer Naturbeherrschung, die solche Versöhnung gerade hintertreibt. J. Habermas behält somit von Adornos Gesellschaftstheorie allein die Konzeption der immanenten Dialektik technischer Naturbeherrschung ein, um sie gegen den utopischen Zug des Adornoschen Denkens zu wenden und so den Raum frei zu machen für eine weniger anspruchsvolle, jedoch „noch ausstehende Logik der Umgangssprache" (a. a. O., 195), die für ihn an die Stelle des unvollziehbar Utopischen bei Adorno, der Idee universaler Versöhnung des Menschen durch sich selbst, zu treten hat. Die Möglichkeit einer solch restriktiven Interpretation des Adornoschen Denkens indiziert aber gerade das zentrale Problem der Adornoschen Gesellschaftstheorie, das J. Habermas zwar andeutet (vgl. a. a. O., 198), jedoch nicht weiter verfolgt.

über dem Bestehenden notwendig abstrakt, insofern sie sich mit dem Bestehenden nicht mehr vermitteln läßt. Zudem läßt der Gedanke einer heilenden Technik deren eigene Dialektik außer acht, wie sie beispielhaft von Adorno in der „Dialektik der Aufklärung" und auch anderswo formuliert wurde. An diesem Punkt hat die Adornosche kritische Theorie der Gesellschaft eine ihrer zentralen Unstimmigkeiten. Darauf werden wir im Folgenden noch ausführlich zu sprechen kommen.

b) In weitaus differenzierterer Weise stellt sich das Verhältnis von Produktivkräften und Produktionsverhältnissen dort dar, wo Adorno das Verhältnis beider zueinander im Ausgang von den Produktivkräften zu bestimmen versucht. Gemessen an der im vorhergehenden explizierten These von der immanenten Bestimmtheit der Produktivkräfte durch die Produktionsverhältnisse, ist es doch sehr überraschend zu sehen, wie gleichgültig das Herrschaftsmoment technischer Rationalität gegen seine Ableitung aus den Produktionsverhältnissen von diesem zweiten Ansatz her ist. Es erscheint nunmehr als Bedingung der Möglichkeit des Fortbestandes gerade der Tauschrationalität. An einer Stelle formuliert Adorno: „Industrielle Arbeit ist überall und über alle Grenzen der politischen Systeme hinaus zum Muster der Gesellschaft geworden. Zur Totalität entwickelt sie sich dadurch, daß Verfahrensweisen, die den industriellen sich anähneln, ökonomisch zwangsläufig sich auch auf Bereiche der materiellen Produktion, auf Verwaltung, auf die Distributionssphäre und die, welche sich Kultur nennt, ausdehnen."[253]

Ursprünglich auf Naturbeherrschung, industrielle Arbeit beschränkte technische Rationalität hat sich – und damit zugleich ihr herrschaftliches Moment – auf alle Bereiche des modernen Lebens ausgedehnt. Ökonomisch vermittelt war dieser Prozeß insofern, als die Tauschgesellschaft, um zu funktionieren, unentwegter Produktivitätssteigerung bedarf. Diese ist aber nur möglich unter der Bedingung durchgreifender Rationalisierung von Produktions- und Austauschverfahren; zugleich werden dadurch die Risiken so gering wie möglich gehalten, die mit der Größe der ökonomischen Einheiten progressiv anwachsen[254]. Die Ausbreitung technischer Rationalität auf die früher getrennten Bereiche von Produktion, Verteilung und Konsum[255] hat zu einer Fülle von Gütern und Leistungen geführt, die alle Mitglieder der hochindustrialisierten Gesellschaften in den Stand setzen, ein Leben ohne materielle Not zu führen. Dies hat zusammen mit anderen Gründen, die wir in den vorhergehenden Kapiteln explizierten, wesentlich dazu beigetragen, daß es nicht zu dem von Marx prognostizierten Zusammenbruch der Produktionsverhältnisse kam[256].

253 GS 8, 361.
254 vgl. GS 8, 124f.
255 vgl. GS 8, 369.
256 vgl. GS 8, 355; 364.

Es ist nun Adornos These, daß der gegenwärtige Stand der Produktivkräfte nicht nur ein Leben ohne materielle Not möglich macht, sondern selbst schon soweit fortgeschritten ist, daß die Herrschaft von Menschen über Menschen überhaupt überflüssig wird[257]. Die leidvolle Dialektik der Selbsterhaltung durch alle bisherige Geschichte hindurch könnte nach Adorno auf dem gegenwärtigen Stand der Produktivkräfte bereits ihr Ende haben.
Ein explizites Argument hierfür gibt Adorno in seinem 1961 verfaßten Aufsatz „Über Statik und Dynamik als soziologische Kategorien"[258]. Die immense Steigerung der Produktivität, so heißt es dort, die eine so noch nie dagewesene Fülle von Gütern möglich macht, geht einher mit einer durch den Prozeß der ökonomisch zwangsläufigen Rationalisierung bedingten Abnahme der Quantität von Arbeit[259]. Die Entwicklung der Produktivkräfte hat ein Stadium erreicht, „das menschliche Arbeit bis zu einem Grenzwert überflüssig macht"[260]. „Die Abnahme der Quantität von Arbeit", so fährt Adorno fort, „die technisch heute bereits minimal sein könnte, eröffnet eine neue gesellschaftliche Qualität, die sich nicht auf einsinnigen Fortschritt zu beschränken brauchte, wenn nicht einstweilen die Drohung, die eben daraus den Produktionsverhältnissen erwächst, das Gesamtsystem dazu verhielte, in seine borniert Tendenz unerbittlich sich zu verbeißen"[261].
Adorno geht also davon aus, daß die Abnahme der Quantität von Arbeit zugleich die Möglichkeit der Aufhebung der herrschenden Produktionsverhältnisse und damit der Herrschaft von Menschen über Menschen heraufführt. Die bisherige, die „Vorgeschichte"[262] ausmachende Dialektik der Naturbeherrschung würde demnach durch ihre eigene Entwicklung an ihr Ende gelangen und damit Selbsterhaltung selbst eine neue Qualität erhalten, die darin bestünde, daß die Menschen vom gesellschaftlichen Zwang zur Herrschaft über sich selbst ebenso wie über die äußere Natur befreit werden.
Daß jedoch die reale Möglichkeit von Utopie, die Möglichkeit, „daß die Erde, nach dem Stand der Produktivkräfte, jetzt hier, unmittelbar das Paradies sein könnte"[263], bis heute nicht verwirklicht wurde, ist für Adorno gesellschaftlich manifester Ausdruck der neuen Gestalt der Dialektik von Produktivkräften und Produktionsverhältnissen im postmarxschen Stadium der Gesellschaftsentwick-

---

257 vgl. GS 8, 233.
258 GS 8, 217–237.
259 vgl. GS 8, 355, 359; ND, 240; ST, 172, 178.
260 GS 8, 236; vgl. ND, 341.
261 GS 8, 236.
262 MM, 315.
263 ÄT, 56; vgl. E, 24.

lung. Obgleich dem Stand der Produktivkräfte nach das Paradies auf Erden objektiv möglich wäre, kann es nicht beginnen, weil die Produktionsverhältnisse unter äußerster Anstrengung ihrer Ressourcen ihre Sprengung durch die Produktivkräfte verhindern. Indem jene die Spannung bis aufs äußerste treiben, beschwören sie damit zugleich „die Möglichkeit der totalen Katastrophe"[264] herauf. Was aber ist diese äußerste Anstrengung, mit deren Hilfe sich die nach Adorno längst überfälligen Produktionsverhältnisse unentwegt am Leben erhalten?
Die Antwort, die Adorno hierauf gibt, ist – gemessen an der Marxschen Emphase – ebenso überraschend wie sie das ganze Ausmaß der Dialektik der Naturbeherrschung gegen Marx pointiert: Die äußerste Anstrengung, durch die die Produktionsverhältnisse sich am Leben erhalten, ist die der „totalen Expansion der Technik"[265] selber, also gerade jener Ressourcen, die umgekehrt zugleich die reale Möglichkeit der Utopie in sich enthalten. Ökonomisch möglich wird diese Entwicklung zur totalen Expansion der Technik dadurch, daß in – den Produktionsverhältnissen angehörenden – Prozessen der metaökonomischen Restitution von Herrschaft die ungehinderte Entfaltung der Produktivkräfte sichergestellt und so der von Marx prognostizierte Zusammenbruch durch sie hindurch verhindert wird. Die totale Expansion der Technik wäre nicht möglich gewesen ohne diese metaökonomische Kanalisierung der Entwicklung. Die Produktionsverhältnisse können sich somit nur wesentlich dadurch erhalten, daß sie im Verein mit metaökonomischen Eingriffen[266] und durch sie hindurch alle nur denkbaren Möglichkeiten produktiver Rationalisierung ausschöpfen. Sie selbst „ähneln"[267] sich dadurch im Prozeß ihrer Rationalisierung „der technischen Rationalität, den Produktivkräften"[268] an. Das steigert ebensosehr die Flexibilität der Produktionsverhältnisse wie es umgekehrt für die Produktivkräfte wiederum eine Steigerung ihrer Produktivität bedeutet und damit generell die reale Möglichkeit der Utopie.
Damit schließt sich der Zirkel im Verhältnis von Produktivkräften und Produktionsverhältnissen. Durch den von metaökonomischen Elementen bestimmten Tauschprozeß hindurch und um seiner Selbsterhaltung willen wird technische Rationalität universell und gerät so zu bruchloser Einheit mit der Tauschrationa-

---

264 ÄT, 56.
265 GS 8, 369; vgl. GS 8, 355, 363.
266 Für die spätkapitalistisch-industrielle Gesellschaft haben diese Eingriffe vorrangig die Gestalt permanenter staatlicher Interventionen. Vgl. hierzu GS 8, 363, 368, 583 ff.
267 GS 8, 363.
268 a. a. O.

lität der Produktionsverhältnisse[269]. Daraus resultiert für Adorno die Paradoxie, daß die reale Möglichkeit der Utopie zugleich ihre eigene Unmöglichkeit ist[270]. Indem technische Rationalität ebenso Mittel zur Realisierung der Herrschaft der Tauschrationalität wird wie umgekehrt Tauschrationalität Mittel zur Realisierung der Herrschaft technischer Rationalität, können beide bruchlos zur Einheit der verwalteten Welt zusammenwachsen.

An der systemfunktionalen Einheit von technischer Rationalität und Tauschrationalität hat jedoch die Dysfunktionalität der Abnahme der Quantität von Arbeit, die Adorno dialektisch gegen das Bestehende wendet, ihre Grenze. Das ist mit Adorno gegen Adorno einzuwenden. Aus der Dialektik der Naturbeherrschung und ihrer Rationalität folgt, daß in dem Maß, in dem durch den Umfang des technischen Fortschritts der Anteil der lebendigen Arbeit sinkt, die Macht der an ihre Stelle tretenden „Apparatur"[271] über die Menschen wächst. Diese ‚Gesetzmäßigkeit' des Fortschritts von Naturbeherrschung läßt sich umstandslos aus der Logik der Argumentation extrapolieren, mit der Adorno im „Exkurs I" und im Antisemitismus-Kapitel der „Dialektik der Aufklärung" die Dialektik der Naturbeherrschung entwickelt[272]. Insofern ist hier der frühe Adorno gegen den späten des „Einleitungsvortrags" zu vertreten.

Fraglos jedoch ist dem späten Adorno zuzugeben, daß die Produktionsverhältnisse und nicht die Produktivkräfte dafür „verantwortlich sind, daß in irrem Widerspruch zum Möglichen die Menschen in großen Teilen der Erde darben müssen"[273]. Nicht ebenso einfach allerdings ist den Produktionsverhältnissen und ihrer Tauschrationalität aufzubürden, daß „selbst wo Fülle an Gütern herrscht, ... diese wie unter einem Fluch"[274] ist. Ohne Zweifel ist ihr Scheinhaftes[275] von den Produktionsverhältnissen mitbestimmt. Aber ebensowenig darf übersehen werden – und hier ist wiederum der späte Adorno an den frühen zu

---

269 Von daher ist auch L. Apostels Behauptung nicht zu halten, daß Adornos Tauschbegriff „zu einer *offenen* Totalität ‚hätte' führen müssen, sofern er diesen Tausch in einem ständig sich ausdehnenden gesellschaftlichen Ganzen und in einer ständig neue Güter produzierenden Technologie situiert" (ders.: Erkenntnistheorie und Erkenntnissoziologie – Randbemerkungen zu Adorno. In: Philosophica Gandensia 1972, H. 9 [Adorno-Heft], 49). L. Apostels Aufsatz ist im übrigen weitaus mehr getragen von dem Bemühen, Adornosche Gedankengänge dafür nutzbar zu machen, „die Erkenntnistheorie einer zentral gelenkten Gesellschaft mit variabler und multipler Planifikation zu entwickeln" (a. a. O., 47) als die Adornosche Theorie zu interpretieren.
270 vgl. GS 8, 362.
271 GS 8, 360, 451.
272 vgl. DA, 61 f., 189 f.
273 GS 8, 365.
274 a. a. O.
275 a. a. O.

erinnern –, daß *alle* Güter, die nur je von Menschen und für menschliche Bedürfnisse produziert werden, Bruchstücke unterjochter Natur sind. Sie haben jene technische Rationalität zur Bedingung ihrer Herstellung, deren Dialektik Adorno in der „Dialektik der Aufklärung" bis in die Urgeschichte der Subjektivität hinein explizierte. In die Präponderanz der Produktionsverhältnisse geht diese Dialektik mit ein. Die Präponderanz der Produktionsverhältnisse wird aber dann um das ihr immanente Moment der Dialektik technischer Rationalität verkürzt, wenn einseitig behauptet wird, daß die Produktivkräfte mehr denn je durch die Produktionsverhältnisse vermittelt sind.

Mit dem Adorno der „Dialektik der Aufklärung" ließe sich ebenso das Umgekehrte behaupten[276]. Die dort formulierte Dialektik der Produktivkräfte als der von naturbeherrschender Rationalität verbietet es, die Produktionsverhältnisse primär als das „Verhängnis"[277] zu brandmarken. Auch die Technik ist das Verhängnis, weil „Anpassung ans Tote"[278]. Noch 1963 formulierte Adorno in seiner Vorlesung vom 15. Januar: „Der Gedanke, daß kein Mangel sein soll, daß niemand mehr in der Welt hungern soll, also der Gedanke der Erfüllung der Abschaffung der Not, setzt selber jene Steigerung der Produktivkräfte und damit eben jene Naturbeherrschung voraus, die nicht nur mit dem antistofflichen Prinzip aufs tiefste verwachsen ist. Sie läßt überhaupt nur sich denken, indem den Menschen, die doch mit der äußeren Natur auch ihr Inneres beherrschen lernen sollen, immerzu Versagungen zugemutet werden. Die Konzeption eines Zustandes ohne Versagungen, die Entfesselung der Produktivkräfte, die Abschaffung der Not, also jenes utopische Moment der schrankenlosen Erfüllung, setzt seinem eigenen Sinn nach, um überhaupt möglich zu sein, eben die Einschränkung, die Askese, ein bestimmtes Moment von Repression, von Unterdrückung voraus. ... Ich möchte doch einmal sagen, daß ich glaube, daß eigentlich die Geschichte der Menschheit daran sich entscheidet, ob es ihr gelingen wird, aus dieser furchtbaren Verstrickung herauszukommen: Was das Andere meint und ins Andere führen soll, um sich zu verwirklichen, entwickelt selber das Prinzip in sich, gegen das es sich wendet: dadurch steht es stets in Gefahr, eben wieder in den Mythos zurückzufallen."[279]

Wir haben diese Stelle so ausführlich wiedergegeben, weil sie uns ganz besonders prägnant jene Dialektik benennt, die den Produktivkräften selbst immanent ist und nicht einfach aus den Produktionsverhältnissen und ihrer Tauschrationalität abzuleiten ist. Festzuhalten ist gegen die einseitige Behauptung des Primats der Produktionsverhältnisse, daß „die Entfesselung der Produktivkräfte, Tat des

---

276 vgl. DA, 42 ff.
277 GS 8, 362.
278 DA, 190.
279 PT II, 188; vgl. GS 8, 96.

naturbeherrschenden Geistes, ... Affinität zur gewalttätigen Herrschaft über Natur"[280] hat. „Temporär vermag sie zurückzutreten, nicht aber ist sie vom Begriff der Produktivkraft wegzudenken und am letzten von dem der entfesselten."[281]
Das Problem, das die Adornosche kritische Theorie der Gesellschaft nicht zu lösen vermocht hat, dürfte nunmehr deutlich geworden sein: das Verhältnis von technischer Rationalität und Tauschrationalität bleibt in ihr ambivalent, insofern die Identität beider in der Totalität des Prinzips Herrschaft nicht eindeutig expliziert wird. Beide Momente treten einander gleichgewichtig gegenüber, werden nicht eigentlich miteinander vermittelt. Je nach Text, manchmal sogar im gleichen, hat das eine oder andere Moment den Primat[282].
Der jeweilige Primat des einen oder anderen Moments in den Texten ist jedoch nicht, wie auch die Zitate zeigen, an bestimmte Entwicklungsphasen des Adornoschen Denkens gebunden[283]. Wenn wir im Vorhergehenden uns sehr häufig auf den frühen Adorno gegen den späten berufen haben, dann deshalb, weil uns

---

280 ND, 299.
281 a. a. O.; vgl. MM, 206 f.
282 Der Text „Über Statik und Dynamik als soziologische Kategorien" (GS 8, 217–237) kann hier als Musterbeispiel für den wechselnden Primat der beiden Momente gelten.
283 Daher ist auch A. Wellmers Behauptung zu einseitig, daß „die Autoren der ‚Dialektik der Aufklärung' die Kritik der Tauschrationalität von ihrer arbeitswerttheoretischen Grundlegung in der Kritik der politischen Ökonomie ablösen und ... sie in eine Kritik der instrumentellen Vernunft überführen: die Kritik der instrumentellen Vernunft", so fährt A. Wellmer fort, „tritt tendenziell an die Stelle der Kritik der politischen Ökonomie; die Kritik der politischen Ökonomie geht in eine Kritik der technischen Zivilisation über" (ders.: Kritische Gesellschaftstheorie und Positivismus, Frankfurt 1969, 138). In der ‚Dialektik der Aufklärung' stehen jedoch von Marx übernommene und radikalisierte Elemente einer Kritik der politischen Ökonomie (Tausch- und Eigentumsbegriff; hemmende Wirkung der kapitalistischen Produktionsverhältnisse auf die Entwicklung der Produktivkräfte etc.) sowie Elemente einer Kritik der Herrschaft rein instrumenteller Rationalität derart unvermittelt nebeneinander, daß von einer *Ablösung* der Kritik der politischen Ökonomie durch eine Kritik der instrumentellen Vernunft nicht die Rede sein kann, allenfalls von einer Komplettierung. – Auch A. Künzlis Behauptung, daß „vor Auschwitz ... Horkheimer und Adorno noch an die Möglichkeit einer emanzipatorischen Wirkung selbst der Technik glaubten" (Künzli, A.: Linker Irrationalismus. Zur Kritik der „Frankfurter Schule". In: ders.: Aufklärung und Dialektik. Politische Philosophie von Hobbes bis Adorno, Freiburg 1971, 130 ff.), dies aber nach Auschwitz nicht mehr der Fall gewesen sei, ist aufgrund unserer obigen Ergebnisse nicht zu halten. Der Glaube an die emanzipatorische Funktion der Technik besteht auch nach Auschwitz weiter (vgl. die oben erörterte Annahme Adornos über die potentiell systemsprengende Kraft der Abnahme der Quantität von Arbeit aufgrund des technischen Fortschritts) und wird dort, wo er formuliert wird, stets gegen die ökonomische Verformung und Repression des technischen Potentials pointiert.

in den frühen Texten die Dialektik der Produktivkräfte selbst am einleuchtendsten und gewichtigsten expliziert zu sein scheint. Zu lesen wäre die im vorhergehenden Kapitel explizierte Schwierigkeit als die Problematik einer spätmarxistischen Theorie, die das Scheitern jener Dialektik zu verarbeiten hat, die einmal positiv als Bedingung ihrer eigenen Aufhebung konzipiert war. Die Adornosche Insistenz auf der von Marx vernachlässigten Dialektik rationaler Naturbeherrschung selbst[284] führt notwendig zu der Unmöglichkeit, eine in sich stimmige Dialektik von Produktivkräften und Produktionsverhältnissen unter dem Primat der Produktionsverhältnisse zu konstruieren. Dementsprechend ist auch die Dialektik der Selbsterhaltung nicht einheitlich und stimmig in sich selbst konzipiert: Sie ist *sowohl* eine von technischer Rationalität *wie auch* von Tauschrationalität. Beide Momente sind in den einzelnen Texten vertreten, jedoch nicht hinreichend miteinander vermittelt.

*1.2.2.4. Die aktuelle Gestalt der Subjektivität unter den Bedingungen der hermetisch geschlossenen Gesellschaft*

In unseren bisherigen Erörterungen haben wir die zentralen Strukturmomente des Adornoschen Begriffs der spätkapitalistisch-industriellen Gesellschaft darzustellen versucht. Dabei ging es darum, jene objektiven Bewegungsgesetze der spätkapitalistisch-industriellen Gesellschaft herauszustellen, die, obgleich subjektiv produziert, auf die Subjekte in der Weise zurückschlagen, daß diese über jene nichts mehr vermögen. Es galt somit, mit Adorno den Prozeß der Verselbständigung des gesellschaftlichen Ganzen gegen die es tragenden und erhaltenden Einzelnen zu einem für diese selbst Konstitutiven auf den Begriff zu bringen. Aus dieser Analyse haben wir zugleich die entscheidende Bestimmung für die aktuelle Gestalt der Subjektivität gewonnen: Sie besteht in der Ohnmacht des Einzelnen gegenüber einem Ganzen, dem er doch wiederum auch sein Leben verdankt und das eben diese Ohnmacht als Preis dafür verlangt.
Ein Vergleich der aktuellen Gestalt der Subjektivität mit der Struktur odysseischer Subjektivität hat dann sowohl Einheit wie Differenz beider deutlich gemacht: ihre Differenz ist eine der erst auf der Stufe der modernen Subjektivität total werdenden Konsequenzen aus der Einheit von Tauschrationalität und naturbeherrschender Rationalität, in der die Form der Subjektivität selber sich realisiert. Diese beiden Gestalten der Subjektivität gemeinsame Einheit wird jedoch von Adorno, wie wir gesehen haben, weder für die Phase der odyssei-

---

284 Vgl. hierzu Habermas, J.: Urgeschichte der Subjektivität und verwilderte Selbstbehauptung. In: ders.: a. a. O., 187.

schen Subjektivität noch für die des Mitglieds der modernen Tauschgesellschaft eindeutig expliziert. Man kann daher mit Recht im Hinblick auf den wechselnden Primat von naturbeherrschender, technischer Rationalität und ökonomisch wirksamer Tauschrationalität von zwei unterschiedlichen Ansätzen sprechen, in denen Adorno das *Faktum* der Ohnmacht des Menschen sowohl im Verlauf aller bisherigen Geschichte wie in der Tauschgesellschaft zumal abzuleiten versucht hat. Beide Ansätze gehen in die Bestimmung der Struktur abendländischer Subjektivität ein, ohne jedoch von Adorno genau unterschieden zu werden.

Im Folgenden wollen wir nun die zentrale Bestimmung historisch errungener Subjektivität in ihren Konsequenzen für diese selbst und ihre innere Zusammensetzung noch weiter entfalten. Zunächst jedoch wollen wir uns noch einmal kurz den Zusammenhang mit der in den ersten Kapiteln thematisierten Urgeschichte der Subjektivität vergegenwärtigen. Was dort als Dialektik der Selbsterhaltung durch Naturbeherrschung bestimmt wurde, findet nach Adornos geschichtsphilosophischer Konzeption seinen äußersten Ausdruck und letzte Gestalt im aktuellen Stand der Subjektivität.

An einer zentralen Stelle der Abhandlung über den „Begriff der Aufklärung" machen Adorno und Horkheimer den genannten Zusammenhang explizit: „Durch die Vermittlung der totalen, alle Beziehungen und Regungen erfassenden Gesellschaft hindurch werden die Menschen zu eben dem wieder gemacht, wogegen sich das Entwicklungsgesetz der Gesellschaft, das Prinzip des Selbst gekehrt hatte: zu bloßen Gattungswesen, einander gleich durch Isolierung in der zwangshaft gelenkten Kollektivität. Die Ruderer, die nicht zueinander sprechen können, sind einer wie der andere im gleichen Takt eingespannt wie der moderne Arbeiter in der Fabrik, im Kino und im Kollektiv. Die konkreten Arbeitsbedingungen in der Gesellschaft erzwingen den Konformismus und nicht die bewußten Beeinflussungen, welche zusätzlich die unterdrückten Menschen dumm machten und von der Wahrheit abzögen. Die Ohnmacht der Arbeiter ist nicht bloß eine Finte der Herrschenden, sondern die logische Konsequenz der Industriegesellschaft, in die das antike Fatum unter der Anstrengung, ihm zu entgehen, sich schließlich gewandelt hat."[285]

Die Dialektik der Selbsterhaltung hat sich in der spätkapitalistisch-industriellen Gesellschaft bis zum äußersten verschärft: Die „Anonymität"[286] des totalen gesellschaftlichen Funktionszusammenhangs, in den jeder, der überleben will, sich einfügen muß, verurteilt die ihm Unterworfenen zu totaler Ohnmacht. Weil die Verselbständigung des Ganzen einen „Grenzwert"[287] erreicht hat, der die Differenz der Herren und Knechte von ehedem zum Verschwinden bringt und

285 DA, 43.
286 ND, 274.
287 GS 8, 369.

keinen Punkt mehr beziehen läßt, von dem aus das Ganze zu verändern wäre, wird „widerstandslose und emsige Anpassung"[288] ans Gegebene zum universell sanktionierten Verhaltensmuster. Das Ganze wiederum wird in seiner abstrakt-verdinglichten Gestalt durch solches Verhalten der Subjekte zu einem Schicksalhaften, das ihnen dann wie im vergangenen Mythos einfach bloß widerfährt[289] und durch sie immer wieder zu dem sich herstellt, was es je schon war.

Konkret hat Anpassung an die gesellschaftliche Totalität die Gestalt bloßen „Reagierens"[290] auf Vorgegebenes. Sie resultiert daraus, daß der Einzelne im totalen Funktionszusammenhang der Gesellschaft bloß Füranderessein, Mittel und total fungibel ist[291]. Die Ersetzbarkeit von allen durch alle aber macht alle gegeneinander gleichgültig und vereinzelt sie. Auf keinen, der eine Funktion erfüllt, kommt es wesentlich mehr an; denn alle sind aufgrund ihrer Ersetzbarkeit durch alle objektiv bedeutungslos geworden. Weil der Fortbestand des Ganzen nicht vom Einzelnen abhängt, dieser vielmehr jederzeit ersetzbar ist, wird er in seinem totalen Füranderessein zugleich zu einem isolierten „Fürsichsein"[292], einer abgespaltenen Monade, der es in allem Füranderessein nur mehr um sich selbst, ein einigermaßen gutes Durchkommen geht. Die Einzelnen kennen „nichts mehr als sich und ihr nacktes schweifendes Interesse"[293].

Die Funktionen, die erfüllt werden müssen, sind unter den Bedingungen des verselbständigten Ganzen nicht abhängig von denen, die sie erfüllen, sondern diese umgekehrt von jenen: „Jeder fast kann an sich erfahren, daß er seine gesellschaftliche Existenz kaum mehr aus eigener Initiative bestimmt, sondern nach Lücken, offenen Stellen, Jobs suchen muß, die ihm den Unterhalt gewähren, ohne Rücksicht auf das, was ihm als seine eigene menschliche Bestimmung vor Augen steht, wenn anders er von einer solchen noch etwas ahnt."[294] Um überleben zu können, ist der Einzelne nach Adorno heute nicht mehr zu „Selbstverantwortung"[295], „Vorblick"[296] und autonomer Selbstbehauptung gezwungen wie zuzeiten des von feudaler Bevormundung gerade sich emanzipierenden Bürgertums[297], wo jene Begriffe eine substantielle Gestalt der Subjektivität kennzeichneten[298]. An ihre Stelle ist unter der Übermacht des Ganzen „die Fähigkeit zum

---

288 DA, 213; vgl. GS 8, 16.
289 vgl. GS 8, 360.
290 GS 8, 203; vgl. GS 8, 207.
291 vgl. GS 8, 451; MM, 307f.
292 GS 8, 451; MM, 307f.
293 MM, 198.
294 GS 8, 16.
295 GS 8, 450.
296 a. a. O.
297 vgl. GS 8, 450ff.
298 vgl. DA, 208, 212f; K, 118.

Durch- und Unterschlupfen selber, zum Überstehen des eigenen Untergangs"[299] getreten. Dem, was bisher die Gestalt der Subjektivität ausmachte und was ihr Einheit und Zusammenhang verlieh, ist durch die verdinglichte Gestalt der gesellschaftlichen Totalität objektiv der Boden entzogen[300]. Aufgrund dessen, daß die „Rationalität des festen, identischen Ichs"[301] sich unter den gegebenen Bedingungen totaler Vermittlung nicht mehr verwirklichen läßt, vielmehr situativ wechselnde Anpassung ans je Gegenwärtige das Gebot der Stunde ist, werden die Einzelnen zur Identität mit dem negativen Ganzen verhalten und dadurch auf die „Reaktionsweise von Lurchen"[302] heruntergebracht. Unter dem Überdruck des Ganzen ist dem Einzelnen gesellschaftlich keine andere Verhaltensweise mehr möglich als die, an das Vorgegebene so gut wie möglich sich anzupassen, um so gut wie möglich durchzukommen[303].

Unter solchem Zwang aber beginnt Subjektivität zu zerfallen. Das Selbst wird in einem gesellschaftlichen Strukturzusammenhang, der die Einzelnen „sowohl zur puren Selbsterhaltung dressiert wie die Erhaltung ihres Selbst ihnen verweigert"[304], historisch überholt. Was das Selbst in gigantischer Anstrengung über die Jahrtausende um seiner Erhaltung willen geschaffen hat, greift auf es selbst über und schafft es ab in der Anonymität eines schicksalhaft bedrohlichen Ganzen. Das Moment von Opfer und Entsagung, das dem Selbst einmal immanent und für es konstitutiv war, wandelt sich damit ins Totale und zur Zerstörung des Selbst: Die Selbstaufgabe wird zur Bedingung des Überlebens[305].

An die Stelle des einheitlichen und festgefügten Ichs, das objektiv nicht mehr möglich ist, treten nunmehr zunehmende psychische Diskontinuität und Inkohärenz[306]: „Es wächst die organische Zusammensetzung des Menschen an. Das, wodurch die Subjekte in sich selber als Produktionsmittel und nicht als lebende Zwecke bestimmt sind, steigt wie der Anteil der Maschinen gegenüber dem variablen Kapital."[307] Das Ich nimmt unter dem Zwang des übermächtigen Ganzen „den ganzen Menschen als seine Apparatur bewußt in den Dienst. Bei dieser Umorganisation gibt das Ich als Betriebsleiter so viel von sich an das Ich als Betriebsmittel ab, daß es ganz abstrakt, bloßer Bezugspunkt wird: Selbsterhaltung

---

299 DA, 163.
300 GS 8, 453.
301 GS 8, 368.
302 GS 8, 202; vgl. DA, 43.
303 vgl. GS 8, 390.
304 GS 8, 13.
305 vgl. MM, 308 ff.
306 vgl. GS 8, 189.
307 MM, 307; vgl. hierzu Schweppenhäuser, H.: Das Individuum im Zeitalter seiner Liquidation. In: Archiv für Rechts- und Sozialphilosophie 57 (1971), 91–115.

verliert ihr Selbst. Die Eigenschaften, von der echten Freundlichkeit bis zum hysterischen Wutanfall, werden bedienbar, bis sie schließlich ganz in ihrem situationsgerechten Einsatz aufgehen. Mit ihrer Mobilisierung verändern sie sich. Sie bleiben nur noch als leichte, starre und leere Hülsen von Regungen zurück, beliebig transportabler Stoff, eigenen Zuges bar. Sie sind nicht mehr Subjekt, sondern das Subjekt richtet sich auf sie als sein inwendiges Objekt. In ihrer grenzenlosen Gefügigkeit gegens Ich sind sie diesem zugleich entfremdet: als ganz passive nähren sie es nicht länger."[308]

Die Zerrissenheit und immanente Gespaltenheit des negativen Ganzen kehrt damit in den Einzelnen wieder als deren eigene. Es sind nach Adorno – und er kann sich hier auch auf A. Mitscherlichs Analysen stützen – nur mehr Menschen möglich, „die von den situativen Bedingungen ihre Impulse entlehnen und sich ebenso wie diese proteushaft ändern, ohne daß die einzelnen Momente zu einer einheitlichen Geschichte zusammenwüchsen. Geschichte setzt Gedächtnis voraus; dieses scheint unter den extremen Anforderungen unserer Großzivilisation auf das Fachwissen beschränkt zu sein; es entspricht ihm kein ebenso geschärftes Gedächtnis für die eigene Affektgestalt, für das Selbst, für die unumgänglichen Krisen und Brüche seiner Entwicklung."[309]

Solch subjektive Regression verstärkt wiederum die objektive Rückbildung des Systems. Die gesellschaftlich nunmehr aufgelöste Individualität war zwar auch kein substrathaft Letztes[310], sondern ebenso „Produkt des Drucks"[311]. Doch war der gesellschaftliche Druck, dem das Individuum seine wesentliche Ausprägung verdankte, noch nicht so übermächtig wie der anonyme der hermetisch geschlossenen Gesellschaft, der es auflöst. Die nach dem Niedergang des Feudalismus sich ausbreitende Konkurrenzwirtschaft bot ihm noch Raum zu seiner Entfaltung, deren sie selbst bedurfte. Das Individuum „war entstanden als Kraftzelle ökonomischer Aktivität. Von der Bevormundung auf früheren Wirtschaftsstufen emanzipiert, sorgte es für sich allein: als Proletarier durch Verdingung über den Arbeitsmarkt und fortwährende Anpassung an neue technische Bedingungen, als Unternehmer durch unermüdliche Verwirklichung des Idealtyps homo oeconomicus."[312] Die Einheitlichkeit und Festigkeit des Subjekts, mit der es sich behauptete, rührte wesentlich davon her, daß es sich unter dem von jenen Bedingungen auferlegten Zwang zu autonomer Selbstbehauptung und prakti-

---

308 MM, 309 ff.
309 Mitscherlich, A.: Auf dem Weg zur vaterlosen Gesellschaft, München 1963, 344 ff.; die angegebene Stelle wird von Adorno zitiert in: GS 8, 189 ff.
310 vgl. ND, 258.
311 ND, 277; vgl. MM, 195 f.
312 DA, 212; vgl. DA, 208; MM, 195 f.

schem Durchsetzungsvermögen, zu „Initiative, Disposition"[313] und „Organisation"[314] auch partiell und temporär zu bewähren vermochte[315]. Zugleich war mit der Festigkeit und Härte des Subjekts die Fähigkeit ausgebildet, objektiven Tendenzen, die gegen das eigene partikulare Interesse verstießen, zu widerstehen[316]. Unter den Bedingungen der hermetisch geschlossenen Gesellschaft aber, in der anonym zusammengeballte Macht und Ohnmacht einander spannungslos gegenüberstehen, ist solcher partikulare Widerstand nicht mehr möglich. Das Subjekt, das „unter dem unmäßigen Druck, der auf ihm lastet, als schizophrenes ... in den Zustand der Dissoziation und Vieldeutigkeit"[317] zurückstürzt, vermag sich nur mehr hilflos dem, was ist, zu überlassen. Schizophrenie wird damit zur „geschichtsphilosophischen Wahrheit übers Subjekt"[318]. Zwar ist in solchem Zerbrechen das Falsche, das der durch das Prinzip Herrschaft konstituierten Subjektivität von Anfang an innewohnte, hervorgetreten, aber doch so, daß an seiner Stelle kein neues und anderes Subjekt in immanenter Dialektik sich aus ihm herausgebildet hat oder doch zumindest erkennbar wäre[319]. Die Dialektik von Allgemeinem und Besonderem wird auf der fortgeschrittensten Stufe der bürgerlich-abendländischen Zivilisation sistiert in der Identität des Zerfalls von beidem. Selbsterhaltung hört dadurch, in der vollendeten Konsequenz ihrer eigenen Dialektik, auf, dialektisch zu sein.

### 1.2.2.5. Die moderne Kulturindustrie als Selbstaffirmation der hermetisch geschlossenen Gesellschaft

Das Ganze der spätkapitalistisch-industriellen Gesellschaft hat jede Möglichkeit der Differenz zu sich selbst eingezogen. Es ist nach Adorno derart geschlossen und falsch, daß es aus dem desolaten Zustand seiner Zwangsmitglieder, ihrer bis zur Schizophrenie gesteigerten Ohnmacht, auch noch ein einträgliches Geschäft macht.
Adorno und Horkheimer haben es als erste unter dem Titel „Kulturindustrie"[320] auf den Begriff gebracht. Nach ihrer Theorie verkehrt sich in der Kulturindustrie die fortschreitende technische Naturbeherrschung zum geschäftsbedingten

---

313 DA, 212.
314 a. a. O.
315 vgl. GS 8, 104, 450.
316 vgl. DA, 207 ff.; MM, 195.
317 ND, 275.
318 a. a. O.; vgl. GS 8, 53; ND, 373.
319 vgl. MM, 8.
320 DA, 128.

„Massenbetrug"[321]. Sie macht die Einzelnen „bloß immer nochmals so, wie sie unterm Systemzwang ohnehin schon sind, kontrolliert die Lücken, fügt noch den offiziellen Widerpart der Praxis als public moral dieser ein, stellt ihnen Modelle zur Imitation bereit"[322]. Die objektive Funktion der Kulturindustrie besteht demnach darin, den sozialökonomisch ohnedies herrschenden Zwang, sich dem Bestehenden zu unterwerfen, in seiner Unausweichlichkeit als das einzig Sinnvolle noch einmal anzubieten[323]. Indem die Kulturindustrie das Bestehende nur wiederum als das bestätigt, was es ist, wird den Einzelnen jede Möglichkeit abgeschnitten, zum Bewußtsein dessen zu gelangen, was ihnen objektiv angetan wird, und aus dem Ganzen herauszufallen[324], obgleich dieses seiner eigenen Gravitation nach dazu drängt. Es wird durch die Kulturindustrie als etwas vorgestellt, das in seinem So- und nicht-anderes-sein zu akzeptieren sich lohnt. Entscheidend an der Kulturindustrie ist nach Adorno „die im System liegende Notwendigkeit, den Konsumenten nicht auszulassen, ihm keinen Augenblick die Ahnung von der Möglichkeit des Widerstandes zu geben. Das Prinzip gebietet, ihm zwar alle Bedürfnisse als von der Kulturindustrie erfüllbare vorzustellen, auf der anderen Seite aber diese Bedürfnisse vorweg so einzurichten, daß er in ihnen sich selbst nur noch als ewigen Konsumenten, als Objekt der Kulturindustrie erfährt. Nicht bloß redet sie ihm ein, ihr Betrug wäre die Befriedigung, sondern sie bedeutet ihm darüber hinaus, daß er, sei's wie es sei, mit dem Gebotenen sich abfinden müsse. Mit der Flucht aus dem Alltag, welche die gesamte Kulturindustrie in allen ihren Zweigen zu besorgen verspricht, ist es bestellt wie mit der Entführung der Tochter im amerikanischen Witzblatt: der Vater selbst hält im Dunklen die Leiter. Kulturindustrie bietet als Paradies denselben Alltag wieder an. Escape wie elopement sind von vornherein dazu bestimmt, zum Ausgangspunkt zurückzuführen. Das Vergnügen befördert die Resignation, die sich in ihm vergessen will."[325]

Kulturindustrie wiederholt so in sich selbst, ihren eigenen Produkten, bloß noch einmal die Fesselung und Auflösung des Bewußtseins aller, das im objektiven Gesellschaftsprozeß durch dessen Übermacht schon längst gefesselt und aufgelöst ist. Durch solche Verdoppelung entsteht ein Schein von Versöhnung, der der objektiven Tendenz wiederum zugutekommt. Das Bestehende wird auf diese Weise durch die Kulturindustrie zur Metaphysik seiner selbst. Diese allgemein skizzierten Zusammenhänge wollen wir nun in den folgenden Kapiteln ausführlich erörtern.

321 DA, 128; vgl. OL, 69.
322 GS 8, 391.
323 vgl. OL, 67.
324 vgl. GS 8, 391.
325 DA, 150.

## 1.2.2.5.1. Die Antinomie traditioneller Kultur und Bildung als Bedingung ihrer eigenen Auflösung durch die hermetisch geschlossene Gesellschaft

Daß Kultur sich industriell produzieren und nach dem Muster von Industrieprodukten konsumieren ließ, ohne dem aus sich selbst heraus irgendwelchen Widerstand entgegensetzen zu können, ist nach Adorno die geschichtliche Konsequenz des gesellschaftlich bedingten „Doppelcharakters"[326] traditioneller Kultur. In ihm ist der Zerfall von Kultur, den die Kulturindustrie realisiert und geschäftlich verwertet, bereits angelegt. Das Antinomische der Gestalt traditioneller Kultur wollen wir nun nach seinen Polen auseinanderlegen.

a) Mit dem Aufstieg des Bürgertums und dem Fortgang der Aufklärung hat sich, wie Adorno zeigt, Kultur von den realen Lebensprozessen emanzipiert, in die sie einmal eingebettet war[327], und sich diesen gegenüber zu reiner „Geisteskultur"[328] verselbständigt: Sie richtet sich im Verlauf dieses Prozesses als autonomer Bereich des Geistes ein, der jeglichen Bezug auf geschichtliche Praxis als ein ihm gegenüber Heteronomes aus sich ausschließt. Adorno verweist in diesem Zusammenhang auf Kants „Ästhetik der Zweckmäßigkeit ohne Zweck"[329], in der jene objektive Tendenz, jeglichem Bezug zu unmittelbar geschichtlicher Praxis abzusagen, adäquaten theoretischen Ausdruck gefunden hat. Die Autonomie des Menschen wird in solcher, der gesellschaftlich-geschichtlichen Praxis gegenüber radikal verselbständigten Kultur wesentlich als die des Geistes gedacht, der sich unabhängig von allen äußeren Zwecken und Bedingungen gesellschaftlich-geschichtlicher Praxis seinem eigenen Gesetz gemäß entfalten soll.

Das zu befördern und verwirklichen zu helfen, wird nunmehr zur Aufgabe der Bildung. Sie soll – als „subjektive Zueignung der Kultur"[330] – den Einzelnen dazu befähigen, sich aus seinen mannigfaltigen Abhängigkeiten zu befreien und als autonomes Subjekt sein Leben eigenverantwortlich und im Einklang mit seiner eigenen Bestimmung zu verwirklichen. Bildung wird damit zugleich als Bedingung einer freien und autonomen Gesellschaft vorausgesetzt: Indem Bildung die Einzelnen zu autonomen Subjekten erhebt, vermag sie dadurch – so wird im Begriff autonomer Bildung angenommen – zugleich der Praxis als einer von autonomen Subjekten zu vernünftiger Gestalt zu verhelfen. Stillschweigend wird vorausgesetzt, daß die durch Bildung zu erreichende Autonomie des Gei-

---

326 GS 8, 94.
327 vgl. GS 8, 97, 132.
328 GS 8, 94.
329 GS 8, 97.
330 GS 8, 94.

stes Bedingung der Autonomie der Gesellschaft ist: „Je heller die Einzelnen, desto erhellter das Ganze."³³¹

In solcher Hoffnung traditioneller Geisteskultur, die das Wohl aller aus der Bildung des Geistes der Einzelnen sich versprach, sieht Adorno das Deckbild der mißlungenen Emanzipation des Bürgertums: „Das Scheitern der revolutionären Bewegungen, die in den westlichen Ländern den Kulturbegriff als Freiheit verwirklichen wollten, hat die Ideen jener Bewegungen gleichsam auf sich selbst zurückgeworfen und den Zusammenhang zwischen ihnen und ihrer Verwirklichung nicht nur verdunkelt, sondern mit einem Tabu belegt. Kultur wurde selbstgenügsam."³³²

Nach Adorno ist es also der Prozeß der gesellschaftlichen Entwicklung selbst, der Kultur als ein ihn vordem auch bestimmendes aus sich ausscheidet und sie dadurch zwingt, nun umgekehrt auch aus sich selbst jede mögliche Beziehung auf das gesellschaftlich-konkrete Leben der Menschen zu eliminieren. Objektiv zur Selbstgenügsamkeit gezwungen, vermag sie nur mehr zu überleben, indem sie sich auf die Position des autonomen Geistes zurückzieht.

In dieser Wendung traditioneller Kultur liegt aber nach Adorno bereits ihr Untergang beschlossen. Weil sie das, was ihr als bloß heteronome Praxis gilt, sich selbst überläßt, verleiht sie diesem damit zugleich ungehinderte Gewalt über sich selbst, der sie schließlich im Fortgang der Gesellschaftsentwicklung zum Opfer fällt. In der „Vergeistigung von Kultur ist deren Ohnmacht virtuell bereits bestätigt, das reale Leben der Mensch blind bestehenden, blind sich bewegenden Verhältnissen überantwortet"³³³.

Was der traditionellen Kultur dann durch ihre industrielle Verwertung widerfährt, ist insofern auch Schuld der traditionellen Kultur, als sie in blindem Gehorsam gegen die historische Tendenz von ihrem ursprünglichen Sinn, der vernünftigen Einrichtung der menschlichen Dinge³³⁴, sich gänzlich entfernt hat.

b) Es macht nun gerade die Antinomie des traditionellen Kulturbegriffs aus, daß Kultur selbst dort, wo sie es als ihre eigenste Aufgabe sich angelegen sein ließ, die vernünftige Einrichtung der menschlichen Verhältnisse unmittelbar zu befördern, „einseitig das Moment der Anpassung hervorgehoben, die Menschen dazu verhalten hat, sich aneinander abzuschleifen. Dessen bedurfte es, um den fortdauernd prekären Zusammenhang der Vergesellschaftung zu stärken und jene Ausbrüche ins Chaotische einzudämmen, die offenbar gerade dort periodisch sich ereignen, wo eine Tradition autonomer Geisteskultur etabliert ist."³³⁵

---

331 GS 8, 97.
332 GS 8, 94; vgl. P, 13 ff.
333 GS 8, 94.
334 vgl. GS 8, 95.
335 GS 8, 95.

Reine Autonomie des Geistes einerseits und Zwang zur Anpassung andererseits bedingen demnach einander: Weil die traditionelle Kultur durch die Autonomiesetzung des Geistes um der Erhaltung der Reinheit solcher Autonomie willen den Raum gesellschaftlich-geschichtlicher Praxis sich selbst überlassen und freigeben muß, bringt sie aufgrund solcher Autonomiesetzung in sich selbst zugleich auch das entgegengesetzte Moment der Anpassung an das je Gegebene hervor: jenes hat die durch die Autonomiesetzung des Geistes freigelassene Leerstelle der gesellschaftlich-geschichtlichen Praxis zwangshaft zu besetzen, um deren Auseinanderbrechen ins blind „Chaotische" Einhalt zu gebieten. Zwar meinte die „philosophische Bildungsidee auf ihrer Höhe ... beides ...", Bändigung der animalischen Menschen durch ihre Anpassung aneinander und Rettung des Natürlichen im Widerstand gegen den Druck der hinfälligen, von Menschen gemachten Ordnung"[336], doch ist die Spannung zwischen beiden Momenten unter dem allgemein-gesellschaftlichen Zwang zur Anpassung schließlich zugunsten dieser aufgehoben worden.

In Hegels Bildungslehre ebenso wie im Werk des späten Goethe findet nach Adorno der gesellschaftlich erzwungene Primat der Anpassung seinen theoretisch-literarischen Ausdruck[337]. War die „Philosophie Schillers, des Kantianers und Kantkritikers" noch „der prägnanteste Ausdruck der Spannung beider Momente"[338], so „triumphiert"[339] „in Hegels Bildungslehre, unterm Namen Entäußerung[340], ebenso wie beim späten Goethe das Desiderat der Anpassung inmitten des Humanismus. ... Ist jene Spannung einmal zergangen, so wird Anpassung allherrschend, ihr Maß das je Vorfindliche. Sie verbietet, aus individueller Bestimmung übers Vorfindliche, Positive sich zu erheben."[341] Umgekehrt wird, wie unter a) gezeigt, Kultur geschichtlich um so mehr zur – wenn auch hilflosen – Insistenz auf dem autonomen Moment des Geistes gezwungen, je stärker der gesellschaftliche Druck zur Anpassung wird, der es schließlich eliminiert.

Die traditionelle Kultur erweist sich ihrem strukturellen Gehalt nach als wesentlich antinomisch: durch keines ihrer beiden, einander bedingenden Momente, weder das der Autonomie des Geistes noch das der zwangshaften Anpassung, vermochte Kultur die Menschen von der Heteronomie einer blind und barbarisch-gewalttätig sich vollziehenden Praxis befreien. Die Menschen als autonome Subjekte einzusetzen, ist traditioneller Kultur wider ihren eigenen Anspruch nicht gelungen. Insofern hat Kultur überhaupt noch nicht stattgefunden: „Be-

---

336 a. a. O.
337 a. a. O.
338 a. a. O.
339 a. a. O.
340 vgl. hierzu MM, 331 ff.
341 GS 8, 95.

greift man Kultur nachdrücklich genug als Entbarbarisierung der Menschen, die sie dem rohen Zustand enthebt, ohne ihn durch gewalttätige Unterdrückung erst recht zu perpetuieren, dann ist Kultur überhaupt mißlungen. Sie hat es nicht vermocht, in die Menschen einzuwandern."[342]

Das Mißlingen der Kultur hat seinen objektiv-gesellschaftlichen Grund im Mißlingen einer vernünftigen Einrichtung der menschlichen Gesellschaft. Daß Kultur in sich selbst wesentlich antinomisch blieb und schließlich zerfiel, ist bedingt durch die Entwicklung einer Gesellschaft, die es zur Ausbildung realer Autonomie nicht kommen ließ. Solcher Autonomie hätte aber Kultur nach Adornos Theorie bedurft, um sich widerspruchslos entfalten zu können im Sinne jener „Entbarbarisierung", die alle zu einem Leben in Frieden und Freiheit verhält. Solange Autonomie gesellschaftlich nicht realisiert ist, unterliegt daher nach Adorno der materielle gesellschaftliche Lebensprozeß dem Zwang, in seinem unversöhnten Antagonismus sich fortwährend zu reproduzieren. Das teilt sich dem autonomen Bereich traditioneller Kultur mit und kommt in ihrem immanent Antinomischen zum Ausdruck. Wie in der Gesellschaft autonom gegen die Natur sich behauptender Geist und Zwang produzierende Anpassung an diese antagonistisch ineinander sind, so sind beide Momente auch im Bereich traditioneller Kultur unversöhnt miteinander verschränkt.

Diese Abhängigkeit des Bereichs traditioneller Kultur vom Antagonismus des materiellen gesellschaftlichen Lebensprozesses wollen wir uns noch etwas genauer verdeutlichen.

Die uns überlieferte Gestalt traditioneller Kultur hätte sich ohne die Voraussetzung und den Fortbestand der antagonistischen Struktur der Gesellschaft nicht entfalten können. Die antagonistische Struktur der Gesellschaft setzt den autonomen Bereich des Kulturellen aus sich heraus und zugleich sich selbst entgegen, und selbst noch die den gesellschaftlichen Antagonismus transzendierende Leistung traditioneller Kultur ist durch diesen ermöglicht: Was traditioneller Kultur als ihr Subjekt zugrundeliegt und sich in ihr entfaltet, ist dem Prozeß gesellschaftlicher Naturbeherrschung selbst entsprungen. Das Autonome am Geiste bildet sich durch den Prozeß gesellschaftlicher Naturbeherrschung ebenso wie es als objektiver Zwang, den es dadurch hervorbringt, zugleich in ihn verflochten bleibt. Kultur realisiert demnach bloß das schon vorgegebene Potential eines durch seine blinde Verstrickung in den Prozeß der Naturbeherrschung sich zu-

---

342 GS 8, 141 ff.; vgl. MM, 49, 65; von daher ist auch G. Witschels Behauptung nicht zu halten, daß für Adorno die Idee von Bildung und Erziehung zur Zeit des Humanismus „gewissermaßen heil und unversehrt war" (Witschel, G.: Die Erziehungslehre der Kritischen Theorie. Darstellung und Kritik, Bonn 1973, 22). Die Idee von Bildung und Erziehung war auch zur Zeit des Humanismus für Adorno in sich selbst antinomisch, insofern ihr auch hier die gesellschaftliche Basis realer Autonomie fehlte.

gleich emanzipierenden Geistes und gibt ihm, indem sie ihn hypostasiert, Raum, sich wesentlich auf sich selbst und seine eigene Verwirklichung zu beziehen. Indem der Geist sich so tätig in sich selbst entfalten kann, wird es ihm möglich, den Prozeß naturbeherrschender Praxis auch zu transzendieren, dem er entsprang. Durch die Hypostase des autonomen Moments am Geiste, das Naturbeherrschung aus sich selbst hervorgetrieben hat[343], vermag Kultur nunmehr den Begriff eines dem materiellen Prozeß planer Naturbeherrschung gegenüber Anderen zu entwickeln und als deren Widerpart kritisch zu bewahren. Doch indem Kultur den Geist zu einem absoluten und autonomen hypostasiert, „verklärt"[344] sie damit zugleich auch „die gesellschaftlich anbefohlene Trennung von körperlicher und geistiger Arbeit"[345]. Insofern ist für Adorno alle traditionelle Kultur ideologisch. Was allein in der Selbstbehauptung gegen die Natur, der Herrschaft über Dinge wie Menschen seinen Ursprung hat, wird durch Kultur zu diesem selber erhoben. Damit wird jedoch das „alte Unrecht... gerechtfertigt als objektive Superiorität des herrschenden Prinzips, während es freilich wiederum nur durch die Trennung von den Beherrschten die Möglichkeit zeitigt, der sturen Wiederholung von Herrschaftsverhältnissen ein Ende zu bereiten"[346]. Wie sehr auch Kultur ideologisch ist, indem sie sich gegen ihre objektiv-gesellschaftlichen Bedingungen abdichtet und die Partei des „herrschenden Prinzips" ergreift, so ist sie gerade deshalb auch nicht bloß ideologisch und nur die Unwahrheit[347]. Der naturbeherrschende Geist ist auf seinen Ursprung in bloßer Naturbeherrschung nicht einfach zu nivellieren[348]. In der 1959 publizierten Abhandlung zur „Theorie der Halbbildung"[349] hat Adorno nachdrücklich auf dieser Dialektik des naturbeherrschenden Geistes gegen seine allzu vorschnelle und überpraktische Ableitung aus dem Zusammenhang allemal naturbeherrschender

---

343 vgl. hierzu noch einmal unser Kapitel zur Urgeschichte der Subjektivität.
344 GS 8, 96.
345 a. a. O.
346 a. a. O.
347 In der Analyse einzelner kultureller Phänomene hat Adorno diesen Begriff von Kultur strikt durchgehalten. Vgl. hierzu: Van den Enden, H.: Kultur- und Ideologiekritik bei den Neodialektikern Adorno und Marcuse. In: Philosophica Gandensia, 1972, H. 9 (Adorno-Heft), 5–15.
348 vgl. GS 8, 120; ST, 177f. Diesen Zusammenhang hat G. Rohrmoser in seiner Adorno-Interpretation nicht erörtert. Adorno hat jenes autonome Moment der Vernunft stets kritisch gegen ihren Ursprung in Naturbeherrschung als Versprechen von Freiheit zu bewahren versucht. G. Rohrmoser (Das Elend der kritischen Theorie, Freiburg 1970, 24) trifft nur ein Moment der von Adorno entfalteten immanenten Dialektik der Vernunft, wenn er behauptet, die Vernunft sei bei Adorno gänzlich in den Zusammenhang technischer Verfügung und Beherrschung eingeordnet.
349 GS 8, 93–121.

Praxis insistiert[350]. Es heißt dort: „Daß der Geist von den realen Lebensverhältnissen sich trennte und ihnen gegenüber sich verselbständigte, ist nicht nur seine Unwahrheit, sondern auch seine Wahrheit; keine verbindliche Erkenntnis, kein geratenes Kunstwerk wäre durch den Hinweis auf seine soziale Genese zu widerlegen. Wenn die Menschen den Geist entwickelten, um sich am Leben zu erhalten, so sind die geistigen Gebilde, die sonst nicht existierten, doch keine Lebensmittel mehr. Die unwiderrufliche Verselbständigung des Geistes gegenüber der Gesellschaft, die Verheißung von Freiheit, ist selber so gut ein Gesellschaftliches, wie die Einheit von beidem es ist."[351] Der aus Naturbeherrschung entsprungene Geist gewinnt dadurch, daß er sich dem, woraus er entsprungen ist, als ein anderes entgegensetzt, eine Dignität eigenen Wesens: er ist insofern autonom, als sich mit ihm zugleich etwas bildet, was der Notwendigkeit der materiellen Daseinsvorsorge enthoben ist, nicht wiederum bloß Instrument der Selbsterhaltung ist, mithin nicht unmittelbar in dieser aufgeht[352]. Als ein naturbeherrschende Praxis auch transzendierender ist der Geist eine „Verheißung von Freiheit"[353] ebenso wie Bedingung von Kultur, in der sich solche Freiheit, aber nur als Verheißung und Versprechen[354] und somit nur scheinhaft verwirklicht.

Kultur hat an solcher Autonomie des Geistes ihre Wahrheit. Daher ist „ihre Auffassung als die eines Unselbständigen, als bloßer Funktion von Praxis und bloßer Anweisung auf sie"[355], ihr nicht adäquat. Nach Adorno wird Kultur und mit ihr

350 vgl. ST, 177 f.; schon in den „Minima Moralia" heißt es zynisch gegen die marxistische Orthodoxie: „Die Hervorhebung des materiellen Elements gegenüber dem Geist als Lüge entwickelt ohnehin eine Art bedenklicher Wahlverwandtschaft mit der politischen Ökonomie, deren immanente Kritik man betreibt, vergleichbar dem Einverständnis zwischen Polizei und Unterwelt" (a. a. O., 49).
351 GS 8, 121.
352 Auch F. Grenz' Behauptung, daß die Autonomie des Geistes der Selbsttäuschung über die reale Herrschaft des Zwangs entspringe (a. a. O., 60), ist von hier aus nicht zu halten. Daß diese Selbsttäuschung – als Ideologie – möglich wurde, verdankt sich nach Adorno der Hypostase des autonomen Moments am naturbeherrschenden Geist und setzt somit seine Autonomie schon voraus, die ineins mit der Beherrschung der Natur entspringt.
353 GS 8, 121; vgl. ND, 279; ST, 172 ff., 177 ff.
354 vgl. ND, 392 f.
355 GS 8, 120; von daher ist auch die Behauptung van den Endens zu relativieren, daß für Adorno das Moment von Wahrheit im kulturellen Überbau jene Ideen oder Vorstellungen bilden, „die ein Bild der möglichen harmonischen Versöhnung der wirklichen Gegensätze im bestehenden Unterbau entwerfen" (a. a. O., 14). Diese Behauptung trifft zwar für H. Marcuses Kulturbegriff zu, nicht aber in solcher Ausschließlichkeit für Adornos. Was den Adornoschen Kulturbegriff anbelangt, so hat van den Enden das Moment der Wahrheit im Ideologischen der Kultur hier zu eng gefaßt. Für Adorno liegt das Moment von Wahrheit in der an sich unwahren Kultur allein schon in ihrer Selbständigkeit und wie auch immer scheinhaften Autonomie gegen den Unter-

der in sie sich entfaltende Geist aber dann falsch, wenn sie sich der Erinnerung an den Ursprung der Autonomie des Geistes entschlägt und sich aufspielt, als wäre dieser als absoluter die verwirklichte Freiheit selber[356].

Es macht nun gerade die Dialektik der Naturbeherrschung aus, daß das von traditioneller Kultur bewahrte und entfaltete Autonome am Geiste als der Naturbeherrschung entsprungenes zugleich auch ein historisch hinfälliges ist. Das Moment von Wahrheit am Geiste, sein Versprechen von Freiheit, das der Verselbständigung des Geistes gegenüber dem realen Lebensprozeß sich verdankt, wird zugleich durch diese Verselbständigung selbst gefährdet und schließlich eliminiert. Am Ende des Prozesses gesellschaftlicher Naturbeherrschung triumphiert wieder der barbarische Naturzustand, dem der Geist sich geschichtlich entrang – nunmehr jedoch als dessen eigenes Werk. Darin drückt sich für Adorno die äußerste Verschärfung des Antagonismus naturbeherrschender Gesellschaft aus, welche zugleich der Kultur sich zwangshaft mitteilt. Der naturbeherrschende Geist produziert, indem er der Natur durch Herrschaft über sie sich entgegensetzt, den Zwang zur Anpassung ans bloße Vorfindliche, mit deren Fortschritt er dann zergeht.

Adorno hat den Zusammenhang des Zerbrechens traditioneller Kultur mit dem Fortschritt der Naturbeherrschung selbst in der schon genannten Abhandlung zur „Theorie der Halbbildung" folgendermaßen pointiert: „Nur durch ein der Natur sich Gleichmachen, durch Selbsteinschränkung dem Daseienden gegenüber wurde das Subjekt dazu befähigt, das Daseiende zu kontrollieren. Diese Kontrolle setzt gesellschaftlich sich fort als eine über den menschlichen Trieb, schließlich über den Lebensprozeß der Gesellschaft insgesamt. Zum Preis dafür aber triumphiert Natur gerade vermöge ihrer Bändigung stets wieder über den Bändiger, der nicht umsonst ihr, einst durch Magie, schließlich durch strenge szientifische Objektivität, sich anähnelt. In dem Prozeß solcher Anähnelung, der Eliminierung des Subjekts um seiner Selbsterhaltung willen, behauptet sich das Gegenteil dessen, als was er sich weiß, das bloße unmenschliche Naturverhältnis. Schuldhaft verflochten, setzen seine Momente einander notwendig sich entgegen. Geist veraltet angesichts der fortschreitenden Naturbeherrschung und wird vom Makel der Magie ereilt, den er einmal dem Naturglauben aufprägte: er unterschiebe subjektive Illusion anstelle der Gewalt der Tatsachen. Sein eigenes We-

bau, darin einfach, daß ihre Gebilde selbst keine „Lebensmittel" (GS 8, 121) mehr, nicht wiederum nur Instrumente der Selbsterhaltung sind. Ein Verständnis von Kultur wie das von van den Enden Adorno unterstellte rückt sie schon allzusehr in die Nähe einer bloßen Funktion von Praxis und der Anweisung auf sie und ist daher dem Adornoschen Kulturbegriff inadäquat.

356 Dieses, den gesellschaftlichen Ursprung von Geist und Kultur erinnernde Argument Adornos bildet zugleich das Fundament seiner Metakritik der traditionellen Kulturkritik. Vgl. hierzu van den Enden, H.: a. a. O., 13 ff.

sen, die Objektivität von Wahrheit, geht in Unwahrheit über."[357] Der durch den Fortschritt der Naturbeherrschung produzierte universelle Zwang zur Anpassung ans unmittelbar Gegebene, bloß Vorfindliche greift kraft seiner eigenen Dynamik auf den Geist über, der ihn produzierte und sich einmal dadurch auch von ihm unterschied. Indem fortgeschrittene Naturbeherrschung in der „Gewalt der Tatsachen"[358] terminiert, wird dem Geist jenes Moment von Wahrheit entzogen, das ihn ehedem von den Tatsachen unterschied und zu autonomer Entfaltung befähigte. Unter dem universellen Zwang zur Anpassung an die bloße Faktizität zergeht er nunmehr als einmal auch Widerständiges zu purer „Unwahrheit"[359].

Damit ist aber auch der traditionellen Kultur, die in ihrer Substanz von jenem Selbständigen des Geistes zehrte, die objektive Bedingung ihrer eigenen Möglichkeit entzogen. Kultur wird mit dem Verlust ihres Subjekts durch den Prozeß der Naturbeherrschung geschichtlich überholt und geht als dadurch unwahr gemachte an jenem Fortschritt zugrunde. Paradox und der Sache angemessener gesagt: Kultur hat ihr Ende an dem und durch das, was sie selbst einmal ermöglichte[360].

Universelle Anpassung wird dadurch nunmehr zur einzigen, den Subjekten allein noch möglichen Verhaltensweise. Das befördert wiederum unmittelbar die Verhärtung des Bestehenden, das „Anwachsen der Antagonismen"[361]: „Anpassung ... kommt, in der nun einmal existenten, blind fortwesenden Gesellschaft, über diese nicht hinaus. Die Gestaltung der Verhältnisse stößt auf die Grenze von Macht; noch im Willen, sie menschenwürdig einzurichten, überlebt Macht als das Prinzip, welches die Versöhnung verwehrt. Dadurch wird Anpassung zurückgestaut: sie wird ebenso zum Fetisch wie der Geist: zum Vorrang der universal organisierten Mittel über jeden vernünftigen Zweck, zur Glätte begriffsloser Pseudorationalität."[362] Anpassung wird sich, nachdem die Gesellschafts-

---

357 GS 8, 96; auch diese Stelle ist wiederum ein Beleg für unsere These, daß bei Adorno das Verhältnis von Tauschrationalität und technischer Rationalität, von Produktionsverhältnissen und Produktivkräften ungeklärt bleibt. An der zitierten Stelle wird die Negativität der Geschichte allein im Kontext der Dialektik naturbeherrschender Rationalität bestimmt.
358 GS 8, 96.
359 a. a. O.
360 Das bivalente Verhältnis der Kultur zum Unterbau wird von van den Enden (a. a. O.) nicht in seiner Abhängigkeit von dessen eigener Entwicklung bestimmt, aufgrund deren das den Unterbau transzendierende Moment der Kultur und damit die historisch errungene Bivalenz der Kultur selbst aufgelöst werden. Daher wird auch in van den Endens Abhandlung nicht deutlich, weshalb die traditionelle Kultur von sich selbst her diesem Prozeß nichts entgegenzusetzen vermochte.
361 MM, 314.
362 GS 8, 97.

entwicklung die Differenz zwischen ihr und dem autonomen Moment des Geistes eingezogen hat, zum Selbstzweck und befestigt dadurch wiederum das Verselbständigte, den Ansich-Charakter der gesellschaftlichen Verhältnisse in seiner blinden Macht, der dann ebenso blind zu willfahren ist.

### 1.2.2.5.2. Die Genese der modernen Kulturindustrie aus dem Zerfall traditioneller Subjektivität und Kultur

Der Augenblick des Untergangs traditioneller Kultur und der ihr zugrundeliegenden Subjektivität ist zugleich der Augenblick des Entstehens der modernen Kulturindustrie. Sie setzt ein Stadium der gesellschaftlichen Entwicklung voraus, in dem „Begriffe wie Autonomie, Spontaneität und Kritik . . . kassiert"[363] werden. „Autonomie: weil das Subjekt, anstatt sich bewußt zu entscheiden, in das je Vorgeordnete sich einfügen muß und will; weil der Geist, der dem traditionellen Kulturbegriff zufolge sich selbst das Gesetz geben soll, in jedem Augenblick seine Ohnmacht gegenüber den überwältigenden Anforderungen des bloß Seienden erfährt. Spontaneität schwindet: weil die Planung des Ganzen der einzelnen Regung vorgeordnet ist, diese prädeterminiert, zum Schein herabsetzt und jenes Kräftespiel gar nicht mehr duldet, von dem man das freie Ganze erwartet. Kritik schließlich stirbt ab, weil der kritische Geist in jenem Ablauf, der immer mehr das Modell von Kulturellem abgibt, stört wie Sand in der Maschine. Er erscheint antiquiert, arm chair thinking, unverantwortlich und unverwertbar."[364] Autonomie, Spontaneität und Kritik stellen nach Adorno die historisch-anthropologischen Bedingungen dar, unter denen sich das Bewußtsein in eine Kontinuität mit der kulturellen Tradition stellen und sich dieser assimilieren konnte. Dadurch gewann es selbst eine Eigenständigkeit, durch die es Kohärenz und Kontinuität seiner eigenen Entwicklung auszubilden vermochte. Der kulturellen Tradition kam dies umgekehrt wieder zugute; ihre lebendige Fortentwicklung war wesentlich an jene Gestalt kohärenten und Kontinuität wahrenden Bewußtseins gebunden. Zwar waren Verhaltensweisen wie Autonomie, Spontaneität und Kritik, die jene Kontinuität eines gebildeten Bewußtseins stifteten, nicht allen möglich, sondern nur denen, die als Privilegierte vom unmittelbaren Zwang zur Arbeit im materiellen Produktionsprozeß befreit waren[365]; doch inhibierten die objektiven gesellschaftlichen Bedingungen zuzeiten des aufsteigenden Bürgertums im 17. und 18. Jahrhundert[366] zumindest noch nicht die objektive Möglich-

---

363 GS 8, 138.
364 a. a. O.; vgl. MM, 34, 39, 79.
365 vgl. GS 8, 96 f.
366 vgl. GS 8, 98.

keit, ein solches Bewußtsein auszubilden. Daß es wenigen möglich war, versprach zugleich, daß es im Fortgang der gesellschaftlichen Entwicklung einmal allen möglich sein werde[367]. Von Anfang an verstand sich die moderne bürgerliche Gesellschaft als eine von Freien und Gleichen[368]. Wie sehr ein solches Selbstverständnis der bürgerlichen Gesellschaft von Anfang an auch Ideologie war, so lag in ihm doch auch ein Versprechen, an dem sie selbst gemessen werden konnte. Die Forderung, daß eine Gesellschaft, die sich als eine von Freien und Gleichen verstand, es auch einmal werden sollte, mobilisierte Kräfte, die ohne jenes gebildete Bewußtsein nicht hätten mobilisiert werden können: „Hinter den Mauern des Privilegs konnten auch die humanen Kräfte sich regen, die, auf die Praxis zurückgewandt, einen privileglosen Zustand verhießen."[369] Damit ist es nach Adorno geschichtlich vorbei. Nicht nur beförderte die fortschreitende Entwicklung der Gesellschaft das Antinomische alles Kulturellen zutage, sondern machte zugleich auch jene Gestalt der Subjektivität unmöglich, die wesentliche Voraussetzung der traditionellen Kultur war.

Nichtsdestoweniger aber besteht ein objektives Bedürfnis nach Bildung und Kultur. In der Abhandlung zur „Theorie der Halbbildung" hat Adorno Motive und Charakter dieses Bedürfnisses zu bestimmen versucht. Es heißt dort im Zusammenhang der Explikation von Gestalt und Funktion des kulturellen Bedürfnisses unter den Bedingungen der objektiv zerfallenen Bildung und Kultur: „Die einmal erreichte Aufklärung, die wie sehr auch unbewußt in allen Individuen der durchkapitalisierten Länder wirksame Vorstellung, sie seien Freie, sich selbst Bestimmende, die sich nichts vormachen zu lassen brauchen, nötigt sie dazu, sich wenigstens so zu verhalten, als wären sie es wirklich. Das scheint ihnen nicht anders möglich als im Zeichen dessen, was ihnen als Geist begegnet, der objektiv zerfallenen Bildung."[370]

Das Bedürfnis nach Bildung und Kultur ist aber in dem Augenblick ein anderes und falsches, in dem das Verhältnis der Menschen zu dem, was einmal Bildung und Kultur hieß, gesellschaftlich zerbrochen ist. Unter Bedingungen, unter denen das Bewußtsein zu eigenständiger, in sich selbst Tradition stiftender Entwicklung nicht mehr fähig ist[371], sondern zu Inkohärenz und Diskontinuität objektiv gezwungen wird, nimmt das Verlangen nach Bildung und Kultur die Gestalt von kollektivem Narzißmus an: „Kollektiver Narzißmus läuft darauf hinaus, daß Menschen das bis in ihre individuellen Triebkonstellationen hineinreichende Bewußtsein ihrer sozialen Ohnmacht, und zugleich das Gefühl der

---

367 vgl. ST, 178.
368 vgl. GS 8, 97.
369 GS 8, 108.
370 GS 8, 103.
371 vgl. GS 8, 115.

Schuld, weil sie das nicht sind und tun, was sie dem eigenen Begriff nach sein und tun sollten, dadurch kompensieren, daß sie, real oder bloß in der Imagination, sich zu Gliedern eines Höheren, Umfassenden machen, dem sie die Attribute alles dessen zusprechen, was ihnen selbst fehlt, und von dem sie stellvertretend etwas wie Teilhabe an jenen Qualitäten zurückempfangen. Die Bildungsidee ist dazu prädestiniert, weil sie – ähnlich wie der Rassenwahn – vom Individuum bloß ein Minimum verlangt, damit es die Gratifikation des kollektiven Narzißmus gewinne; es genügt schon der Besuch einer höheren Schule, gelegentlich bereits die Einbildung, aus guter Familie zu stammen. Die Attitüde, in der Halbbildung und kollektiver Narzißmus sich vereinen, ist die des Verfügens, Mitredens, als Fachmann sich Gebärdens, Dazu-Gehörens."[372]

Kollektiver Narzißmus ist die notwendige Folge von gesellschaftlichen Bedingungen, unter denen keinerlei Strukturen und Formen mehr möglich sind, an denen das Subjekt die Kontinuität von Erfahrung und Bewußtsein ausbilden könnte[373]. Wonach das zerrissene Bewußtsein aus Schuld und Ohnmacht heraus objektiv noch verlangen kann, ist daher nicht ein in sich selbst sinnhaft strukturierter Erfahrungszusammenhang, ein sozialer oder geistiger Kosmos, der ihm substantiell wäre. Dessen Bedingungen sind objektiv zergangen: „Was einmal selbst so gestaltet war, daß die Subjekte ihre wie immer problematische Gestalt daran gewinnen mochten, ist dahin."[374] Aus der objektiven Gestalt der Wirklichkeit kann nichts mehr auf das Subjekt zukommen, woran es seine Subjektivität zu bilden vermöchte.

Umgekehrt ist das Subjekt aufgrund seiner Inkohärenz und Diskontinuität von sich her nicht mehr fähig, die Objektivität eines Sinnzusammenhangs zu stiften, wie ihn die traditionelle Kultur und Subjektivität aufbewahrte. Was einzig noch in das Bewußtsein – sowohl subjektiv wie objektiv – Eingang finden kann, ist bruchstückhaft Versprengtes, das aus seinem substantiellen Zusammenhang, in dem es womöglich einmal war, herausgerissen ist, letztlich ein jederzeit auswechselbares Konglomerat von Informationen, dem jeglicher organische Zusammenhalt fehlt. Soweit es sich um Bruchstücke traditioneller Kultur und Bildung handelt, empfangen diese die Weihe des Höheren nicht, weil ihr immanenter Gehalt sich dadurch auszeichnete, sondern nur deshalb, weil sie einem traditionell gut beleumundeten Bereich angehören, an dem teilzuhaben gesellschaftliches Ansehen verschafft.

Die neue, durch den objektiven Zwang zur Anpassung produzierte Gestalt des Bewußtseins ist gekennzeichnet durch „punktuelle, unverbundene, auswechsel-

---

372 GS 8, 114 ff.
373 vgl. GS 8, 104.
374 GS 8, 104.

bare und ephemere Informiertheit, der schon anzumerken ist, daß sie im nächsten Augenblick durch andere Informationen weggewischt wird. Anstelle des temps durée, des Zusammenhangs eines in sich relativ einstimmigen Lebens, das ins Urteil mündet, tritt ein urteilsloses ‚Das ist', etwa so, wie im Schnellzug jene Fahrgäste reden, die bei jedem vorbeiflitzenden Ort die Kugellager- oder Zementfabrik oder die neue Kaserne nennen, bereit, jede ungefragte Frage konsequenzlos zu beantworten."[375]
Erst in dem Augenblick, in dem sowohl traditionelle Subjektivität wie Kultur objektiv zerbrochen sind und nur mehr bruchstückhaft fortleben, wird die moderne Kulturindustrie möglich. Sie kann sich deshalb der Subjekte und ihrer Bildung und Kultur durch industrielle Verfahrensweisen und Geschäft bemächtigen, weil jenen selbst kein objektiver Sinneszusammenhang mehr immanent ist, der sich dagegen sperrte. Die diskontinuierliche und inkohärente Gestalt des Bewußtseins ist also ebensowenig von der Kulturindustrie erst hervorgebracht wie der Verfall traditioneller Bildung und Kultur. Beides ist der Kulturindustrie vielmehr durch den objektiven gesellschaftlichen Prozeß schon vorgegeben. Die Kulturindustrie nutzt bloß die Gunst der Stunde und macht ein einträgliches Geschäft daraus.

### 1.2.2.5.3. Die Ausbeutung der zerfallenden Subjektivität durch die Identifikationsangebote der modernen Kulturindustrie: Kultur als Geschäft

Daß das Geschäft sich der Kultur annahm und einen eigenen Industriezweig daraus machte, verdankt sich nach Adorno wesentlich einem Umstand, der aus der Dynamik des kapitalistischen Wirtschaftsprozesses in den wirtschaftlich fortgeschrittensten Ländern zu erklären ist: Nachdem die alten Verwertungsmöglichkeiten des Kapitals durch den fortschreitenden Konzentrationsprozeß immer prekärer wurden, war man objektiv gezwungen, nach neuen Verwertungsmöglichkeiten zu suchen. Kultur und Bildung boten sich dem Geschäft insofern als profitversprechende Marktlücke an, als einerseits ein objektives Bedürfnis nach Bildung und Kultur bestand, andererseits traditionelle Kultur und Bildung ihren einmal zumindest möglichen Zusammenhang mit dem Bewußtsein der Einzelnen verloren hatten. Sperrte sich einmal noch die wie immer auch scheinhafte Autonomie des Geistes, die traditionelle Kultur auszeichnete, ihrem eigenen Prinzip nach wider jede Art ihrer mechanischen Herstellung und Verbreitung[376], so hat mit dem gesellschaftlichen Niedergang solcher Autonomie auch dieser Widerstand sein Ende gefunden.

375 GS 8, 115 ff.
376 vgl. GS 8, 106.

Die Diskontinuität und Zerrissenheit des verbliebenen Bewußtseins eröffnet nunmehr die Möglichkeit, ohne Rücksicht auf irgendwelche objektiven Sinnzusammenhänge Kulturelles in Millionenauflage industriell zu verfertigen. Maßstab für den Wert eines Produkts kann unter diesen Bedingungen nicht mehr ein wie auch immer gestalteter autonomer Gehalt und innere Stimmigkeit sein, sondern allein der durch Verkaufsziffern ausgewiesene *Effekt*[377]. Darauf, daß das Produkt auch ‚ankommt' und entsprechenden Gewinn einbringt, hat die Kulturindustrie ihre Produktivität abzustellen: „In all ihren Sparten werden Produkte mehr oder minder planvoll hergestellt, die auf den Konsum durch Massen zugeschnitten sind und in weitem Maß diesen Konsum von sich aus bestimmen."[378] Aufgrund dieser gemeinsamen Ausrichtung gleichen „die einzelnen Sparten ... der Struktur nach einander oder passen wenigstens ineinander. Sie ordnen sich fast lückenlos zum System"[379].

Insofern die Kulturindustrie in all ihren Sparten um des Profits willen darauf sehen muß, daß ihre Produkte auch ja ankommen und Abnehmer finden, muß sie dem objektiven Bewußtseinsstand der Massen so geschickt wie möglich Rechnung tragen. Ihn durch ihre Produkte in seinem Sosein unablässig zu fixieren, bringt ihr den Gewinn, den sie nach Adorno gerade dann verlieren würde, wenn sie nur den leisesten Widerstand gegen das durchgängig Unsinnige des verbliebenen Restbewußtseins aufkommen ließe. Daher vermag die Kulturindustrie Kultur nicht anders mehr zu präsentieren denn in der Gestalt von „Amüsierwaren"[380]. Die Kulturindustrie vermittelt in ihren Produkten eine Art von Amusement, die trübes Einverständnis erheischt und ebenso Zerstreuung wie den narzißtischen Gewinn des Mit-dabei-seins bietet. Darin entspricht sie genau der objektiven Mentalität der Massen. Da diese auch subjektiv Kultur nicht anders mehr denn als Amusement zu erfahren vermögen, kommt die Kulturindustrie über die Herstellung von Zerstreuung und Ablenkung bereitendem Amusement nicht hinaus. Durch die Standardisierung ihrer Produkte ebenso wie die Rationalisierung ihrer Verbreitungstechniken[381] macht es die Kulturindustrie zugleich möglich, alle ihrem objektiven Bewußtseinsstand entsprechend mit Amusement zu versorgen.

Das Paradoxe an der universellen Versorgung mit den Amüsierwaren der Kulturindustrie ist nun aber, daß diese durch ihre Technik das Amusement, das sie verspricht, zugleich unmöglich macht und darum betrügt[382]: Die Flucht vor dem

---

377 vgl. OL, 61.
378 OL, 61.
379 a. a. O.
380 DA, 145.
381 vgl. OL, 62 ff.
382 vgl. DA, 150.

alltäglichen, mechanisierten Arbeitsprozeß, die im Amusement gesucht wird, führt nicht über ihn hinaus sondern wieder in ihn zurück. Denn „die Mechanisierung hat solche Macht über den Freizeitler und sein Glück, sie bestimmt so gründlich die Fabrikation der Amüsierwaren, daß er nichts anderes mehr erfahren kann als die Nachbilder des Arbeitsvorganges selbst. Der vorgebliche Inhalt ist bloß verblaßter Vordergrund; was sich einprägt, ist die automatisierte Abfolge genormter Verrichtungen. Dem Arbeitsvorgang in Fabrik und Büro ist auszuweichen nur in der Angleichung an ihn in der Muße. Daran krankt unheilbar alles Amusement. Das Vergnügen erstarrt zur Langeweile, weil es, um Vergnügen zu bleiben, nicht wieder Anstrengung kosten soll und daher streng in den ausgefahrenen Assoziationsgleisen sich bewegt. Der Zuschauer soll keiner eigenen Gedanken bedürfen: das Produkt zeichnet jede Reaktion vor: nicht durch seinen sachlichen Zusammenhang – dieser zerfällt, soweit er Denken beansprucht – sondern durch Signale. Jede logische Verbindung, die geistigen Atem voraussetzt, wird peinlich vermieden. Entwicklungen sollen möglichst aus der unmittelbar vorausgehenden Situation erfolgen, ja nicht aus der Idee des Ganzen."[383]
Der Einzelne wird durch das von der Kulturindustrie gelieferte Amusement zur punktuellen Rezeption mechanisierter Abläufe verhalten. Das Ganze eines kulturindustriellen Produkts, an dem die Einzelnen ihren Genuß haben sollen, ist nicht mehr sein objektiv-sachlicher Zusammenhang, sondern eine „Registraturmappe"[384], in die die Details bloß eingeordnet werden.
Das Ganze tritt somit „unerbittlich und beziehungslos den Details gegenüber, etwa als die Karriere eines Erfolgreichen, der alles als Illustration und Beweisstück dienen soll, während sie doch selbst nichts anderes als die Summe jener idiotischen Ereignisse ist"[385].
Solche Äußerlichkeit der Sache, ihr Surrogathaftes macht sie so langweilig und bringt die Einzelnen um jenes Amusement, das sie suchen. Was ihnen dargeboten wird, ist derart leer und gleichgültig gegen sie selbst, daß sie sich daran nicht mehr verlieren können[386]. Diejenigen Produkte der Kulturindustrie, die noch zu „naiver Identifikation"[387] einladen wie beispielsweise die glückliche Hochzeit im Film, in der der Zuschauer die eigene wiedererkennen soll, dementieren nach Adorno eine solche Identifikation jedoch zugleich: Womit die Einzelnen sich identifizieren sollen, erweist sich stets als dasselbe, als vorgefertigtes Exemplar, und gerade das macht die Identifikation unmöglich. So „sind die Glücklichen auf

383 DA, 145; vgl. DA, 139.
384 DA, 134.
385 a. a. O.
386 DA, 154.
387 a. a. O.

der Leinwand Exemplare derselben Gattung wie jeder aus dem Publikum"[388], fungibel und ersetzbar wie der einzelne Zuschauer auch. Weil „aber in solcher Gleichheit ... die unüberwindliche Trennung der menschlichen Elemente gesetzt"[389] ist, gelangen die Einzelnen nicht zu dem, was sie eigentlich wollen und die Kulturindustrie ihnen verheißt. Bestätigt wird ihnen immer nur wieder, was ohnehin schon ist und worüber sie doch eigentlich hinauswollen.
Selbst wo die von der Kulturindustrie notwendig produzierte Langeweile durch das unmäßige Tempo der Darbietung kompensiert werden soll wie in den Trickfilmen, bleibt nach Adorno das Amusement affirmativ und leer. Um des gesteigerten Amusements willen wird unter dem Druck des übermäßigen Tempos die totale Indienstnahme des Details durch das Ganze sogar bis zu offener Barbarei und Unmenschlichkeit gesteigert. Je weniger das Einzelne im rasenden Ablauf des Geschehens es selbst sein kann, je weniger Rücksicht auf es unter dem Zwang des Tempos genommen werden kann, je rücksichtsloser daher mit ihm verfahren wird, um so größer wird das Amusement: „Gerade noch in den ersten Sequenzen des Trickfilms wird ein Handlungsmotiv angegeben, damit an ihm während des Verlaufs die Zerstörung sich betätigen kann: unterm Hallo des Publikums wird die Hauptgestalt wie ein Lumpen herumgeschleudert. So schlägt die Quantität des organisierten Amusements in die Qualität der organisierten Grausamkeit um. ... Sofern die Trickfilme neben Gewöhnung der Sinne ans neue Tempo noch etwas leisten, hämmern sie die alte Weisheit in alle Hirne, daß die kontinuierliche Abreibung, die Brechung allen individuellen Widerstandes, die Bedingung des Lebens in dieser Gesellschaft ist. Donald Duck in den Cartoons wie die Unglücklichen in der Realität erhalten ihre Prügel, damit die Zuschauer sich an die eigenen gewöhnen."[390]
Was anders wäre als bloße Bestätigung des Bestehenden, wird nach Adorno von der Kulturindustrie als geschäftsgefährdendes Risiko ausgeschieden[391]. Das Neue, das die Kulturindustrie immerzu anbieten muß, um das Geschäft in Schwung zu halten, ist daher immerzu das Alte. Was die Kulturindustrie produziert, ist von vornherein darauf angelegt, die von ihr produzierten Bedürfnisse ihrer Abnehmer stets zugleich zu erfüllen und nicht zu erfüllen. Diese objektive Widersprüchlichkeit in jedem Produkt der Kulturindustrie ist die Konsequenz ihres Profitinteresses und daher zugleich der Motor ihres Geschäfts. Das Unbefriedigtsein, das der objektive Gehalt der Kulturwaren im bereitwilligen Abnehmer zurückläßt, treibt diesen zu immer neuem Verlangen, das um des Geschäfts willen ebenso immer neu enttäuscht wird.

388 a. a. O.
389 a. a. O.
390 DA, 146 ff.
391 vgl. DA, 142.

Der Primat von Tempo und Dynamik in der Kulturindustrie rührt nach Adorno wesentlich von solch geschäftsbedingtem Massenbetrug her. Immerzu muß Neues angeboten werden, das doch um des Geschäfts willen je nur das Alte sein darf, „alles muß unablässig laufen, in Bewegung sein"[392]. Wenn beispielsweise „die Filmleute auf jedes Manuskript"[393] mißtrauisch blicken, „dem nicht schon ein bestseller beruhigend zu Grunde liegt"[394], dann manifestiert sich darin für Adorno genau jener Zwang zur Immergleichheit der vielfältigen Angebote, der vom Geschäft diktiert ist und es erhält. Etwas darüber Hinausführendes darf es bei Strafe des Untergangs nicht geben. Die Dynamik der Kulturindustrie ist daher für Adorno die einer „Maschine", die auf der gleichen Stelle rotiert[395].

Am Phänomen des Starkults hat Adorno die Selbstaffirmation der hermetisch geschlossenen Gesellschaft durch die Produkte der Kulturindustrie hindurch besonders eindringlich analysiert. Der kulturindustrielle Starkult hat nach Adorno seine gesellschaftliche Voraussetzung im Fehlen eines sozialen und geistigen Kosmos, der allen gemeinsam und verbindlich wäre und sie zugleich miteinander versöhnte[396]. Unter den Bedingungen der hermetisch geschlossenen Gesellschaft nimmt die Sehnsucht nach dem versöhnten Ganzen die falsche Gestalt des Verlangens nach „Leitbildern"[397] an, die nunmehr subjektiv die Stelle dessen besetzen sollen, was objektiv versagt ist.

Die Kulturindustrie hat auch dieses Verlangen aufgegriffen und es zu einer ihrer wesentlichen Aufgaben gemacht, solche Leitbilder bereitzustellen. Nachdem es jedoch den Massen immer schwerer fällt, „sich mit dem Millionär auf der Leinwand zu identifizieren"[398], müssen ihnen ihre Leitbilder geschickter präsentiert werden. Es darf kein Unterschied aufkommen, an dem das Publikum dessen gewahr werden könnte, was ihm durch die hermetisch geschlossene Gesellschaft vorenthalten wird. Die Stars eignen sich nun besonders dazu, von allen konfliktrelevanten Unterschieden abzulenken. Die Stars können von der Kulturindustrie umstandslos so vorgestellt werden, als seien sie dem Zufall entsprungen. Das Glück, so wird suggeriert, kommt nur „zu dem, der das Los zieht, ... zu dem, der von einer höheren Macht – meist der Vergnügungsindustrie selber, die unablässig auf der Suche vorgestellt wird – dazu designiert ist"[399]. Das Zufällige an der Karriere der Stars stimmt versöhnlich. Den Einzelnen wird vorgegaukelt, daß sie

---

392 DA, 142.
393 a. a. O.
394 a. a. O.
395 a. a. O.
396 vgl. GS 8, 104.
397 GS 8, 104.
398 DA, 153.
399 a. a. O.

auch selber der Star oder das Starlet sein könnten, die da auf der Leinwand oder Bühne erscheinen, wenn nur zufällig die Agenten der Kulturindustrie auch auf sie gestoßen wären. Der Star kann so ungebrochen narzißtisch als Repräsentant der eigenen Möglichkeiten wahrgenommen werden, und das ermöglicht wiederum die Identifikation mit ihm.

Und doch weiß jeder auch um den bitteren Unterschied, daß eben der Zufall nicht auf seiner Seite war, sondern auf der Seite dessen, der nun als Star präsentiert wird. Doch vermag dieses Wissen nicht zu kritischer Wirkung zu gelangen. Es wird durch jenen von der Kulturindustrie erzeugten Glauben selbst neutralisiert, der da vom Zufall sein Glück erwartet. Die Kulturindustrie betrügt auch und gerade da, wo sie das große Glück verspricht. Was sie als objektive Möglichkeit für alle verspricht, wird im gleichen Augenblick mit dem Hinweis auf das notwendig Zufällige in der Auswahl unter den unzählig Vielen zurückgenommen: „Nur eine kann das große Los ziehen, nur einer ist prominent, und haben selbst mathematisch alle gleiche Aussicht, so ist sie doch für jeden Einzelnen so minimal, daß er sie am besten gleich abschreibt und sich am Glück des anderen freut, der er ebenso gut selber sein könnte und dennoch niemals selber ist."[400] Die Versagung des eigenen Glücks wird von den ihrer selbst bewußten Pechvögeln als Glück der Stars gefeiert[401].

Doch was die Einzelnen im Star als Besonderes und Gelungenes anbeten, ist nach Adorno in sich selbst schon so sehr das Allgemeine, daß der Starkult zum objektiven Widersinn wird: Das Besondere der Stars selbst wird „serienweise hergestellt wie die Yaleschlösser, die sich nach Bruchteilen von Millimetern unterscheiden"[402]. An den Stars ist nach Adorno buchstäblich nichts, woran das Glück unbehinderter Individualität und frei entfalteter Größe sich ablesen ließe. Eher gleicht das ihnen Eigentümliche „Fingerabdrücken auf den sonst gleichen Ausweiskarten, in die Leben und Gesicht aller Einzelnen, vom Filmstar bis zum

---

400 DA, 154.
401 Die Führerverehrung und -begeisterung beruht nach Adorno auf demselben Mechanismus: „Wenn in der Psychologie der heutigen Massen der Führer nicht sowohl den Vater mehr darstellt als die kollektive und ins Unmäßige gesteigerte Projektion des ohnmächtigen Ichs eines jeden Einzelnen, dann entsprechen dem die Führergestalten in der Tat. Sie sehen nicht umsonst wie Friseure, Provinzschauspieler und Revolverjournalisten aus. Ein Teil ihrer moralischen Wirkung besteht gerade darin, daß sie als an sich betrachtet Ohnmächtige, die jedem anderen gleichen, stellvertretend für jene die ganze Fülle der Macht verkörpern, ohne darum selber etwas anderes zu sein als die Leerstellen, auf die gerade die Macht gefallen ist. Sie sind nicht sowohl vom Zerfall der Individualität ausgenommen, als daß die zerfallene in ihnen triumphiert und gewissermaßen für ihren Zerfall belohnt wird" (DA, 251).
402 DA, 163.

leibhaft Inhaftierten, vor der Macht des Allgemeinen sich verwandelt"[403]. Die Macht des Allgemeinen ist für die Einzelnen so unerbittlich geworden, daß sie zu seiner rastlosen Nachahmung nunmehr auch dort objektiv gezwungen sind, wo die Anstrengung der Individuation einmal die Möglichkeit bot, dem Allgemeinen – wie schwach auch immer – zu widerstehen.

Selbst wo die Kulturindustrie das Leiden der Menschen unter dem Zwang des Allgemeinen einbekennt, tut sie es nur, um es zu bestätigen. An einer Stelle der Abhandlung über die „Kulturindustrie" in der „Dialektik der Aufklärung" hat Adorno dieses Identifikationsangebot der Kulturindustrie einer eingehenden Erörterung unterzogen. Es heißt dort: „Der Nachdruck auf dem goldnen Herzen ist die Weise, wie die Gesellschaft das von ihr geschaffene Leiden eingesteht: alle wissen, daß sie im System nicht mehr sich selbst helfen können, und dem muß die Ideologie Rechnung tragen. Weit entfernt davon, das Leiden unter der Hülle improvisatorischer Kameradschaft einfach zuzudecken, setzt die Kulturindustrie ihren Firmenstolz darein, ihm mannhaft ins Auge zu sehen und es in schwer bewahrter Fassung zuzugeben. Das Pathos der Gefaßtheit rechtfertigt die Welt, die jene notwendig macht. So ist das Leben, so hart, aber darum auch so wundervoll, so gesund. Die Lüge schreckt vor der Tragik nicht zurück. Wie die totale Gesellschaft das Leiden ihrer Angehörigen nicht abschafft, aber registriert und plant, so verfährt Massenkultur mit der Tragik."[404] Sofern Tragik in der industriell erzeugten Massenkultur nicht auf die Schablone des „getting into trouble and out again"[405] heruntergebracht ist, reduziert sie sich auf die Drohung, daß vernichtet wird, wer nicht mitmacht. So muß denn auch im tragischen Lichtspiel, wer sich der sanktionierten Ordnung nicht fügt, alle Qualen erfahren, die die gesellschaftliche Ordnung für solche bereithält, die sich ihr entziehen. Der Einzelne sieht somit selbst dort, wo ihm das Leiden der Menschen unter dem Druck des Ganzen durch die Kulturindustrie präsentiert wird, immer nur das bestätigt, was er tagtäglich selber erfahren muß. Indem ihm vorgeführt wird, daß es nicht anders geht, als es geht, wird er dazu verhalten, sich dem blind zu unterwerfen, was ohnehin nicht geändert werden kann. Paradox gerät solche Auswegslosigkeit dem „lückenlos geschlossenen Dasein"[406] in seiner Wiederholung durch die Kulturindustrie auch noch zu heroischer Würde. Es wirkt „um so großartiger, herrlicher und mächtiger, je gründlicher es mit notwendigem Leiden versetzt wird"[407]. Unterwerfung wird von der Kulturindustrie als Bedingung des Überlebens in Größe und Würde empfohlen. Sie wiederholt jedoch damit in ideolo-

403 a. a. O.
404 DA, 160.
405 DA, 161.
406 DA, 160.
407 a. a. O.

gischer Verbrämung nur noch einmal das, was in der hermetisch geschlossenen Gesellschaft objektiv ohnedies gefordert ist. Im Durchgang durch die Kulturindustrie verwandelt sich das Leiden der Menschen in ein Moment des Zwangs, sich dem Leiden zu unterwerfen, und bestätigt sich dadurch nur selbst.
Was an die Stelle der traditionellen Kultur getreten ist, hat Adorno einmal als den „kategorischen Imperativ der Kulturindustrie"[408] auf folgende Formel gebracht: „Du sollst dich fügen, ohne Angabe worein; fügen in das, was ohnehin ist und in das, was, als Reflex auf dessen Macht und Allgegenwart, alle ohnehin denken."[409] Der „kategorische Imperativ der Kulturindustrie" entspricht exakt der objektiven Gestalt des Subjekts, das unter dem Zwang der hermetisch geschlossenen Gesellschaft sich diesen Imperativ zueigen machen muß. Wir haben es in den vorhergehenden Kapiteln als zerfallenes, als inkohärent und diskontinuierlich bestimmt. Zugleich haben wir anhand einzelner Analysen Adornos zu bestimmten Produkten der Kulturindustrie gezeigt, in welcher Weise die zerfallene Gestalt des Subjekts durch die Kulturindustrie ausgebeutet wird. Wir haben dabei in unseren Erörterungen insbesondere auf Phänomene abgestellt, die erst in der kulturindustriellen Phase auftreten und durch sie allererst möglich werden.
Wir möchten nun noch zeigen, welche Gestalt Reste traditioneller Kultur und Bildung unter den Bedingungen kulturindustrieller Produktion und Verwertung annehmen. Wir beschränken uns dabei auf ein extremes Beispiel, das auch Adorno als ein solches angeführt hat, um die Barbarei der Kulturindustrie, in die zu verfallen die Menschheit sich nicht verwehren konnte, so drastisch wie möglich zu dokumentieren. Für Adorno ist die Barbarei der Kulturindustrie jedoch nur der ideologische Abdruck der realgesellschaftlichen, die in Auschwitz ihren vorläufigen Höhepunkt erreichte. Von daher allein bestimmt sich Gewicht und Intention der Adornoschen Analyse kulturindustrieller Phänomene: Was die Kulturindustrie möglich und akzeptabel machte, hat auch Auschwitz möglich und akzeptabel gemacht. Diesen Zusammenhang werden wir im nächsten Kapitel eingehend erörtern.
Das extreme Beispiel kulturindustrieller Barbarei, auf das sich Adorno in der schon erwähnten Abhandlung zur „Theorie der Halbbildung" bezieht[410], ist das in Amerika weit verbreitete Buch von Sigmund Spaeth mit dem Titel „Great Symphonies"[411]. Dieses Buch ist nach Adorno „hemmungslos auf ein halbgebildetes Bedürfnis zugeschnitten: das, dadurch sich als kultiviert auszuweisen, daß man die im Musikbetrieb ohnehin unausweichlichen Standardwerke der sym-

408 OL, 67.
409 a. a. O.
410 vgl. GS 8, 113 ff.
411 Spaeth, S.: Great Symphonies. How to Recognize and Remember Them, New York 1936.

phonischen Literatur sofort erkennen kann. Die Methode ist die, daß den symphonischen Hauptthemen, zuweilen auch nur einzelnen Motiven daraus, Sätze unterlegt werden, die sich darauf singen lassen und die nach Schlagerart die betreffenden musikalischen Phrasen einprägen. So wird das Hauptthema der Beethovenschen Fünften Symphonie gesungen auf die Worte: I am your Fate, come, let me in!; das Hauptthema der Neunten Symphonie entzweigeschnitten, weil sein Anfang nicht singbar genug sei, und nur das abschließende Motiv betextet: Stand! The mighty ninth is now at hand! Dem ehedem oft freiwillig parodierten Seitensatzthema aus der Symphonie Pathétique von Tschaikowsky aber widmet Spaeth die Zeilen:

> This music has a less pathetic strain,
> It sounds more sane and not so full of pain.
> Sorrow is ended, grief may be mended,
> It seems Tschaikowsky will be calm again!"[412]

An dem genannten Beispiel läßt sich für Adorno Zentrales über die Bedingungen ablesen, unter denen Kulturelles allein noch rezipiert werden kann: Das in sich zerfallene Bewußtsein ist objektiv unfähig, den sachlichen Zusammenhang und artikulierten Verlauf eines künstlerischen Werks überhaupt noch als Ganzes zu erfahren. Auftrumpfen zu können mit dem flugs hervorgeholten und abrufbaren Wissen, daß es sich bei dem Gespielten um dieses oder jene große Werk handelt, gewinnt den Primat vor dem immanenten und angestrengten Verständnis der Sache selbst. Solches Verständnis ist gesellschaftlich überflüssig geworden, nicht mehr gefordert[413] und objektiv auch nicht mehr möglich; denn es erforderte die Objektivation jenes Geistes, dem die Gesellschaft selbst die Basis seiner Entfaltung entzogen hat. Der Begriff eines Autonomen am Geiste, „das nicht unmittelbar einem andern dienstbar, nicht unmittelbar an seinem Zweck zu messen ist"[414], ist objektiv zergangen.

Wo unter solchen Bedingungen noch Kulturgüter rezipiert werden, hat das von vornherein etwas anachronistisches an sich. Es deutet auf „Disproportionen, die daraus resultieren, daß der Überbau langsamer sich umwälzt als der Unterbau"[415]. Dies Disproportionale im Verhältnis von Überbau und Unterbau gereicht dem ephemer überlebenden Bewußtsein jedoch nach Adorno nicht zum Nutzen sondern im Gegenteil gerade zum Schaden. Es befördert noch zusätzlich

---

412 GS 8, 113.
413 GS 8, 106.
414 a. a. O.
415 GS 8, 110.

den „Rückschritt des Bewußtseins"[416]. In der subjektiven Rezeption der überlieferten Kulturgüter wird dies ebenso relevant wie in ihrer objektiven Vermittlung durch die Kulturindustrie: Sie werden ebenso zu Waren wie alles andere auch. Unter den Bedingungen der hermetisch geschlossenen Gesellschaft können sie nur „warenhaft verdinglicht"[417] „auf Kosten ihres Wahrheitsgehalts und ihrer lebendigen Beziehung zu lebendigen Subjekten überdauern"[418]. Unter Bedingungen, unter denen die traditionellen Bildungsgüter „nicht bloß für die nicht mehr Gebildeten zerbröckelt sind, sondern an sich, ihrem Wahrheitsgehalt nach"[419], kann es dem kulturbeflissenen Bewußtsein nicht mehr um den immanenten Gehalt der Werke gehen, sondern nur mehr um „Dabeisein"[420], „Bescheidwissen"[421] und „Prestigegewinn"[422].

Wie sich dadurch die traditionellen Kulturgüter in sich selbst zersetzen, wird bei Spaeth manifest. Gewaltsam zersplittert das heruntergekommene Bewußtsein die in ihrem strukturellen Verlauf sich konkretisierende Einheit des musikalischen Werks und legt es sich in solche Teile zurecht, an denen sich ausweisen läßt, wie gut man Bescheid weiß. Damit geht die Sache eines jeglichen autonomen Gehalts verlustig, an dem – wie schwach und scheinhaft auch immer – der Geist einmal das objektive Moment seines Ausdrucks hatte. Das Furchtbare an dem genannten Beispiel ist – und Adorno selbst nennt diesen Aspekt geradezu „satanisch"[423] – daß „es Menschen, die einmal jene Themen mit den Greuelworten auswendig gelernt haben, schwer möglich sein wird, je wieder von den Worten sich zu befreien und die Musik überhaupt noch als das zu hören, was sie ist"[424].

Traditionelle Kultur wird – und das sollte das angeführte Beispiel zeigen – unter den Bedingungen der kulturindustriellen Produktion und Verwertung so sehr von diesen aufgesogen, daß von ihr nichts bleibt als der ökonomisch gewinnreich verwertbare Ruf ihrer großen Vergangenheit. Der „Kulturkonsument" begnügt sich dabei und findet subjektive Befriedigung daran, „zu betrachten, zu bewundern, am Ende blind und beziehungslos zu verehren, was da alles einmal geschaffen und gedacht wurde, ohne Rücksicht auf dessen Wahrheitsgehalt. Mit objektivem Hohn ästhetisiert der ansteigende Warencharakter die Kultur um des Nutzens willen."[425]

416 a. a. O.
417 GS 8, 103.
418 a. a. O.
419 GS 8, 109.
420 DA, 167.
421 a. a. O.
422 a. a. O.
423 GS 8, 113.
424 GS 8, 114.
425 ND, 385.

Kultur ist zu einer paradoxen Ware geworden: „Sie steht so völlig unterm Tauschgesetz, daß sie nicht mehr getauscht wird; sie geht so blind im Gebrauch auf, daß man sie nicht mehr gebrauchen kann."[426]
Damit vollendet sich nach Adorno die historische Tendenz: Einmal dem Prozeß der Naturbeherrschung entsprungen und durch die Trennung von geistiger und körperlicher Arbeit möglich gemacht, wird Kultur ebenso wie Bildung vom Prozeß der Naturbeherrschung überholt: „Als Erbe alter Unfreiheit mußte sie hinab; unmöglich aber ist sie unter bloßer subjektiver Freiheit, solange objektiv die Bedingungen der Unfreiheit fortdauern."[427] Wenn „jener Oberküfer, der im Drang nach Höherem zur Kritik der reinen Vernunft griff, bei der Astrologie endete, offenbar weil er einzig darin das Sittengesetz in uns mit dem gestirnten Himmel über uns zu vereinen vermochte"[428], so drückt sich in solchem Widersinn nach Adorno exakt jene Transformation aus, die innerhalb der hermetisch geschlossenen Gesellschaft allem Kulturellen notwendig widerfährt. Weil es nicht in die Kontinuität eines lebendigen Bewußtseins mehr „eingeschmolzen"[429] werden kann, sowohl für die Einzelnen wie auch objektiv an sich selbst seines Wahrheitsgehalts verlustig gegangen ist, verwandeln sich seine Inhalte in „böse Giftstoffe"[430], die den objektiven Zerfall nur noch beschleunigen.
Adorno hat in seiner Abhandlung zur „Theorie der Halbbildung" Genese und Gestalt des Unwesens der Kultur und ihrer Industrie unter den Bedingungen des „zum Zwangssystem zusammengeschlossenen Ganzen"[431] der Gesellschaft – wie folgt – zusammengefaßt und dabei noch einmal scharf gegen allen Glauben an die verändernde Macht von Kultur und Bildung pointiert: „Die Massen werden durch zahllose Kanäle mit Bildungsgütern beliefert. Diese helfen als neutralisierte, versteinerte die bei der Stange zu halten, für die nichts zu hoch und teuer sei. Das gelingt, indem die Gehalte von Bildung, über den Marktmechanismus, dem Bewußtsein derer angepaßt werden, die vom Bildungsprivileg ausgesperrt waren und die zu verändern erst Bildung wäre. Der Prozeß ist objektiv determiniert, nicht erst mala fide veranstaltet. Denn die gesellschaftliche Struktur und ihre Dynamik verhindert, daß die Kulturgüter lebendig, daß sie von den Neophyten so zugeeignet werden, wie es in ihrem eigenen Begriff liegt. Daß die Millionen, die früher nichts von ihnen wußten und nun damit überflutet werden, kaum, auch psychologisch nicht darauf vorbereitet sind, ist vielleicht noch das Harmloseste. Aber die Bedingungen der materiellen Produktion selber dulden

---

426 DA, 170; vgl. D, 18 f.
427 GS 8, 107.
428 GS 8, 112.
429 a. a. O.
430 a. a. O.
431 GS 8, 109.

schwerlich jenen Typus von Erfahrung, auf den die traditionellen Bildungsinhalte abgestimmt waren, die vorweg kommuniziert werden. Damit geht es der Bildung selbst, trotz aller Förderung, an den Lebensnerv."[432]

## 1.2.3. Zusammenfassung

Im vorangegangenen zweiten Abschnitt des ersten Teils unserer Abhandlung haben wir die Totalität der hermetisch geschlossenen Gesellschaft als diejenige Stufe der ‚Vorgeschichte' zu bestimmen versucht, auf der Subjektivität die historisch errungenen Bedingungen ihrer eigenen Möglichkeit sich entzieht. Wir haben zunächst die im ersten Abschnitt entwickelte Dialektik der Naturbeherrschung, durch die sich historisch Subjektivität allererst konstituiert, aus ihrer methodisch bedingten isolierten Entfaltung am Beispiel der Struktur odysseischer Subjektivität herausgehoben und in ihrem Zusammenhang mit der Struktur der Gesellschaft bestimmt. Dieser Schritt war insofern notwendig, als er die geschichtsphilosophische Verbindung herstellt zwischen der frühesten Phase der bürgerlichen Gesellschaft und ihrem Ende in der hermetisch geschlossenen, in der das genuin Bürgerliche sich auflöst. Es hat sich uns erwiesen, daß schon auf der odysseischen Stufe der Selbsterhaltung der Überdruck der Natur, ihr mythisch Bedrohliches und Fremdes, im Herrschaftscharakter der Gesellschaft wiederkehrt, das Amorphe der Natur mithin schon auf dieser Stufe zugleich auch anthropomorphen Charakter annimmt. Schon die Anfänge der bürgerlichabendländischen Zivilisation sind demnach von einem einheitlichen Strukturprinzip menschlicher Subjektivität und konkreter Gesellschaft bestimmt. Für Adorno ist es zugleich jenes Prinzip, das sich in der Entfaltung der bürgerlichen Gesellschaft bis zu ihrem Ende in der spätkapitalistisch-industriellen Phase identisch durchhält. Die Adornosche These einer einheitlichen Struktur der Selbsterhaltung in der in ihrem Wesen immer gleichen Gesellschaft durch alle historischen Phasen ihrer Konkretion hindurch sollte anhand jener ausgezeichneten Phase genauer untersucht werden, die nach Adorno am Ende der bürgerlichabendländischen Zivilisation steht. In der Analyse der Strukturmomente der hermetisch geschlossenen Gesellschaft hat sich diese Identität ebensowohl bestätigt wie die Katastrophe ihres Zerfalls durch ihre Vollendung gezeigt.
Die Erörterung der Adornoschen Konzeption des Tauschs als des Strukturprinzips der konkreten gesellschaftlichen Vermittlung hat deutlich gemacht, wodurch die bürgerliche Gesellschaft zur Totalität eines undurchdringlichen und den Einzelnen zur Ohnmacht verurteilenden Vermittlungszusammenhangs zusammen-

[432] GS 8, 100 ff.

wächst. Im Nachweis der Dominanz der Herrschaft über den Tausch wurde jener Vorgang noch einmal in sich selbst differenziert. Die Analyse hat ergeben, daß der Tauschprozeß es nicht allein von sich selbst her zur totalen Ohnmacht der Einzelnen gegenüber dem Ganzen der Gesellschaft bringt, sondern daß seine Entfaltung zur Totalität der Herrschaft wesentlich durch metaökonomische Elemente, die in der Herrschaftsgeschichte ihren Ort haben, bestimmt ist. Von daher ergibt sich auch Adornos gegenüber Marx veränderte Konzeption des Klassenantagonismus. Unter den Bedingungen der hermetisch geschlossenen Gesellschaft gewinnt er die paradoxe Gestalt, bei gleichzeitigem Fortbestand subjektiv wie objektiv zu verschwinden. Damit entfällt die zentrale Voraussetzung der Marxschen Revolutionstheorie.

Anhand zahlreicher Einzelanalysen haben wir schließlich gezeigt, daß der gesamtgesellschaftlich verdrängte Antagonismus nur mehr ephemer und in der völlig verkehrten Gestalt fehlgeleiteter Aggressionen und Konflikte im apolitisch-privaten Bereich zur Erscheinung kommt. In solcher Verschiebung drückt sich zugleich aus, daß der gesamtgesellschaftlich verdrängte Antagonismus in die Immanenz der menschlichen Bedürfnisstruktur selbst eingewandert ist und sie total bestimmt. Die Erfüllung, worauf die menschlichen Bedürfnisse in ihrer vom Tauschprozeß verformten Gestalt gehen, ist zugleich eine solche, die sie um eben diese Erfüllung bringt. Die Erfahrung des stets wieder erlittenen Betrugs an sich selbst, den die falsche Einrichtung der Gesellschaft den Einzelnen stets neu antut, treibt zugleich die Wut hervor, die sich in jenen ephemeren Konflikten und Aggressionen dann entlädt.

Dieses Ergebnis, daß Betrug, Not und Leid in der hermetisch geschlossenen Gesellschaft den Prozeß der Selbsterhaltung bestimmen und von ihm selbst produziert werden, bestätigt zwar die Adornosche Behauptung von der strukturellen Identität der Selbsterhaltung in der bürgerlich-abendländischen Zivilisation; doch während die Dialektik der Selbsterhaltung beim Mitglied der modernen Tauschgesellschaft durch den Tauschprozeß hindurch konstituiert wird, ist sie hingegen für die Struktur der odysseischen Subjektivität aus dem Prinzip der Naturbeherrschung abgeleitet worden. Diese Differenz in der strukturellen Identität der Selbsterhaltung brachte uns auf die Frage, wie bei Adorno das Verhältnis von Tauschrationalität und naturbeherrschender technischer Rationalität des näheren bestimmt ist. Es hat sich ergeben, daß bei Adorno beides nicht eigentlich miteinander vermittelt ist. Tauschrationalität und technische Rationalität bleiben in den meisten Arbeiten Adornos zwei voneinander unterschiedene Strukturmomente der Gesellschaft, die ihre Einheit in der Konstitution jener Herrschaft haben, deren Dialektik die Bewegung der Geschichte der bürgerlich-abendländischen Zivilisation ausmacht. In manchen Passagen wird jedes der beiden Momente als Bedingung der Möglichkeit der universellen

Ausbreitung des anderen vorgestellt. Damit sind sie aber noch nicht eigentlich dialektisch vermittelt. Wo jedoch eine solche Vermittlung in Anlehnung an Marx unter dem Primat der Tauschrationalität und der durch sie bestimmten Produktionsverhältnisse versucht wird, muß sie notwendig scheitern: Die ebenso nachdrückliche Insistenz Adornos auf der von Marx vernachlässigten Dialektik rationaler Naturbeherrschung, der Produktivkräfte selbst, führt notwendig zu der Unmöglichkeit, eine in sich stimmige Dialektik von Produktivkräften und Produktionsverhältnissen unter dem Primat der Produktionsverhältnisse selbst zu konstruieren. Dementsprechend ist auch die Dialektik der Selbsterhaltung nicht einheitlich und stimmig in sich selbst konzipiert. Sie ist sowohl eine von naturbeherrschender technischer Rationalität wie auch von Tauschrationalität. Beide Momente sind in den einzelnen Texten vertreten, jedoch nicht hinreichend miteinander vermittelt.

Nach der Darstellung der zentralen Strukturmomente des Adornoschen Begriffs der spätkapitalistisch-industriellen Gesellschaft und der immanenten Kritik ihres Verhältnisses zueinander haben wir uns sodann der eingehenden Erörterung der aktuellen Gestalt der Subjektivität zugewandt. Das gesellschaftliche Faktum ihrer Ohnmacht gegenüber einem Ganzen, dem sie doch wiederum ihr Leben verdankt und das eben diese Ohnmacht als Preis dafür verlangt, hat Adorno in den schon genannten zwei Ansätzen abzuleiten versucht: einmal vom Tauschprozeß her, zum anderen im Ausgang vom Prinzip rationaler Naturbeherrschung. Wo jedoch Adorno das Faktum der Ohnmacht in seinen Konsequenzen für die innere Zusammensetzung der aktuellen Gestalt der Subjektivität, ihre Binnenstruktur, entfaltet hat, erweist es sich als völlig gleichgültig gegen die unterschiedlichen Wege seiner Ableitung. Adorno faßt die Konsequenzen der Ohnmacht des Einzelnen gegenüber dem gesellschaftlichen Ganzen für die Binnenstruktur der Subjektivität vom universellen Zwang zur Anpassung an das übermächtige Ganze her. Im Erweis dieses Zwanges hatten beide Wege zur Ableitung der gesellschaftlichen Ohnmacht aller ihr identisches Resultat, und insofern wird hier jene Differenz gleichgültig. Die Adornosche Argumentation, in der die Konsequenzen solcher Ohnmacht entfaltet werden, bewegt sich also von einem identischen Resultat aus. Sie zeigt, daß unter dem universellen Zwang zur Anpassung Selbsterhaltung ihr Selbst, das einmal auch autonome Moment an ihm, verliert und in den Zustand psychischer Diskontinuität und Inkohärenz zurückführt. In der Vollendung ihrer eigenen Dialektik hört Selbsterhaltung auf, dialektisch zu sein.

Dieses Ergebnis ist insofern zentral, als es unseres Erachtens der archimedische Punkt ist, von dem her die Adornosche Konzeption des Verhältnisses von Überbau und Unterbau sich vermittelt: Traditionelle Kultur und Bildung setzen die Gestalt einer Subjektivität voraus, die durch Übung und Assoziation die Kontinuität eines Traditionszusammenhangs in sich selbst stiftet. Eine solche Gestalt der Subjektivität ist aber dann nicht mehr möglich, wenn das autonome Moment am Selbst, sein im Prozeß der Naturbeherrschung entsprungenes Geistiges, unter dem universellen Zwang zur Anpassung zunichte gemacht wird.

In der Erörterung des immanent Antinomischen traditioneller Kultur und Bildung haben wir gezeigt, daß ihr darin sich von jeher schon jenes Moment des Untergangs mitgeteilt hat, das dem naturbeherrschenden Selbst immanent ist und dann durch es selbst auf der fortgeschrittensten Stufe seiner Entfaltung, der spätkapitalistisch-industriellen Gesellschaft, total realisiert wird.

Jener Augenblick des Zerfalls traditioneller Kultur und Subjektivität, so haben wir weiter gezeigt, ist zugleich der Augenblick des Entstehens der modernen Kulturindustrie. Sie macht aus dem Zerfall noch ein zusätzliches profitables Geschäft. Indem sie in ihren Produkten immerzu nur das anbietet, was ohnedies schon ist, und zugleich stets bemüht ist, es als solches auszuweisen, das zu akzeptieren sich lohnt, macht sie das Bestehende zur Metaphysik seiner selbst. Anhand zahlreicher Analysen kulturindustrieller Phänomene haben wir mit Adorno diesen Mechanismus des genaueren erörtert.

Für Adorno ist die Barbarei der Kulturindustrie der ideologische Abdruck der real-gesellschaftlichen, die in Auschwitz die totale Nichtigkeit des Einzelnen erstmals leibhaft-konkret demonstrierte. Von daher allein bestimmt sich Gewicht und Intention der Adornoschen Analysen kulturindustrieller Phänomene: Was die Kulturindustrie und ihren Schund möglich und akzeptabel machte, hat auch Auschwitz möglich und akzeptabel gemacht. Im nächsten Abschnitt werden wir diesen Zusammenhang eingehend erörtern.

## 1.3. Auschwitz als das manifeste Wesen der bürgerlich-abendländischen Zivilisation

Daß Auschwitz geschah, „Millionen durch Verwaltung"[433] auf grausamste Weise umgebracht werden konnten, ist für Adorno kein bloßer „Betriebsunfall des zivilisatorischen Siegeszuges"[434], der ebenso nicht hätte zu passieren brauchen; auch wäre es nach Adorno zu simpel, das Ungeheuerliche, das sich dort ereignete, einfach den Deutschen als Volk aufzubürden. Ausdrücklich hat Adorno darauf hingewiesen, daß ihm, als einem „gesellschaftlich Denkenden", „die These, es läge

---

433 ND, 353.
434 MM, 314.

an den Deutschen als Volk, recht fremd"[435] sei. Was sich in Auschwitz und den anderen Lagern manifestierte und zum Ausbruch kam, geht nach Adorno vielmehr hervor aus den objektiv-gesellschaftlichen Bedingungen, welche die Geschichte der bürgerlich-abendländischen Zivilisation insgesamt im Laufe ihres Fortschritts heraufführte.

Wir haben jene Bedingungen der bürgerlich-abendländischen Zivilisation mit Adorno in den bisherigen Kapiteln als Bedingungen ihres eigenen Zerfalls zu explizieren versucht. Im Folgenden wollen wir nun jene Konsequenz an ihnen deutlich machen, ohne die es nicht möglich gewesen wäre, in Auschwitz und den anderen Lagern den Tod von Millionen planvoll zu organisieren.

*1.3.1. Spezifisch ökonomische Bedingungen des Antisemitismus*

Die spezifisch ökonomische Funktion der Juden im Laufe der Geschichte der europäisch-abendländischen Zivilisation hat nach Adorno wesentlich mit zur Entstehung des antisemitischen Vorurteils beigetragen. „Seit die Juden als Kaufleute römische Zivilisation im gentilen Europa verbreiten halfen"[436], wurde es ihnen zum Schicksal, daß sie vornehmlich nur in der Zirkulationssphäre, als Vermittler in Handel und Geschäft beruflich tätig werden konnten. Andere Möglichkeiten, für ihren Lebensunterhalt zu sorgen, waren ihnen über Jahrtausende weithin versperrt. Stets waren sie als Schutzjuden abhängig von Kaisern, Fürsten oder dem absolutistischen Staat. Solange die offiziellen Mächte von der Vermittlertätigkeit der Juden profitieren konnten, wurde ihnen Sicherheit und Schutz vor den Massen garantiert. Zu ihrer Vermittlerfunktion objektiv gezwungen, war es für die Juden daher äußerst schwierig und nur sehr spät möglich, zu Eigentum an den Produktionsmitteln zu gelangen. Und selbst dort, wo sie als getaufte zu Machtpositionen in Verwaltung und Industrie gelangten, mußten sie dafür „mit doppelter Ergebenheit, beflissenem Aufwand" und „hartnäckiger Selbstverleugnung"[437] bezahlen: „Man ließ sie heran nur, wenn sie durch ihr Verhalten das Verdikt über die anderen Juden stillschweigend sich zueigneten und nochmals bestätigten."[438]

In die Völker Europas waren die Juden nie als gleichberechtigte aufgenommen worden. Noch im 19. Jahrhundert blieben sie auf das Bündnis mit der Zentralgewalt angewiesen, die ihnen ihr Lebensrecht garantierte. Wenn auch die Zirku-

---

435 ST, 107.
436 DA, 184.
437 DA, 183.
438 a. a. O.

lationssphäre im Fortgang der gesellschaftlichen Entwicklung immer mehr schwand[439], so waren die Machtpositionen der Juden in jener Sphäre doch objektiv dazu geeignet, den Haß einer unter den neuen Produktionsverhältnissen leidenden Bevölkerung auf sich zu ziehen: Der Jude wurde zum „Sündenbock, nicht bloß für einzelne Manöver und Machinationen, sondern in dem umfassenden Sinn, daß ihm das ökonomische Unrecht der ganzen Klasse aufgebürdet wird. Der Fabrikant hat seine Schuldner, die Arbeiter in der Fabrik unter den Augen und kontrolliert ihre Gegenleistung, ehe er noch das Geld vorstreckt. Was in Wirklichkeit vorging, bekommen sie erst zu spüren, wenn sie sehen, was sie dafür kaufen können: der kleinste Magnat kann über ein Quantum von Diensten und Gütern verfügen wie kein Herrscher zuvor; die Arbeiter jedoch erhalten das sogenannte kulturelle Minimum. Nicht genug daran, daß sie am Markt erfahren, wie wenig Güter auf sie entfallen, preist der Verkäufer noch an, was sie sich nicht leisten können. Im Verhältnis des Lohns zu den Preisen erst drückt sich aus, was den Arbeitern vorenthalten wird. Mit ihrem Lohn nahmen sie zugleich das Prinzip der Entlohnung an. Der Kaufmann präsentiert ihnen den Wechsel, den sie dem Fabrikanten unterschrieben haben. Jener ist der Gerichtsvollzieher fürs ganze System und nimmt das Odium für die anderen auf sich."[440]

Indem die Massen aus gesellschaftlich falschem Bewußtsein heraus der Zirkulationssphäre die Verantwortlichkeit für die Ausbeutung aufbürden, werden die offiziellen Repräsentanten jener Sphäre notwendig zur Zielscheibe ihrer Wut über das erlittene Unrecht. Zum gewaltsamen Ausbruch konnte diese Wut jedoch erst dann kommen, als die Juden ökonomisch schon total schutzlos geworden waren. Das ist in dem Augenblick der Fall, in dem die liberalistische Periode, in der die Juden zu Macht und Einfluß gelangten, zu Ende geht und „mit dem Staatsapparat verschmolzene, der Konkurrenz entwachsene Kapitalmächte"[441] an ihre Stelle treten.

Mit dem Aufweis der spezifisch ökonomischen Bedingungen des antisemitischen Vorurteils ist jedoch nur ein Aspekt genannt, der wesentlich mit dazu beitrug, daß Auschwitz geschehen konnte. Die Zirkulationssphäre war nicht bloß eine Domäne der Juden allein[442]. Daß Menschen im 20. Jahrhundert zu totaler Barbarei und äußerster Grausamkeit fähig waren, setzt nach Adorno mehr voraus als die spezifische Wut auf den Kaufmann, der den Wechsel präsentiert: Die Totalität der hermetisch geschlossenen Gesellschaft hat eine Gestalt der Subjektivität produziert, ohne deren totalitäres Potential der planvoll organisierte Mord an

---

439 vgl. DA, 208.
440 DA, 183.
441 DA, 208; vgl. DA, 181, 194.
442 vgl. DA, 183.

Millionen nicht möglich gewesen wäre: im „autoritätsgebundenen"[443] und „manipulativen"[444] Charakter vollendet sich der Zerfall des Subjekts der bürgerlich-abendländischen Zivilisation. Das wollen wir im Folgenden ausführlich entwickeln.

### 1.3.2. *Der autoritätsgebundene und manipulative Charakter der faschistischen Mörder als Manifestation des destruktiven Potentials abendländischer Subjektivität im Augenblick ihres Untergangs*

In seinem Vortrag zum Thema „Was bedeutet Aufarbeitung der Vergangenheit"[445] hat Adorno das totalitäre Potential der hermetisch geschlossenen Gesellschaft aus deren Strukturzusammenhang folgendermaßen abgeleitet: „Die ökonomische Ordnung und, nach ihrem Modell, weithin auch die ökonomische Organisation verhält ... die Majorität zur Abhängigkeit von Gegebenheiten, über die sie nichts mehr vermag, und zur Unmündigkeit. Wenn sie leben wollen, bleibt ihnen nichts übrig, als dem Gegebenen sich anzupassen, sich zu fügen; sie müssen eben jene autonome Subjektivität durchstreichen, an welche die Idee von Demokratie appelliert, können sich selbst erhalten nur, wenn sie auf ihr Selbst verzichten. Den Verblendungszusammenhang zu durchschauen, mutet ihnen eben die schmerzliche Anstrengung der Erkenntnis zu, an welcher die Einrichtung des Lebens, nicht zuletzt die zur Totalität ausgebreitete Kulturindustrie sie hindert. Die Notwendigkeit solcher Anpassung, die zur Identifikation mit Bestehendem, Gegebenem, mit Macht als solcher, schafft das totalitäre Potential. Es wird verstärkt von der Unzufriedenheit und der Wut, die der Zwang zur Anpassung selber produziert und reproduziert."[446] Unter Bedingungen, unter denen Selbsterhaltung nur durch „widerstandslose und emsige Anpassung an die Realität"[447], durch „dauerndes Sichausrichten des Einzelnen nach dem Reglement"[448] möglich ist, ist dem Einzelnen jede Möglichkeit entzogen, das übermächtige Ganze noch zu begreifen oder gar auf seinen Gang bestimmend einzuwirken[449]. An die Stelle einheitlicher Erfahrung und verantwortungsbewußter Selbstbehauptung[450], die einmal zuzeiten des aufsteigenden Bürgertums

---

443 K, 110.
444 K, 121; vgl. ST, 94.
445 E, 125–146.
446 E, 139.
447 DA, 213.
448 DA, 207.
449 vgl. ST, 88.
450 vgl. DA, 207f.

noch ein reflektiertes Verhältnis zum gesellschaftlichen Ganzen ermöglichten[451], ist die Inkohärenz und Diskontinuität des informierten Bewußtseins der Angepaßten getreten. Einige der zentralen Merkmale des angepaßten Bewußtseins haben wir bereits im Kapitel über die aktuelle Gestalt der Subjektivität bestimmt. Sie wurde jedoch nur so weit entfaltet, als es notwendig war, um sie als eine der zentralen Voraussetzungen für das Entstehen der modernen Kulturindustrie auszuweisen. Wir wollen nunmehr nach dem totalitären Potential fragen, das der schon explizierten Angepaßtheit des Bewußtseins der Menschen an die Macht des Bestehenden inhärent ist.

Die Einzelnen sind nach Adornos Theorie objektiv gezwungen, sich in ihrer Ohnmacht und Schwäche mit dem zu identifizieren, was sie unterdrückt und ohnmächtig macht und als objektive Macht ihnen gegenübertritt. Durch den Zwang zu solcher Identifikation entwickeln sie in sich selbst totalitäre Zwangszüge. In den „Studien über Autorität und Familie"[452] sowie in den in Amerika durchgeführten „Studies in the Authoritarian Personality"[453] haben Adorno und Horkheimer zusammen mit anderen Mitarbeitern des Instituts für Sozialforschung die totalitären Zwangszüge jener Gestalt der Subjektivität, die von der Totalität der hermetisch geschlossenen Gesellschaft notwendig produziert wird, ausführlich bestimmt. In seinem Aufsatz „Vorurteil und Charakter"[454] resümiert Adorno das zentrale Ergebnis jener empirischen Forschungen folgendermaßen: „Die Gesamtstruktur des totalitären Charakters ... ist wesentlich gekennzeichnet durch Autoritätsgebundenheit. ... Diese Autoritätsgebundenheit bedeutet in einer Zeit, in der die alten feudalreligiösen Autoritäten geschwächt sind, die bedingungslose Anerkennung dessen, was ist und Macht hat, und den irrationalen Nachdruck auf konventionelle Werte wie äußerlich korrektes Benehmen, Erfolg, Fleiß, Tüchtigkeit, physische Sauberkeit, Gesundheit und entsprechend auf konventionelles, unkritisches Verhalten. Innerhalb dieses Konventionalismus wird hierarchisch gedacht und empfunden: man verhält sich unterwürfig zu den idealisierten moralischen Autoritäten der Gruppe, zu der man sich selber rechnet, steht aber zugleich auf dem Sprung, den, der nicht zu dieser gehört oder den man glaubt für unter einem stehend ansehen zu dürfen, unter allerhand Vorwänden zu verdammen. Die populäre Wendung von der Radfahrernatur trifft den autoritätsgebundenen Charakter recht genau. Die Veräußerlichung seines Lebensgefühls, die in der Anerkennung jeglicher gegebenen Ordnung liegt, wenn

---

451 vgl. MM, 39.
452 Horkheimer, M. u. a.: Studien über Autorität und Familie, Paris 1936.
453 GS 9.1, 143–508.
454 GS 9.2, 360–373.

sie nur mit drastischen Machtmitteln zu verfahren weiß, verbindet sich mit tiefer Schwäche des eigenen Ichs, das sich den Anforderungen der Selbstbestimmung angesichts der übermächtigen sozialen Kräfte und Einrichtungen nicht mehr gewachsen fühlt. Der für die totalitäre Ordnung vorherbestimmte Typus sperrt sich gegen jegliche Selbstbestimmung, die seine falsche Sicherheit gefährden könnte, und verachtet alle eigentlich subjektiven Kräfte: die geistige Regung, die Phantasie. Er macht es sich leicht, indem er die Welt nach zweigeteilten Klischees beurteilt und ist geneigt, die unveränderliche Natur oder gar okkulte Mächte für alles Übel verantwortlich zu machen, nur um sich an etwas Allgewaltiges anlehnen zu können und den Konsequenzen eigenen, verantwortlichen Denkens auszuweichen. . . . Immerzu phantasiert er von verbotenen und schlimmen Dingen, die in der Welt vorgehen, besonders auch von sexuellen Ausschweifungen der anderen. Die ‚Dekadenz' der Opfer ist ein Schlagwort der totalitären Henker aller Schattierungen. Psychologische Einzeluntersuchungen haben dem allgemeinen Bild des Typus noch Wesentliches hinzugefügt, wie etwa, daß die betreffenden Charaktere durchweg in ihrer Kindheit, sei es durch einen strengen Vater, sei es durch Mangel an Liebe, gebrochen wurden und, um überhaupt seelisch weiterleben zu können, ihrerseits wiederholen, was ihnen selber einmal widerfuhr. Daher rührt ihre auffällige Beziehungslosigkeit, die Flachheit ihres Empfindens, auch den ihnen angeblich nächsten Menschen gegenüber. So normal sie sich gebärden und im Sinne eines gewissen praktischen Wesens tatsächlich auch sind, so tief beschädigt erscheinen sie zugleich. Die Fähigkeit, überhaupt lebendige Erfahrungen zu machen, ist ihnen weithin abhanden gekommen."[455]
Die im vorhergehenden Zitat angeführten Merkmale des autoritätsgebundenen Charakters sollen nun im Hinblick darauf im einzelnen erörtert werden, inwieweit sie ein Potential darstellen, das den Rückfall in totale Barbarei und Unmenschlichkeit ermöglicht.
Daß der Einzelne in seiner Ohnmacht und Schwäche zugleich stets „auf dem Sprung" ist, „den, der nicht zur eigenen Gruppe gehört oder den man glaubt für unter einem stehend ansehen zu dürfen, unter allerhand Vorwänden zu verdammen"[456], ist nach Adorno die gesellschaftlich manifeste Folge des äußeren Drucks im Inneren der Menschen. Adorno charakterisiert diesen Mechanismus im Anschluß an Freud als „pathische Projektion"[457]. Der Einzelne ist unter den Bedingungen seiner äußersten Ohnmacht objektiv zu pathischer Projektion gezwungen. Sie besteht darin, daß der Einzelne das ihm Versagte, in ihm Unterdrückte als böse Intention auf andere, und zwar im allgemeinen Schwächere,

---

455 GS 9.2, 367ff.
456 GS 9.2, 368.
457 DA, 201.

projiziert und dann durch Gewalthandlungen gegen sie sich vom Leiden an der eigenen Unterdrückung befreit[458].

Der Mechanismus dieser Art von Selbstbefreiung, dessen sich die totalitäre Ordnung dann planvoll bedient[459], reicht nach Adorno zurück bis in die Urgeschichte der Menschheit. Das hat seinen wesentlichen Grund darin, daß die Zivilisation durch den objektiven Zwang zur Naturbeherrschung immer schon von Opfer und Entsagung bestimmt war, einer Lebensnot, die zwangsläufig zu pathischer Projektion um der Selbsterhaltung willen treibt. Es ist für Adorno eine historische Konstante, daß das sein destruktives Potential realisierende, sich selbst erhaltende Subjekt um seiner Selbsterhaltung willen im prospektiven Opfer stets auch zugleich den Verfolger seiner selbst sieht, den es dann in eingebildeter Notwehr gewaltsam erledigt. Adorno verweist in diesem Zusammenhang darauf, daß selbst „die mächtigsten Reiche ... den schwächsten Nachbarn als unerträgliche Bedrohung empfunden haben, ehe sie über ihn herfielen"[460]. Derart „Rationalisierung"[461], wie sie nach Adorno in der pathischen Projektion geleistet wird, ist ebensosehr eine „Finte"[462] wie sie zugleich „zwangshaft"[463] geschieht: „Der als Feind Erwählte wird schon als Feind wahrgenommen. Die Störung liegt in der mangelnden Unterscheidung des Subjekts zwischen dem eigenen und fremden Anteil am projizierten Material."[464] Das wollen wir noch etwas weiter verdeutlichen, um die spezifische Art der Störung im modernen autoritätsgebundenen Charakter exakt fassen zu können.

Nach Adorno ist „alles Wahrnehmen Projizieren"[465]. Der Projektionscharakter der Wahrnehmung hat sich in der Urgeschichte der Menschheit unter dem Zwang zur Selbsterhaltung herausgebildet: „Die Projektion von Eindrücken der Sinne ist ein Vermächtnis der tierischen Vorzeit, ein Mechanismus für die Zwecke von Schutz und Fraß, verlängertes Organ der Kampfbereitschaft, mit der die höheren Tierarten, lustvoll und unlustvoll, auf Bewegung reagierten, unabhängig von der Absicht des Objekts. Projektion ist im Menschen automatisiert wie andere Angriffs- und Schutzleistungen, die Reflexe wurden."[466] Im Gang der Entwicklung der sich fortlaufend komplizierenden menschlichen Gesellschaft bedarf es nun jedoch um der Möglichkeit des Zusammenlebens

---

458 vgl. DA, 196, 201; E, 120, 138.
459 vgl. DA, 196.
460 DA, 196.
461 a. a. O.
462 a. a. O.
463 a. a. O.
464 a. a. O.
465 a. a. O.
466 DA, 196 ff.; vgl. ND, 340.

willen „steigender Kontrolle der Projektion"[467], der Einzelne „muß sie zugleich verfeinern und hemmen lernen"[468]. Dadurch wird er zugleich der Differenzierung „zwischen fremden und eigenen Gedanken und Gefühlen"[469] fähig ebenso wie der „Distanzierung und Identifikation"[470]. Sein Verhältnis zur Umwelt ist nun nicht mehr einsinnig in dem Sinn, daß er auf das objektiv sich ihm Zeigende wie auf ein ganz Fremdes bloß reflexhaft reagiert. Vielmehr tritt der Einzelne in ein reflektiertes Verhältnis zur Objektivität. Dies geschieht dadurch, daß er das unmittelbar, durch die Projektion der sinnlichen Eindrücke gestiftete Wahrgenommene in sich selbst als zugleich eigenes und anderes reflektiert und beide Momente im Prozeß der Reflexion zueinander in wechselseitige Beziehung setzt[471]: „In nichts anderem als in der Zartheit und dem Reichtum der äußeren Wahrnehmungswelt besteht die innere Tiefe des Subjekts."[472] Solange das Subjekt „die Außenwelt im eigenen Bewußtsein hat und doch als anderes erkennt"[473], solange es sich in der Weise mit ihr verschränkt, daß es das unmittelbar Wahrgenommene in sich selbst als zugleich eigenes und anderes reflektiert und beide Momente im Prozeß der Reflexion in wechselseitige Beziehung zueinander setzt, solange ist die aufgrund der Differenz von Subjekt und Objekt, Innen und Außen unvermeidliche Projektion *bewußte* Projektion und als solche human[474].

Unter den Bedingungen der hermetisch geschlossenen Gesellschaft jedoch geht diese bewußte Projektion, in der sich das Subjekt die Objektivität konstruktiv aneignet und in sich selbst eigens neu reproduziert, ihres reflexiven Charakters verlustig. Die Projektion des Ich, das nunmehr zum beziehungslosen Punkt erstarrt, wird dadurch wieder pathisch wie in der Vorzeit, so daß ihm das Andere als ganz Fremdes, als zu bezwingender und zu vernichtender Feind gegenübertritt.

Unter den Bedingungen der hermetisch geschlossenen Gesellschaft wird dieser Rückfall objektiv erzwungen: Das die vorzeitliche Brutalität hemmende reflexive Moment der Projektion wird dadurch eliminiert, daß die Menschen, „um den Anforderungen gerecht zu werden, die das Leben in all seinen Bereichen an sie stellt, bis zu einem gewissen Grad sich selber mechanisieren und standardisieren"[475] müssen: „Je lockerer die Abhängigkeit ihres Schicksals von ihrem

---

467 DA, 197.
468 a. a. O.
469 a. a. O.
470 a. a. O.
471 vgl. DA, 203, 211.
472 DA, 198.
473 a. a. O.
474 vgl. DA, 203.
475 GS 9.2, 371.

eigenen, selbständigen Urteil wird, je mehr sie darauf angewiesen sind, in übermächtige Organisationen und Institutionen sich einzufügen, um so besser fahren sie, wenn sie des eigenen Urteils und der eigenen Erfahrung sich begeben und selber die Welt schon so verhärtet und verwaltungsmäßig sehen, wie es im Sinn jener Organisationen liegt, die über ihr Fortkommen entscheiden"[476].
Eigenständige, in kontinuierlicher Erfahrung sich vollziehende Urteilsbildung wird dadurch unmöglich gemacht; in einer Welt wie der von Adorno beschriebenen wäre sie, käme sie überhaupt noch zustande, „nur noch ... eine Art Störungsfaktor"[477].
An die Stelle eines reflektierten Verhältnisses zur Objektivität tritt deshalb deren unreflektierte Besetzung mit Stereotypen[478]. Diese sind gesellschaftlich produziert und haben den Charakter von „synthetischen Schemata"[479], die, zu losen Konglomeraten, „Tickets", gebündelt, dem Subjekt als Orientierungsangebote zur Auswahl bereit liegen[480]. Sie haben die objektive Funktion, das Ich in seiner Ohnmacht zugleich seiner Macht zu versichern. Sie können deshalb unbeschränkte Gewalt über das Bewußtsein der Einzelnen gewinnen, weil diese sie, obgleich sie heteronom vorgegeben sind, blind ergreifen müssen, um sich in der anonymen Totalität der Gesellschaft überhaupt noch irgendwie zurechtfinden zu können. Objektive Kriterien für die Auswahl solcher Tickets gibt es im reflexionslosen Zustand nicht: „Ob ein Bürger das kommunistische oder das faschistische Ticket zieht, richtet sich bereits danach, ob er mehr von der roten Armee oder den Laboratorien des Westens sich imponieren läßt."[481]
Doch können die Tickets den Bruch zwischen dem Subjekt und der anonym gewordenen und total verselbständigten gesellschaftlichen Totalität nicht aufheben[482]. Die Ohnmacht des Einzelnen vor der Totalität der hermetisch geschlossenen Gesellschaft bleibt trotz der Tickets und gerade wegen ihrer Unwahrheit weiter bestehen. Die Einzelnen sind weiterhin der Drohung der ihrer Verfügung entzogenen Totalität ausgeliefert.
Doch selbst für die unaufhebbare Angst des Einzelnen inmitten des anonymen Ganzen ist eine Stelle in den Tickets vorgesehen: Sie stellen den Einzelnen Formeln bereit, mit deren Hilfe sie „bald das geschehene Unheil ... begründen, bald die Katastrophe, zuweilen als Regeneration verkleidet"[483], vorhersagen können.

---

476 a. a. O.; vgl. GS 9.1, 347.
477 GS 9.2, 371.
478 vgl. DA, 211.
479 DA, 216.
480 vgl. GS 9.2, 371.
481 DA, 214.
482 vgl. GS 9.1, 347.
483 DA, 205.

Solche Erklärungen, in denen der eigene Wunsch als objektive Macht auftritt, sind der gesellschaftlichen Totalität völlig äußerlich und total sinnlos. Die einzige Funktion solcher Formeln besteht darin, der pathischen Projektion des Einzelnen das adäquate Objekt zu geben[484]. Dadurch befördern sie unmittelbar den Ausbruch zu blinder Gewalt.

Im faschistischen Ticket waren die Juden die alles erklärende Formel. Daß die Massen diese so bereitwillig akzeptierten, hängt mit dem objektiv-gesellschaftlichen Zwang zu pathischer Projektion zusammen und ist nicht unmittelbar bedingt „durch Erfahrungen der Einzelnen mit Juden"[485]. Solche Erfahrungen spielen bei der Annahme der Formel „keine Rolle"[486]. Adorno weist in diesem Zusammenhang auf das Ergebnis von empirischen Untersuchungen hin, in denen sich gezeigt hat, „daß der Antisemitismus in judenreinen Gegenden nicht weniger Chancen hat als selbst in Hollywood"[487]. Wenn daher die Massen die antisemitische Formel sich aneignen, gehorchen sie dem Mechanismus vorzeitlicher pathischer Projektion: Unter dem übermäßigen äußeren Druck durch keine „Selbstbesinnung des Geistes"[488] gehemmt, kann das Ich seine Wut über die eigene Ohnmacht und Versagung wieder ungehemmt als Feind in die Welt projizieren. Sobald er zwangshaft durch irgendeine von irgendeinem Ticket bereitgestellte Formel identifiziert und seine Ausrottung als Wende des Ganzen propagiert ist, hat die Mordlust kein Halten mehr. Der prospektive Feind kann, aus angeblicher Notwehr, hemmungslos gefoltert und ermordet werden.

Das autoritätsgebundene Subjekt hat aus sich heraus dem nichts mehr entgegenzusetzen: Schon in der frühen Kindheit der durch die hermetisch geschlossene Gesellschaft universell verbreiteten Kälte und Beziehungslosigkeit ausgesetzt, ist es bar jeglicher reflexiver oder affektiver Hemmung[489]. Der rational organisierte Mord an Millionen wäre ohne eine solche Gestalt des Subjekts nicht möglich gewesen. Er ist die brutale Manifestation seines innersten Wesens. „Jene pathisch kalten, beziehungslosen, mechanisch verwaltenden Typen wie Himmler und der Lagerkommandant Höss"[490] haben das schlagend bewiesen. Durch sie wird nach Adorno sanktioniert, was die Geschichte der bürgerlich-abendländischen Zivilisation selbst heraufführte und in ihr von Anfang an schon angelegt war: die totale Negation des Einzelnen als eines gänzlich Nichtigen.

Das Geschehen von Auschwitz und in den anderen Lagern vollstreckt somit die

---

484 vgl. DA, 215.
485 DA, 210.
486 a. a. O.
487 DA, 211.
488 DA, 201.
489 vgl. E, 121; GS 9.2, 369.
490 K, 121.

historische Tendenz: „Was die Sadisten im Lager ihren Opfern ansagten: morgen wirst du als Rauch aus diesem Schornstein in den Himmel dich schlängeln, nennt die Gleichgültigkeit des Lebens jedes Einzelnen, auf welche Geschichte sich hinbewegt: schon in seiner formalen Freiheit ist er so fungibel und ersetzbar wie dann unter den Tritten der Liquidatoren."[491]

### 1.3.3. Zusammenfassung

Auschwitz ist für Adorno kein Betriebsunfall der Geschichte gewesen, sondern die adäquate Erscheinung des Wesens aller bisherigen Gesellschaft und Geschichte[492]. Daß gerade die Juden ihr Opfer wurden, hat mannigfache Gründe. Einen wesentlichen Aspekt haben wir bereits zu Beginn unseres letzten Abschnitts mit der Bestimmung der spezifisch ökonomischen Bedingungen des Antisemitismus herausgearbeitet. Hinzuzufügen wären noch aus der religiösen Tradition stammende Motive der Feindschaft zwischen Juden und Christen[493], mangelnde Anpassung der auf ihrer eigenen Ordnung des Lebens beharrenden Juden an ihre jeweilige Umwelt[494] sowie spezifisch jüdische Züge, die als Male jahrtausendelanger Unterdrückung sich tief in Sprache und Charakter eingegraben haben und den Antisemiten stets willkommener Anlaß zu Spott und Entrüstung waren[495].

Wenn auch die Juden aus den genannten Gründen zu Objekten der Verfolgung prädestiniert waren, so hätten *prinzipiell* jedoch auch ebenso andere Minoritäten zum Objekt der Verfolgung werden können. Für das „verdinglichte Bewußtsein", das im autoritätsgebundenen Charakter total wird[496], bedarf es nur der entsprechenden Präsentation einer anderen Formel, und schon ist es bereit, sich darauf zu stürzen. Seine Angst und Wut über die eigene Schmach im Bestehenden entlädt sich einfach „auf den, der auffällt ohne Schutz. Und wie die Opfer untereinander auswechselbar sind, je nach der Konstellation: Vagabunden, Juden, Protestanten, Katholiken, kann jedes von ihnen anstelle der Mörder treten, in derselben blinden Lust des Totschlags, sobald es als die Norm sich mächtig fühlt"[497].

Adornos Gesellschafts- und Geschichtstheorie hat im Geschehen von Auschwitz das treibende Zentrum ihrer gedanklichen Anstrengung: „Hitler hat den Men-

---

491 ND, 353; vgl. MM, 313; ST, 181.
492 vgl. DA, 178; MM, 315.
493 vgl. DA, 185 f.
494 vgl. DA, 178 f.
495 vgl. DA, 188 f.
496 vgl. ST, 94.
497 DA, 180.

schen im Stande ihrer Unfreiheit einen neuen kategorischen Imperativ aufgezwungen: ihr Denken und Handeln so einzurichten, daß Auschwitz nicht sich wiederhole, nichts Ähnliches geschehe"[498]. Eine Interpretation, die diesen geschichtsphilosophischen Bezug der Adornoschen Theorie nicht in jeder ihrer Analysen mitbedenkt, bleibt ihr daher von vornherein äußerlich. Ein solcher Mangel ist den meisten bisher vorliegenden Interpretationen zu Adorno zum Vorwurf zu machen[499]. Die mannigfaltigen und oftmals disparaten Analysen Adornos zu gesellschaftlichen und kulturellen Phänomenen, wie wir sie in den vergangenen Kapiteln unserer Arbeit zu explizieren versuchten, schließen sich erst als Erklärungsmomente des Geschehens von Auschwitz zu substantieller Einheit zusammen: Auschwitz war möglich, weil sowohl im Überbau wie im Unterbau, im Bereich traditioneller Kultur wie im unmittelbaren materiellen Lebensprozeß durch dessen eigene geschichtliche Entwicklung das unmöglich gemacht wurde, was nach Adorno Auschwitz allein hätte widerstehen können: Autonomie[500].
Weil die reale Autonomie aller bis heute nicht verwirklicht ist, ist für Adorno Auschwitz immer noch das Wesen. Darauf hat Adorno entschieden in seinem am 18. April 1966 im Hessischen Rundfunk gehaltenen Vortrag zum Thema „Erziehung nach Auschwitz"[501] hingewiesen: „Barbarei besteht fort, solange die Bedingungen, die jenen Rückfall zeitigten, wesentlich fortdauern. Das ist das ganze Grauen. Der gesellschaftliche Druck lastet weiter, trotz aller Unsichtbarkeit der Not heute. Er treibt die Menschen zu dem Unsäglichen, das in Auschwitz nach weltgeschichtlichem Maß kulminierte."[502]

## 1.4. Das Elend von Praxis heute und die Frage nach dem praktischen Stellenwert der Theorie

Für Adorno bleibt es trotz oder vielmehr gerade wegen der diagnostizierten Fortdauer des Grauens das Allerdringlichste und humanes Gebot zugleich, nach der Möglichkeit einer Praxis zu fragen, die jene Autonomie herstellen könnte,

---

[498] ND, 356.
[499] G. Rohrmosers Adorno-Interpretation (Das Elend der kritischen Theorie, Freiburg 1970) bildet hier eine Ausnahme. G. Rohrmoser hat bisher als einziger Adorno-Interpret den zentralen Stellenwert des Geschehens von Auschwitz für das Adornosche Denken zum systematischen Ausgangspunkt seiner Interpretation gemacht.
[500] vgl. ST, 90.
[501] vgl. ST, 85–101.
[502] ST, 85.

welche die Wiederkehr von Auschwitz unmöglich macht. Wir werden sehen, daß die Adornosche Theorie eine solche Möglichkeit nicht formulieren kann. Dieses Ergebnis führt uns auf die Frage nach dem Ort der Wahrheit in der Adornoschen Theorie. Es wird sich zeigen, daß diese Frage zugleich eine Frage nach der Wahrheit der Theorie selbst ist.

Adorno hat sich mit der Frage nach der Möglichkeit verändernder Praxis in keinem anderen Zusammenhang so eindringlich auseinandergesetzt wie anläßlich seiner Kritik des studentischen Aktionismus. Gegen Ende der sechziger Jahre waren Adorno, Horkheimer und Habermas zunehmend massiver Kritik von seiten jener radikalen Studentenbewegung ausgesetzt, die bei ihnen in die Schule gegangen war. Die Vorlesungsstörungen im Sommersemester 1969 auf der einen Seite sowie der von der Institutsleitung angeordnete spektakuläre Polizeieinsatz gegen die Besetzer des Frankfurter Instituts für Sozialforschung auf der anderen bildeten Höhepunkte der Auseinandersetzung.

Theoretisch zentrierte sich der Konflikt zwischen etablierter Schule und radikalen Anhängern auf die Frage nach der gesellschaftlichen Legitimität der nicht minder radikalen Praxisabstinenz der Repräsentanten der Kritischen Theorie. In seinem am 9. Februar 1969 im Sender Freies Berlin gesendeten Vortrag mit dem provokativen Titel „Resignation"[503] hat Adorno die gegen ihn und die übrigen Vertreter der Theorie erhobenen Vorwürfe folgendermaßen zusammengefaßt: „Der Einwand, der leicht abschnurrt, lautet etwa: einer, der an der Möglichkeit eingreifender Veränderung der Gesellschaft zu dieser Stunde zweifelt und der darum weder an spektakulären, gewaltsamen Aktionen teilnimmt noch sie empfiehlt, habe entsagt. Er halte, was ihm vorschwebe, nicht für realisierbar, eigentlich wolle er es nicht einmal realisieren. Indem er die Zustände so lasse, wie sie sind, billige er sie uneingestandenermaßen."[504] Darauf hat Adorno mit dem Aufweis des systemkonformen, regressiv-repressiven Charakters[505] des studentischen Aktionismus geantwortet und nachdrücklich den Primat der Theorie gegen ihre Gängelung durch das praktische cui bono vertreten. Das wollen wir uns nun genauer vergegenwärtigen.

Für Adorno wäre „fällige Praxis ... allein die Anstrengung, aus der Barbarei sich herauszuarbeiten"[506]. Am studentischen Aktionismus kritisiert Adorno das Gegenteil solcher Anstrengung. Der Hauptvorwurf zielt auf die „Theoriefeindschaft"[507] der Aktionisten: „Praxis ohne Theorie, unterhalb des fortgeschrittensten Standes von Erkenntnis, muß mißlingen und ihrem Begriff nach möchte

503 K, 145–150.
504 K, 145.
505 vgl. ST, 186.
506 ST, 179.
507 ST, 173, 176.

Praxis es realisieren. Falsche Praxis ist keine. Verzweiflung, die, weil sie die Auswege versperrt findet, blindlings sich hineinstürzt, verbindet noch bei reinstem Willen sich dem Unheil. Feindschaft gegen Theorie im Geist der Zeit, ihr keineswegs zufälliges Absterben, ihre Ächtung durch die Ungeduld, welche die Welt verändern will, ohne sie zu interpretieren, während es doch an Ort und Stelle geheißen hatte, die Philosophen hätten bislang *bloß* interpretiert – solche Theoriefeindschaft wird zur Schwäche der Praxis. Daß dieser die Theorie sich beugen soll, löst deren Wahrheitsgehalt auf und verurteilt Praxis zum Wahnhaften; das auszusprechen ist praktisch an der Zeit."[508]
Irrationale, theoretisch nicht reflektierte Praxis fügt sich komplementär zur Irrationalität des Bestehenden[509]. Weil dieses zum bloß Positiven erstarrt ist und jeglicher theoretischer Konstitution sich sperrt, nötigt es zu einer Praxis, die in sich selbst reflexionslos und blind ist. Je entschiedener daher die als Veränderung intendierte Praxis sich ihrer theoretischen Verschränkung mit der gesellschaftlichen Objektivität entledigt und solche Verschränkung als ihrerseits repressiv diffamiert[510], um so mehr ist sie nach Adorno dem theoriefeindlichen Bestehenden „angepaßt"[511]. Der Aktionismus wiederholt die Irrationalität des Bestehenden bloß noch einmal in sich selbst und wird dadurch genauso repressiv wie dieses.

Adorno hat seinen aktionistischen Kritikern den repressiven Charakter des Aktionismus durch die Analyse seiner zentralen Merkmale zu explizieren versucht, jedoch ohne praktischen Erfolg. Nachdrücklich hat Adorno darauf hingewiesen, daß der Aktionismus zum Fortbestand der universellen Repression unmittelbar und gerade dort beiträgt, wo er sich gewaltsam geriert. Die „barbarische Totalität"[512] der Gesellschaft ist durch barbarische Mittel nicht abzuschaffen, da der zu realisierende Zweck nicht gleichgültig gegen die Mittel ist, die ihn erreichen sollen. Adorno verweist in diesem Zusammenhang auf die objektive Tendenz einmal praktizierter und kollektiv sanktionierter Gewalt, sich als die Regel zu installieren. Die „Erfahrung des nationalsozialistischen und stalinistischen Grauens"[513] hat gezeigt, daß Gewalt nicht ein neutrales Mittel ist, sondern „unentwirrbar verstrickt in das, was geändert werden müßte"[514]. Die „vermeintlich radikale politische Praxis"[515] der Aktionisten vermag demnach

---

508 ST, 176.
509 vgl. ST, 181; K, 148.
510 vgl. ST, 186; K, 146.
511 ST, 181.
512 ST, 179.
513 a. a. O.
514 a. a. O.
515 a. a. O.

nicht mehr, als das „alte Entsetzen"[516] zu erneuern, wenn sie nicht endlich dem „Gleich um Gleich der Gewalt"[517] absagt, dem die bisherige Geschichte der Menschheit folgte. Adorno geht sogar so weit zu behaupten, daß durch den gewalttätigen Aktionismus die „Spießbürgerweisheit"[518] schmählich verifiziert worden sei, die da lautet, „Faschismus und Kommunismus seien dasselbe"[519] oder gar, „die ApO hülfe der NPD"[520].

Weil der radikale Aktionismus als vom Bestehenden produzierter vom Bestehenden unweigerlich abprallt, wird er in seiner Ohnmacht zu übertriebener „Pseudo-Aktivität"[521], zum „Theater"[522] getrieben. Unfähig, sich überhaupt mit der Objektivität zu vermitteln, ist er stets zu einem Tun gezwungen, „das sich überspielt und der eigenen publicity zuliebe anheizt, ohne sich einzugestehen, in welchem Maß es der Ersatzbefriedigung dient, sich zum Selbstzweck erhebt"[523]. In happenings und spontanen Gewaltaktionen versucht Pseudo-Aktivität verzweifelt, über die objektive Ohnmacht aller Einzelnen hinwegzuhelfen: „Schwache, Verängstigte fühlen sich stark, wenn sie rennend sich an den Händen halten. Das ist der reale Umschlagspunkt in Irrationalismus."[524] Indem Pseudo-Aktivität den Einzelnen suggeriert, „als stünde es bei den Menschen unmittelbar, ordnet sie der objektiven Tendenz fortschreitender Entmenschlichung sich ein; auch in ihren Praktiken"[525].

Wenn beispielsweise Aktionisten Diskussion fordern, so hat dies nach Adorno wider alle Vernunft der Diskussion selbst nur den einen Zweck, das kollektiv sanktionieren zu lassen, was als fertiges Ergebnis schon vorher feststeht. Der Diskussionsgegner selbst „wird zur Funktion des jeweiligen Plans: verdinglicht von verdinglichtem Bewußtsein malgré lui-même. Entweder man will ihn durch Diskussionstechnik und Solidaritätszwang zu etwas Verwertbarem bewegen oder ihn vor den Anhängern diskreditieren."[526] Damit aber wird die Diskussion

---

516 a. a. O.
517 a. a. O.
518 a. a. O.
519 a. a. O.
520 a. a. O.
521 K, 147; vgl. ND, 339.
522 K, 149; vgl. ST, 188.
523 K, 147.
524 ST, 189.
525 ST, 177; vgl. hierzu auch Sonnemann, U.: Erkenntnis als Widerstand. In: Schweppenhäuser, H. (ed.): Theodor W. Adorno zum Gedächtnis. Eine Sammlung, Frankfurt 1971, 150–176.
526 ST, 180.

zur Farce: An die Stelle der Möglichkeit, daß die Dissentierenden durch wechselseitige Reflexion ihrer Intentionen und Argumente zu „Beschlüssen von höherer Objektivität"[527] gelangen, tritt der autoritäre Zwang, die herrschende Gruppenmeinung anzunehmen[528].

In ihrer Abwehr jeglicher selbstkritischer Reflexion gleichen die Aktionisten nach Adorno – und darin liegt wohl sein schwerwiegendster Vorwurf an ihre Adresse – den autoritätsgebundenen Charakteren[529]. Auch diese wenden sich – wie schon expliziert – unreflektiert und aggressiv einfach nach außen und gegen das, was von ihren Standardformeln abweicht und als das Böse, vorzüglich als „Verräter"[530] gebrandmarkt ist. Ebenso wie die autoritätsgebundenen Charaktere faschistischer Provenienz fordern die Aktionisten, das Ich durchzustreichen und sich willenlos dem Kollektiv und seinen Führern zu überantworten[531]. Dafür darf der Einzelne „eine moralische Prämie von den Gleichgesinnten erhoffen"[532]: Er hat durch die Zession seiner selbst als besserer Mensch sich erwiesen.

Der Preis, der für das „Gefühl neuer Geborgenheit"[533] zu zahlen ist, ist nun nach Adorno gerade der, den das Bestehende dem Einzelnen ohnedies selbst schon längst abverlangt: die Aufgabe autonomen Denkens[534]. Insofern ist für Adorno der Aktionismus „resignativ"[535] und nicht die Theorie. Er trägt mit zur „regressiven Verwandlung dessen, was von Subjekt etwa noch übrig ist, in Bezugspunkte von conditioned reflexes"[536] bei und wiederholt damit nur, was die herrschende Praxis, gegen die er angeht, ohnedies besorgt[537]. Nur als trügerisch vermag Adorno den Trost zu bezeichnen, „im Zusammenhang kollektiver Aktion werde besser gedacht"[538]. Trügerisch ist solcher Trost insofern, als „Denken, als bloßes Instrument von Aktionen, ... wie die instrumentelle Vernunft insgesamt"[539] abstumpft.

---

527 a. a. O.
528 vgl. ST, 180 ff.
529 vgl. ST, 183.
530 K, 146; vgl. ST, 173.
531 vgl. K, 149.
532 ST, 174.
533 K, 149.
534 vgl. ST, 189.
535 K, 149.
536 ST, 184.
537 vgl. MM, 79.
538 K, 149.
539 a. a. O.

Daß Denken instrumentell und zum bloßen Mittel wird, sobald es sich von einem praktischen cui bono gängeln läßt[540], hat Adorno auch gegen jene noch „denkenden Aktionisten"[541] eingewandt, die in der Tradition von Marx und Engels die Einheit von Theorie und Praxis forderten[542]. Denken wird nach Adorno in seiner ungebrochen-direkten Ausrichtung auf die angeblichen Erfordernisse der Praxis um eben jenes autonome und kritische Moment verkürzt, das einzig noch der Übermacht der herrschenden Praxis widerstehen und überhaupt erst zur Besinnung auf die zu realisierenden Zwecke selbst treiben könnte. Denken, das stur und unmittelbar auf die Praxis geht, nur das zu denken sich zwingt, was sich machen läßt, kann als pur instrumentelles das Ganze nicht mehr denken und bleibt deshalb systemimmanent[543]. Wird kein Gedanke mehr durchgelassen, „dem nicht sogleich die Anweisung zu Aktionen beigesellt ist"[544], so hat das zur Folge, daß die geforderte Einheit von Theorie und Praxis unmittelbar unter das Diktat der Praxis gerät[545]. Die Einheit wird damit zu einer durch Praxis erzwungenen und insofern schon zur Farce. Sie geht auf Kosten unreduzierter Theorie, der um einer vernünftigen Praxis selbst willen unaufgebbaren Instanz von Kritik. Nicht ohne Zynismus äußert Adorno im Hinblick auf den genannten Zusammenhang die Vermutung, daß Marx deshalb „die elfte Feuerbach-These so autoritär vortragen mochte, weil er ihrer nicht ganz sicher sich wußte"[546]. „In seiner Jugend", so heißt es weiter, „hatte er die ‚rücksichtslose Kritik alles Bestehenden' gefordert. Nun spottet er über Kritik"[547]. Und Adorno verwahrt die Junghegelianer gegen die Marxsche Kritik, indem er darauf hinweist, daß Marxens „berühmter Witz gegen die Junghegelianer, das Wort ‚kritische Kritik', ... ein Blindgänger war" und „als bloße Tautologie verpuffte"[548].
Gegen die aktionistische Forderung nach der Einheit von Theorie und Praxis läßt Adorno nicht zuletzt die geschichtliche Erfahrung ihrer konkreten Verwirkli-

---

540 vgl. ST, 178, 181, 186.
541 K, 146.
542 vgl. zu diesem Zusammenhang auch Sarcevic, A.: Theodor W. Adorno (1903–1969). Die Unwahrheit der modernen Gesellschaft zwischen Revolution und Kritik. In: Praxis 6 (1970), 191 f.
543 vgl. ST, 169.
544 K, 147.
545 vgl. ND, 144 ff.
546 K, 146.
547 a. a. O.; vgl. ST, 191.
548 K, 146; vgl. hierzu Lichtheim, G.: Adorno. In: Lichtheim, G.: From Marx to Hegel and Other Essays, London 1971, 141 ff.

chung sprechen. Diese geriet nicht bloß zufällig so repressiv, sondern ist in ihrem repressiven Charakter theoretisch bestimmbar als Konsequenz des Primats von Praxis: „Der forcierte Vorrang von Praxis stellte die Kritik, die Marx selbst übte, irrational still. In Rußland und in der Orthodoxie anderer Länder wurde der hämische Spott über die kritische Kritik zum Instrument dafür, daß das Bestehende furchtbar sich einrichten konnte. Praxis hieß nur noch: gesteigerte Produktion von Produktionsmitteln; Kritik wurde nicht mehr geduldet außer der, es werde noch nicht genug gearbeitet."[549]

Wird dem Gedanken notorisch der Ausweis an der unmittelbaren Praxis abverlangt[550], so steuert das nach Adorno unweigerlich in die historisch schon einmal drastisch veranschaulichte Richtung. Die Forderung nach der Einheit von Theorie und Praxis übersieht sträflich, daß der Gedanke als bloßes Mittel für praktische Zwecke zugleich deren Unfreiem verhaftet bleibt, ihrem Zusammenhang mit der durch Not und Entsagung bestimmten Selbsterhaltung – selbst dort noch, wo er sich einer Praxis eingeordnet hat, die von solcher Not unmittelbar befreien will[551]. Wenn der Gedanke sich der Praxis der Selbsterhaltung als bloßes Mittel zu ihrer Realisierung unterordnet, ist es schon um ihn geschehen. Der unentwegt an die Kandare der Praxis genommene Gedanke muß sich selbst eine Beschränkung auferlegen, die sein kritisches Potential eliminiert. Was über Praxis selbst hinausreichen und sie als Ganzes bestimmen könnte, unterliegt dem praktischen Denkverbot, obgleich jenes Praxis transzendierende Moment nach Adorno das für Praxis Dringlichste wäre[552]. Damit aber „schlägt die Subordination von Theorie unter Praxis um in den Dienst an abermaliger Unterdrückung"[553].

Einzig wo Theorie sich nicht den unmittelbaren Zwecken der Selbsterhaltung unterordnet und zum bloßen Mittel entartet, mag sie etwas bewahren, was über deren bislang Unfreies hinausführen könnte: das Potential einer Selbstbesinnung, die stellvertretend für das noch fehlende Andere dem „Ausüben und Erleiden von Gewalt"[554] sich entzogen hat[555]. Darin liegt für Adorno das Humane einer nicht auf stets noch partikulare praktische Zwecke fixierten

---

549 K, 147; vgl. P, 21.
550 vgl. ST, 189.
551 vgl. ST, 172.
552 vgl. E, 125.
553 K, 147.
554 ST, 178.
555 vgl. ST, 172, 186; K, 150; ND, 32.

Theorie. Im Nachweis der humanen Relevanz des Primats von Theorie für die Praxis selbst liegt das zentrale Argument der Adornoschen kritischen Theorie gegen die Praxisinsistenz der studentischen Aktionisten[556].
Die Adornosche kritische Theorie der Gesellschaft kann jedoch selbst keine Form der Praxis empfehlen, die an die Stelle der bestehenden falschen und ihrer kritisierten Epiphänomene zu treten hätte. Zwar sieht sich Adorno unter dem Eindruck des aktionistischen Rückfalls in „irrationale und rohe Gewalt"[557] in die Nachbarschaft des „Reformismus" gedrängt; doch auch er ist nur schlechter Ersatz für das fehlende Andere. An radikaler Veränderung desinteressiert, ist er „seinerseits mitschuldig . . . am Fortbestand des schlechten Ganzen"[558].
„Aber kein Kurzschluß hilft, und was hilft, ist dicht zugehängt."[559] Die Adornosche kritische Theorie der Gesellschaft vermag aus dem Bestehenden nicht die Bedingungen einer Veränderung zu entwickeln, durch die real, gesellschaftlich unmittelbar hergestellt werden könnte, was bisher nur scheinhaft von Theorie vertreten wurde: die Autonomie des Menschen. Real wäre sie nach Adorno erst in einem Zustand, in dem der Mensch von der materiellen Praxis, dem Zwang zur Selbsterhaltung und ihrer Not befreit wäre, damit auch von aller Unterordnung unter heteronome praktische Zwecke als bloßes Mittel zu deren Realisierung[560]. Autonomie wäre der Zustand totaler Realisation erfüllter Praxis. War alle bisherige Praxis der „Reflex von Lebensnot"[561], dann wäre das „Ziel richtiger Praxis . . . ihre eigene Abschaffung"[562] in der Realisation totaler Erfüllung. Solange diese für Adorno dem Stand der Produktivkräfte nach reale Möglichkeit[563] nicht mit dem Bestehenden zu vermitteln und objektiv versperrt ist, kann

---

556 Den Vorwurf der gesellschaftlichen Illegitimität der Adornoschen Praxisabstinenz hat die neue Linke wider alle angestrengten Verteidigungsversuche Adornos weiter aufrechterhalten und theoretisch zu präzisieren versucht. Vgl. Schoeller, W. F. (ed.): Die neue Linke nach Adorno, Frankfurt 1969. Die Enttäuschung und Verbitterung darüber, daß „uns die Frankfurter Schule ein großes Stück weit fallen ließ" (Brückner, P.: „. . . und nach uns wird kommen: nichts Nennenswertes." In: Schoeller, W. F. [ed.]: a. a. O., 15) nämlich im Bemühen um die adäquate Form verändernder Praxis, durchzieht wie ein roter Faden die Beiträge der Schüler Adornos zu dem genannten, kurz nach Adornos Tod erschienenen Sammelband.
557 ST, 179.
558 ST, 180; vgl. GS 8, 18 ff.
559 ST, 180.
560 vgl. ST, 172, 177 ff.
561 ST, 172.
562 ST, 178; vgl. ND, 380.
563 vgl. hierzu noch einmal unsere Diskussion im Kapitel über das Verhältnis von technischer Rationalität und Tauschrationalität bei Adorno (1.2.2.3.).

die Möglichkeit verändernder Praxis nur durch die Negation der falschen im Denken festgehalten werden. Dafür steht die durch kein cui bono gegängelte Theorie ein, die ihr unabdingbar kritisches Moment gerade aus ihrer Distanz zur Praxis gewinnt[564]. Indem Theorie als bestimmte Negation falscher Praxis sich keinem wiederum notwendig falschen Bedürfnis unterordnet, antizipiert sie einen Zustand, den Adorno den „Fluchtpunkt"[565] des historischen Materialismus nennt: „die Befreiung des Geistes vom Primat der materiellen Bedürfnisse im Stand ihrer Erfüllung"[566]. Die wie immer auch scheinhafte Autonomie der Theorie ist stellvertretend für die mögliche und doch zugleich verhinderte reale[567]. Praxis, die es eigentlich herzustellen gälte, erscheint in der kritisch-autonomen Theorie um solcher Praxis selbst willen nur „als blinder Fleck, als Obsession mit dem Kritisierten"[568].

Am Ende seines am 14. Oktober 1966 in Rom gehaltenen Vortrags „Gesellschaft"[569], in dem Adorno „riskiert"[570] hat, „etwas wie die Quintessenz" seiner „theoretischen Vorstellungen von Gesellschaft vorzubringen"[571], hat Adorno seine Konzeption des Verhältnisses von Theorie und Praxis folgendermaßen zusammengefaßt: „Der Zirkel schließt sich. Es bedürfte der lebendigen Menschen, um die verhärteten Zustände zu verändern, aber diese haben sich so tief in die lebendigen Menschen hinein, auf Kosten ihres Lebens und ihrer Individuation, fortgesetzt, daß sie jener Spontaneität kaum mehr fähig scheinen, von der alles abhinge. Daraus ziehen die Apologeten des Bestehenden neue Kraft für das Argument, die Menschheit sei noch nicht reif. Bereits den Zirkel zu demonstrieren, verletzt ein Tabu der integralen Gesellschaft. Je weniger sie duldet, was entscheidend anders wäre, desto strenger wacht sie darüber, daß, was immer in ihr gedacht und gesagt wird, auch ja zur partikularen Veränderung tauge oder, wie sie es nennen, einen positiven Beitrag leiste. Denken wird der subtilen Zensur des terminus ad quem unterworfen: es müsse, wofern es kritisch auftritt, das Positive angeben, das es wolle. Finde es solche Positivität versperrt, so sei es resigniert, müde, als ob die Versperrtheit seine Schuld wäre und nicht die

---

564 vgl. ST, 178; ebenso das Spiegel-Gespräch mit Adorno: „Keine Angst vor dem Elfenbeinturm". In: Der Spiegel 23 (1969) Nr. 19, 204–209.
565 ND, 205.
566 a. a. O.
567 vgl. hierzu auch Sonnemann, U.: a. a. O., 150 f.
568 ST, 191; vgl. ND, 238.
569 GS 8, 9–19.
570 GS 8, 569.
571 a. a. O.

Signatur der Sache. Erst einmal jedoch wäre die Gesellschaft als universaler Block, um die Menschen und in ihnen, zu erkennen. Hinweise zur Änderung vorher helfen nur dem Block, entweder als Verwaltung des Unverwaltbaren, oder indem sie sogleich die Widerlegung durchs monströse Ganze herausfordern. Begriff und Theorie der Gesellschaft sind nur dann legitim, wenn sie zu beidem nicht sich verlocken lassen, sondern die Möglichkeit, die sie beseelt, negativ festhalten: aussprechen, daß die Möglichkeit erstickt zu werden droht. Solche Erkenntnis, ohne Vorwegnahme dessen, was darüber hinausführte, wäre die erste Bedingung dafür, daß der Bann der Gesellschaft einmal doch sich löse."[572]

---

572 GS 8, 18ff.; vgl. ND, 380. Was von Adorno hier einer im bloß Negativen verharrenden Erkenntnis zugetraut wird, wird von G. Rohrmoser mit dem Hinweis auf die praktischen Konsequenzen der auf der vollendeten Negativität insistierenden Theorie in Frage gestellt: „Wenn der Begriff praxislos geworden ist und wenn eine Theorie die Notwendigkeit zeigen will, nach der eine sich auf die Veränderung der Gesellschaft richtende Theorie nur ohne Bezug zur Praxis möglich sein kann, dann kann auf der anderen Seite eine sich unmittelbar gegen die Totalität der Gesellschaft wendende Praxis nur theorielos sein. Die behauptete Notwendigkeit und Unumgänglichkeit praxisloser Theorie setzt also eine begriffs- und theorielose Praxis frei. Es entbehrt daher nicht einer gewissen Evidenz, wenn die von dieser Schule inspirierte revolutionäre Praxis sich der Theorie verweigert, nachdem die Theorie von sich selbst gesagt hat, daß keine theoretische Vermittlung eingreifender verändernder Praxis möglich sei"(a. a. O., 31). Die Adornosche kritische Theorie der Gesellschaft hat nach G. Rohrmoser zur praktischen Konsequenz, wenn auch wider ihren Willen, die Perpetuierung von Gewalt. Wie richtig G. Rohrmosers Analyse ist, zeigt die Adorno-Interpretation von M. Clemenz (Theorie als Praxis? In: Clemenz, M./Eley, L., u. a.: Kritik und Interpretation der kritischen Theorie, Giessen 1975, 24–40) in aller Deutlichkeit. M. Clemenz weist darauf hin, daß es denkbar ist, daß die Adornosche Theorie in ihrer äußersten Zuspitzung „selbst einem praktischen Motiv folgt. Die Antizipation der totalen Katastrophe oder der nicht mehr reversiblen Unfreiheit könnte, indem sie keinerlei Ausflüchte mehr gelten läßt, den Anstoß für die Praxis bilden. Handeln wäre dann, nachdem es schon einmal das immanente und unausweichliche Unrecht auf sich genommen hat, zur selben Radikalität und Kompromißlosigkeit gezwungen, auf der auch das Denken bestehen muß" (a. a. O., 40). Was für eine Art Handeln M. Clemenz hier unverhohlen anvisiert, ist unschwer vorzustellen. – U. Richter hat den von G. Rohrmoser erhobenen Vorwurf noch verschärft, indem er der Adornoschen Theorie nachweist, daß sie „sich prinzipiell nicht von faschistischen Theorien unterscheidet" (ders.: Der unbegreifbare Mythos – Musik als Praxis Negativer Dialektik, Diss. Köln 1974, 9). – J. Ritsert und C. Rolshausen (Der Konservativismus der kritischen Theorie, Frankfurt 1971) hingegen sehen keinen Zusammenhang zwischen der Adornoschen praxislosen Theorie und der *dennoch* aus ihr gefolgerten Praxis. Für sie ist Adornos kritische Theorie lediglich eine resignative „Spätform bürgerlicher Reflexion: sie setzt die Elendsgeschichte eines Denkens fort, das Denken geblieben ist" (a. a. O., 101).

# 2. Die Frage nach der Wahrheit

*„Aber: unfertig zu sein und es zu wissen, ist der Zug auch jenes Denkens noch und gerade jenes Denkens, mit dem es sich zu sterben lohnt."*

DA, 261

## 2.1 Die Frage nach dem Verhältnis von Wahrheit und Begriff als notwendige und kritische Konsequenz der materialen Gesellschafts- und Geschichtstheorie

Im ersten Teil unserer Abhandlung haben wir die Adornosche Gesellschafts- und Geschichtstheorie anhand der nunmehr gesammelt vorliegenden materialen Arbeiten zu entfalten versucht. Demnach stellt sich die Geschichte der bürgerlich-abendländischen Zivilisation als ein Prozeß dar, dessen Fortschritt der seines eigenen Zerfalls ist[1]. Bestimmt und vorangetrieben wird er von einer Dialektik der Herrschaft, die mit dem gattungsgeschichtlichen Unternehmen rationaler Naturbeherrschung selbst anhebt.

Eine Erörterung der Urgeschichte der Subjektivität sollte das exemplifizieren. Sie führte an den historischen Ausgangspunkt der bürgerlich-abendländischen Zivilisation zurück, mit dem jene Dialektik einsetzt. Es wurde gezeigt, daß rationale Selbsterhaltung gattungsgeschichtlich anhebt mit der Brechung ganz fremder und bedrohlicher Natur durch Herrschaft und deren rationale Organisation. An Odysseus wurde jenes „vorweltliche Muster"[2] rationaler Selbsterhaltung entwickelt, dessen Struktur sich durch die ganze Geschichte der abendländischen Zivilisation identisch durchhält. Die Struktur rationaler Selbsterhaltung ist, wie sich zeigte, dadurch gekennzeichnet, daß Selbsterhaltung als solche stets zugleich auch Selbstverleugnung ist. Was Selbsterhaltung um ihrer selbst willen ins Werk setzt, kehrt sich als ihre eigene Negation stets wider sie selbst. Das Selbst, das sich nur durch Herrschaft erhalten kann, gelangt durch Herrschaft und ihre Organisation in der Gesellschaft nicht in die Freiheit, einen Stand ohne Lebensnot, sondern umgekehrt unter den Zwang eben dieser von ihm selbst veranstalteten Herrschaft, der es schließlich selbst abschafft[3].

Das wird historisch manifest in der hermetisch geschlossenen Gesellschaft. In ihr

---

1 Die Idee eines solchen Fortschrittsbegriffs stammt noch aus Adornos Studentenzeit; vgl. ND, 407.
2 DA, 50.
3 vgl. ND, 353.

vollstreckt Selbsterhaltung durch ihr eigenes Werk, was von Anfang an in ihr angelegt war: Selbsterhaltung löst unter dem Druck des von ihr produzierten übermächtigen Ganzen ihr Selbst auf und verliert es. Das durch Herrschaft erzwungene ‚Opfer des Selbst für sich selbst'[4] schlägt auf der fortgeschrittensten Stufe der bürgerlich-abendländischen Zivilisation um in das totale Opfer des Selbst.

Das Geschehen von Auschwitz gewinnt für Adorno insofern Relevanz für das Wesen aller bisherigen Gesellschaft und Geschichte, als es die Nichtigkeit des Menschen, die in rationaler Selbsterhaltung schon von jeher als ihr eigenes Moment enthalten war, nunmehr total nach außen bringt. In der totalen Nichtigkeit des Einzelnen kommt nach Adorno die abendländische Geschichte auf ihr eigenes Zentrum zu. Auschwitz hätte nicht geschehen können, wäre nicht die „Logik des Zerfalls"[5] schon so weit fortgeschritten und gesellschaftlich manifest gewesen: als die völlige Gleichgültigkeit und Fungibilität jedes Einzelnen.

Unter dem Druck des übermächtigen Ganzen bricht jene Möglichkeit des Widerstandes gegen es zusammen, die einmal selbst durch den Prozeß der Herrschaft, gleichsam als dessen Nebenprodukt[6], hervorgebracht wurde: die wie immer auch scheinhafte Autonomie des Geistes im Selbst. Einmal auch ökonomisch relevant, wird er mit der Abschaffung seiner historischen Bedingungen auch selbst abgeschafft[7]. An die Stelle eines in sich reflektierten einheitlichen Erfahrungszusammenhangs, der jene Autonomie einmal kennzeichnete, treten zunehmende psychische Diskontinuität und Inkohärenz der Einzelnen: das Selbst wird zum beziehungslosen Punkt von „prompt antwortenden, widerstandslosen Reflexen"[8]. Kultur, in der sich nach Adorno die Autonomie des Geistes zu einer Bewegung eigenen Wesens, zum Versprechen noch nirgendwo real existenter Freiheit entfaltete[9], geht daher mit dem Untergang des Selbst auch selbst zugrunde. In der „Vorrede"[10] zur „Dialektik der Aufklärung" hatten Horkheimer und Adorno formuliert: „Daß der hygienische Fabrikraum und alles, was dazu gehört, Volkswagen und Sportpalast, die Metaphysik stumpfsinnig liquidiert, wäre noch gleichgültig, aber daß sie im gesellschaftlichen Ganzen selbst zur Metaphysik werden, zum ideologischen Vorhang, hinter dem sich das reale Unheil zusammenzieht, ist nicht gleichgültig."[11]

4 vgl. DA, 61.
5 ND, 407.
6 vgl. hierzu auch Grenz, F.: Adornos Philosophie in Grundbegriffen. Auflösung einiger Deutungsprobleme, Frankfurt 1974, 60.
7 vgl. hierzu die Abschnitte 1.2.2.4. und 1.2.2.5.
8 MM, 310.
9 vgl. GS 8, 121.
10 DA, 1–7.
11 DA, 5; vgl. ND, 263, 269.

Weshalb der Untergang von Kultur – mit „Metaphysik" benennen Adorno und Horkheimer ihr traditionelles Wesen – gerade nicht gleichgültig ist, sollte unser Abschnitt über Genese und Funktion der Kulturindustrie verdeutlichen. Verschwindet die Differenz der Kultur zum unmittelbaren materiellen Lebensprozeß durch dessen eigene Entwicklung ineins mit der Autonomie des Geistes, dann kann jenes Potential der abendländischen Subjektivität ungehindert hervortreten, das in Auschwitz sich zum adäquaten Ausdruck verhalf. Im Abschnitt über Auschwitz wurde das dann genauer entfaltet.

Von den Bedingungen eines übermächtigen Ganzen, in dem jeder Einzelne in seiner Nichtigkeit je nach Zufall sowohl Opfer wie Mörder sein kann, geht Adornos Kritik am studentischen Aktionismus aus. Adorno sieht im Gegensatz zu diesem keine Möglichkeit einer tiefgreifenden praktischen Veränderung, durch die aller bisherigen Geschichte als Herrschafts- und Verfallsgeschichte ein Ende gesetzt werden könnte. So abhängig sind alle vom „universalen, ungleichen und ungerechten Tausch"[12], daß, wer „sogleich das ungeschmälerte Ganze ergreifen würde, eben damit alles verlöre, noch den kargen Rest, den Selbsterhaltung ihm gewährt"[13]. Diese Zeilen aus dem noch vor Ende des Zweiten Weltkriegs geschriebenen „Exkurs I"[14] sind für Adornos Einschätzung der Möglichkeit verändernder Praxis im postmarxschen Stadium der Gesellschaftsentwicklung verbindlich geblieben.

Indem Adorno den studentischen Aktionismus selbst als Verfallsprodukt der objektiven gesellschaftlichen Bedingungen entlarvt, rechtfertigt er zugleich die Insistenz auf dem Primat der Theorie. Im objektiv verändernde Praxis versperrenden Bestehenden wird sie zur einzigen Gestalt subjektiven Verhaltens, in der die Möglichkeit verändernder Praxis noch festgehalten werden kann: als Negation der falschen durch deren adäquate Bestimmung. Damit wird Theorie für Adorno selbst praktisch: Durch die objektiv-gesellschaftlichen Bedingungen erzwungen, tritt sie als Negation der falschen Praxis im Denken an die Stelle konkret verändernder wahrer. Wahrheit wird somit inmitten des Unwahren einzig noch von Theorie vertreten: als die über die Unwahrheit des objektiven Ganzen.

Doch wie ist solche Wahrheit inmitten des unwahren Ganzen überhaupt möglich? Inwieweit kann die von der Theorie inmitten des unwahren Ganzen vollzogene Negation des Ganzen selbst wahr sein? Oder anders gefragt: Inwieweit kann die radikale Kritik inmitten des unwahren Ganzen dem Kritisierten selbst überhaupt angemessen sein?

12 DA, 62.
13 a. a. O.
14 DA, 50–87.

Die These vom Primat der Theorie gegen die desolate Praxis bedarf noch weiterer Rechtfertigung. Ist das Ganze das Unwahre, dann ist die Theorie, die das ausspricht, nicht als ein dem Ganzen jenseitiges einfach von diesem auszunehmen. Sie hat sich selbst von ihrer immanenten Bestimmtheit durch dieses Ganze Rechenschaft zu geben. Das pointiert Adorno zu Beginn der „Negativen Dialektik" in Auseinandersetzung mit Hegel als zentrale Aufgabe eben dieses Werkes: „Nachdem Philosophie das Versprechen, sie sei eins mit der Wirklichkeit oder stünde unmittelbar vor deren Herstellung, brach, ist sie genötigt, sich selber rücksichtslos zu kritisieren. Was einst, gegenüber dem Schein der Sinne und jeglicher nach außen gewandten Erfahrung, als das schlechthin Unnaive sich fühlte, ist seinerseits objektiv, so naiv geworden, wie Goethe schon vor hundertfünfzig Jahren die kümmerlichen Kandidaten empfand, die subjektiv an der Spekulation sich gütlich taten. Der introvertierte Gedankenarchitekt wohnt hinter dem Mond, den die extrovertierten Techniker beschlagnahmen. Die begrifflichen Gehäuse, in denen, nach philosophischer Sitte, das Ganze sollte untergebracht werden können, gleichen angesichts der unermeßlich expandierten Gesellschaft und der Fortschritte positiver Naturerkenntnis Überbleibseln der einfachen Warenwirtschaft inmitten des industriellen Spätkapitalismus. So unmäßig ist das mittlerweile zum Topos herabgesunkene Mißverhältnis zwischen Macht und jeglichem Geist geworden, daß es die vom eigenen Begriff des Geistes inspirierten Versuche, das Übermächtige zu begreifen, mit Vergeblichkeit schlägt. Der Wille dazu bekundet einen Machtanspruch, den das zu Begreifende widerlegt. Die von den Einzelwissenschaften erzwungene Rückbildung der Philosophie zu einer Einzelwissenschaft ist der sinnfälligste Ausdruck ihres historischen Schicksals. Hatte Kant, nach seinen Worten, vom Schulbegriff der Philosophie zu deren Weltbegriff sich befreit, so ist sie, unter Zwang, auf ihren Schulbegriff regrediert. Wo sie ihn mit dem Weltbegriff verwechselt, verfallen ihre Prätentionen der Lächerlichkeit. Hegel wußte, trotz der Lehre vom absoluten Geist, dem er die Philosophie zurechnete, diese als bloßes Moment in der Realität, als arbeitsteilige Tätigkeit, und schränkte sie damit ein. Daraus ist seitdem ihre eigene Beschränktheit, ihre Disproportion zur Realität geworden, und zwar desto mehr, je gründlicher sie jene Einschränkung vergaß und es als ein ihr Fremdes von sich wies, auf ihre eigene Stellung in einem Ganzen sich zu besinnen, das sie als ihr Objekt monopolisiert, anstatt zu erkennen, wie sehr sie bis in ihre inwendige Zusammensetzung, ihre immanente Wahrheit hinein davon abhängt. Nur Philosophie, die solcher Naivität sich entledigt, ist irgend wert, weitergedacht zu werden. Ihre kritische Selbstreflexion darf aber nicht innehalten vor den höchsten Erhebungen ihrer Geschichte. An ihr wäre, zu fragen, ob und wie sie nach dem Sturz der Hegelschen überhaupt noch möglich sei, so wie Kant der Möglichkeit von Metaphysik nach der Kritik am Rationalismus nachfragte. Stellt die

Hegelsche Lehre von der Dialektik den unerreichten Versuch dar, mit philosophischen Begriffen dem diesen Heterogenen gewachsen sich zu zeigen, so ist Rechenschaft vom fälligen Verhältnis zur Dialektik zu geben, wofern sein Versuch scheiterte."[15]

Das Ergebnis der Adornoschen Gesellschaftstheorie: daß das Ganze das Unwahre ist, ist, wie das ausführliche Zitat zeigt, zugleich der systematische Punkt, von dem aus Erkenntnis kritisch zur Frage nach der Möglichkeit ihrer eigenen Wahrheit übergehen muß[16]. Die Adornosche Erkenntnistheorie ist daher wesentlich Selbstreflexion der Gesellschaftstheorie. Solche Selbstreflexion legt die konstitutive Bedeutung der Gesellschaft für die Erkenntnis ebenso frei wie sie dadurch zugleich die materiale Erkenntnis kritisch gegen sich selbst sich zu wenden zwingt[17]. Die Frage nach der Möglichkeit einer Theorie, die inmitten des Unwahren der Wahrheit sich versichern will, wollen wir nun im Folgenden als die Frage der Adornoschen kritischen Theorie an sich selbst entfalten[18].

## 2.2. Die Zufluchtstätte der Wahrheit nach Auschwitz

Für Adorno stellt sich die Frage nach der Wahrheit der Theorie inmitten des Unwahren als die Frage nach der Wahrheit des Verhältnisses ihres Erkenntnis-

15 ND, 13 ff.
16 Diese Fragestellung ist charakteristisch für das Spätdenken Adornos. Vgl. hierzu Schmidt, A.: Adorno – Ein Philosoph des realen Humanismus. In: Schweppenhäuser, H. (ed.): Theodor W. Adorno zum Gedächtnis. Eine Sammlung, Frankfurt 1971, 62 ff.
17 In Habermas' Adorno-Interpretation (Urgeschichte der Subjektivität und verwilderte Selbstbehauptung. In: Philosophisch-politische Profile, Frankfurt 1971, 192 ff.) bleibt der Übergang von der materialen Gesellschaftstheorie zu ihrer erkenntnistheoretischen Selbstreflexion in der „Negativen Dialektik" unvermittelt. Anstatt die Adornosche Insistenz auf dem dem Begriff Heterogenen, mit ihm nicht Identischen in der „Negativen Dialektik" aus dem Zusammenhang der materialen Gesellschaftstheorie Adornos zu vergegenwärtigen, bedient J. Habermas sich eines nicht weiter erläuterten Modells umgangssprachlicher Kommunikation zur Verdeutlichung dessen, was der Begriff des Nichtidentischen bei Adorno meint. Der Begriff des Nichtidentischen ist jedoch von Adorno selbst nirgendwo anhand eines wie auch immer gearteten Modells umgangssprachlicher Kommunikation entwickelt worden, vielmehr gegen es (vgl. ND, 49 f.).
18 Durch diese Art der Fragestellung erschließen sich uns zugleich jene Voraussetzungen, die in die Adornosche Kritik der traditionellen Erkenntnistheorie selbst eingehen, ohne darin hinreichend explizit zu werden. Adornos Kritik der traditionellen Erkenntnistheorie findet sich vor allem in der „Metakritik der Erkenntnistheorie" (GS 5) und der „Negativen Dialektik". Auf die Entfaltung dieser Kritik verzichten wir hier, weil sie für unsere Fragestellung irrelevant ist.

mittels, des Begriffs, zu dem ihm Heterogenen. Allein wenn sich erweisen läßt, daß der Begriff das zu Erkennende so zum Ausdruck bringt, wie es an sich selbst ist, ohne es willkürlich zum bloßen Exemplar seiner eigenen Allgemeinheit zuzurichten, ist der Begriff des Begriffs erfüllt[19].

Die Frage nach dem Verhältnis des Begriffs zu seinem Anderen, nicht mit ihm Identischen ist jedoch abstrakt gegenüber jenem Zug des Adornoschen Denkens, der sich in der Geschichts- und Gesellschaftstheorie material entfaltet hat. Denn ihre Ausführung beansprucht als solche schon, die Vermittlung zwischen Begriff und Sache geleistet zu haben. Ja sie muß diese Vermittlung als geleistete für sich in Anspruch nehmen, wofern sie als Theorie gelten will und auf ihre Wahrheit hält. Doch ist die Frage nach dem Verhältnis von Begriff und nicht Begrifflichem gesellschafts- wie geschichtstheoretisch nicht minder notwendig. Sie liegt in der Konsequenz der Adornoschen materialen Theorie selbst.

Hegel hatte für sich in Anspruch genommen, den Begriff durch den Begriff mit seinem Anderen versöhnt zu haben. Die von Hegel als geleistet beanspruchte Versöhnung ist jedoch nach Adorno erschlichen: „Hegels inhaltliches Philosophieren hatte zum Fundament und Resultat den Primat des Subjekts oder, nach der berühmten Formulierung aus der Eingangsbetrachtung der Logik, die Identität von Identität und Nichtidentität. Das bestimmte Einzelne war ihm vom Geist bestimmbar, weil seine immanente Bestimmung nichts anderes als Geist sein sollte."[20] Die Voraussetzung der Identität des Begriffs als der immanenten Bestimmung des Nichtidentischen selbst erhebt den Geist zur Totalität einer Wahrheit, die ihm nach Adorno nicht gebührt: „Indem Hegel, folgerecht, das Nichtidentische in die reine Identität auflöst, wird der Begriff Garant des nicht Begrifflichen, Transzendenz von der Immanenz des Geistes eingefangen und zu seiner Totalität sowohl wie abgeschafft."[21] Die Absolutsetzung des Geistes durch die totale Identifikation der Sache mit ihrem Begriff merzt das Nichtidentische aus und ersetzt es durch den Geist. Der Geist wird so mit sich selbst versöhnt um den Preis der Preisgabe seiner Versöhnung mit dem Nichtidentischen. Gerade darin zeigt sich für Adorno sein herrschaftliches Wesen: Urgeschichtlich

---

19 vgl. ND, 364.
20 ND, 17; es ist hier nicht unsere Aufgabe, Adornos Hegel-Interpretation und Hegel-Kritik eigens und ausführlich zu erörtern. Zum Verhältnis Hegelscher spekulativer und Adornoscher negativer Dialektik vgl. Schweppenhäuser, H.: Spekulative und negative Dialektik. In: Negt, O. (ed.): Aktualität und Folgen der Philosophie Hegels, Frankfurt 1970, 81–93. Wir beschränken uns gemäß dem Ansatz unserer Fragestellung auf die Interpretation des von Adorno selbst vorgetragenen Ansatzes negativer Dialektik und damit auf die Explikation jener Voraussetzungen, die der Adornoschen Interpretation und Kritik Hegels *zugrundeliegen*.
21 ND, 392.

der Herrschaft über das Nichtidentische entsprungen, vergißt er zwangshaft um seiner Herrschaft und damit zugleich der Selbsterhaltung willen das Herrschaftsverhältnis und deutet es „verblendet in die Schöpfung des Beherrschten durch den Herrscher"[22] um.

Das Falsche und durch Herrschaft Verblendete solcher Versöhnung ist nach Adorno in Auschwitz manifest geworden. Das noch nie vorher so erfahrene Leiden dort[23] hat den autarkischen Anspruch des Geistes, als Identität von Identität und Nichtidentität mit seinem Anderen versöhnt zu sein, der Unwahrheit überführt. Durch Auschwitz wurde zwar die „reine Identität"[24], für die der Hegelsche Begriff einmal einstand, real verwirklicht, aber nicht als die der Versöhnung, die damals schon nicht „stichhaltig"[25] war, sondern als die der Liquidation des Nichtidentischen als eines gänzlich Nichtigen. Ist die reine Identität der Tod[26], dann ist nach Adorno jedes Denken, das die Identität von Begriff und Sache behauptet, „vorweg vom Schlag der Begleitmusik, mit welcher die SS die Schreie ihrer Opfer zu übertönen beliebte"[27].

Denken, das nicht von dieser Art sein will, nicht sein darf, wenn es nicht wiederum durch die Behauptung positiver Identität von Begriff und Sache verschleiern soll, daß dem Nichtidentischen durch Identität Gewalt angetan wird, ist dazu verhalten, sich an dem „Äußersten"[28] zu messen, „das dem Begriff entflieht"[29]: eben dem Nichtidentischen. Nicht anders mehr kann Denken dem Nichtidentischen Gerechtigkeit widerfahren lassen und dadurch seiner Versöhnung mit ihm dienen, als daß es jegliche falsche hintertreibt[30]. Das zwingt Denken zu einer radikal kritischen Bewegung gegen sich selbst. Da der „Schein von Identität ... dem Denken selber seiner puren Form nach"[31] innewohnt, Denken nicht anders denn als identifizierendes möglich ist[32], muß es, „um wahr zu sein, heute jedenfalls, auch gegen sich selbst denken"[33]. Indem das Denken sich um des Nichtidentischen willen gegen den eigenen Zwang zur Identität kehrt, will es den ihm immanenten Trug sprengen, als wäre das von ihm zugerichtete Nichtidenti-

---

22 GS 8, 303.
23 vgl. MM, 315.
24 ND, 392; vgl. ND, 353.
25 ND, 17.
26 ND, 353.
27 ND, 356.
28 a. a. O.
29 a. a. O.
30 vgl. ND, 146 ff.
31 ND, 15.
32 a. a. O.
33 ND, 356; vgl. ND, 146 ff.

sche derart bloßes Exemplar des subsumierenden Begriffs[34], wie die Menschen es waren, die in Auschwitz qualvoll verstarben. Seit Auschwitz läßt sich von Wahrheit nicht mehr positiv reden: „Daß es geschehen konnte inmitten aller Tradition der Philosophie, der Kunst und der aufklärenden Wissenschaften, sagt mehr als nur, daß diese, der Geist, es nicht vermochte, die Menschen zu ergreifen und zu verändern. In jenen Sparten selber, im emphatischen Anspruch ihrer Autarkie, haust die Unwahrheit. Alle Kultur nach Auschwitz, samt der dringlichen Kritik daran, ist Müll."[35] Mit Auschwitz zergeht eine Gestalt der Wahrheit, die in der Absolutsetzung des Geistes um der Herrschaft über das Nichtidentische willen ihren Ursprung hat. Einmal eins mit der Autarkie des Geistes und ihrer positiven Entfaltung in allen Sparten der Kultur, wird die traditionelle Gestalt der Wahrheit unter dem übermächtigen Druck des Ganzen der gesellschaftlichen Bedingungen ihrer eigenen Möglichkeit beraubt. Auschwitz hat nach Adorno die Unwahrheit, die solcher Wahrheit von Anbeginn – seit es Geist gibt –[36] immanent war, brutal nach außen gebracht und Wahrheit gänzlich in sie aufgelöst. Wahrheit kann unter den Bedingungen der fortgeschrittenen bürgerlichen Gesellschaft nicht mehr die des absoluten Geistes sein, weil dieser sich geschichtlich als dasselbe Prinzip erwiesen hat, „das unermüdlich dem Gewalt antat, was es auszudrücken vortäuschte"[37]. Mit dem Sturz der Geistmetaphysik durch die Gesellschaft hat daher nach Adorno Wahrheit als positive ihren geschichtlichen Ort verloren. Sie ist als positive geschichtlich überholt[38].

---

34 vgl. ND, 398.
35 ND, 357; vgl. hierzu Post, W.: Kritische Theorie und metaphysischer Pessimismus. Zum Spätwerk Max Horkheimers, München 1971, 126 ff.
36 vgl. hierzu noch einmal unsere Ausführungen im Abschnitt 1.1.
37 ND, 358; vgl. hierzu Schweppenhäuser, H.: a. a. O., 91.
38 Diese radikale Konsequenz der Adornoschen Geschichts- und Gesellschaftstheorie war der Kernpunkt der Auseinandersetzung zwischen T. Koch und K.-M. Kodalle auf der einen und H. Schweppenhäuser auf der anderen Seite (Koch, T./Kodalle, K.-M./ Schweppenhäuser, H.: Negative Dialektik und die Idee der Versöhnung, Stuttgart 1973). T. Koch und K.-M. Kodalle sind gegenüber Schweppenhäuser im Recht, indem sie mit Adorno gegen Adorno nachzuweisen versuchen, daß ein Begriff objektiver Wahrheit, an dem Adorno beharrlich festhält, nur gedacht werden kann, wenn die Konzeption einer als vollendet gedachten Negativität durch Spuren von Positivität durchbrochen wird. H. Schweppenhäuser hinwiederum ist gegen T. Koch und K.-M. Kodalle im Recht, wenn er die von den beiden Theologen als Verstöße wider den strengen Begriff vollendeter Negativität namhaft gemachten Spuren von Positivität dem Duktus „Negativer Dialektik" getreu in die totale Negativität zurücknimmt – ohne freilich die Konsequenzen zu nennen, die Adorno in der „Selbstreflexion der Dialektik" gezogen hat und die den beiden Theologen hinwiederum recht geben. Vgl. hierzu das Folgende.

Die radikale Wendung und Besinnung des Denkens auf das dem autarkischen Geist sich entziehende und von ihm gewaltsam beherrschte Nichtidentische zieht die geschichtsphilosophische Konsequenz aus dem objektiven Gang der Geschichte: „Der Gang der Geschichte nötigt das zum Materialismus, was traditionell sein unvermittelter Gegensatz war, die Metaphysik. Was einmal der Geist als seinesgleichen zu bestimmen oder zu konstruieren sich rühmte, bewegt auf das sich hin, was dem Geist nicht gleicht; was seiner Herrschaft sich entzieht und woran sie doch als absolut Böses offenbar wird. Die somatische, sinnferne Schicht des Lebendigen ist Schauplatz des Leidens, das in den Lagern alles Beschwichtende des Geistes und seiner Objektivation, der Kultur, ohne Trost verbrannte. Der Prozeß, durch den Metaphysik unaufhaltsam dorthin sich verzog, wogegen sie einmal konzipiert war, hat seinen Fluchtpunkt erreicht."[39]

Das Innerweltliche, Geschichtliche und Vergängliche in seiner unendlichen Not, das der Identität des Begriffs sich entzieht und vom traditionellen Begriff der Wahrheit zugunsten des Ewigen und Unvergänglichen stets ausgeschieden wurde, wird zur ephemeren Zufluchtstätte dessen, was mit traditioneller Metaphysik und Kultur als Positives verschwand: der Wahrheit[40]. Im unendlichen Leiden der Gefolterten wird sie negativ, als unendlicher Mangel an ihr selbst, offenbar. Das Vergängliche und geschichtlich Verurteilte gewinnt somit Relevanz für den Begriff der Wahrheit in dem Augenblick, in dem die Konzeption ihrer Ewigkeit und Unvergänglichkeit durch das unendliche Leid der Gefolterten buchstäblich mit diesen verbrannt wird. Im unsäglichen Leiden der Opfer wird nach Adorno negativ offenbar, worauf es ankommt und worüber der traditionelle Begriff der Wahrheit bloß hinwegglitt: auf jenes Armselige und Ärmste

---

39 ND, 356; vgl. ND, 312 ff.
40 vgl. hierzu Schmidt, A.: Adorno – ein Philosoph des realen Humanismus. In: Schweppenhäuser, H.: Theodor W. Adorno zum Gedächtnis. Eine Sammlung, Frankfurt 1971, 67 ff.; Post, W.: Kritische Theorie und metaphysischer Pessimismus. Zum Spätwerk Max Horkheimers, München 1971, 150. – Richtig hat A. Künzli darauf hingewiesen, daß Wahrheit bei Adorno einen „Lebenswert" meint: „Wahr ist das richtige Leben, falsch das entfremdete. Das Kriterium, mit dessen Hilfe das wahre vom falschen Leben unterschieden werden soll, kann deshalb keines der Erkenntnistheorie oder der formalen Logik sein, da diese über Werte nichts aussagen. Es ist ein existentielles: die Grunderfahrung von Not, Leiden und Schuld. Diese Erfahrung teilt sich dem Denken, der Philosophie, als ein Bedürfnis mit, das auf Aufhebung von Not, Leiden und Schuld zielt" (ders.: Linker Irrationalismus. Zur Kritik der „Frankfurter Schule". In: ders.: Aufklärung und Dialektik. Politische Philosophie von Hobbes bis Adorno, Freiburg 1971, 124).

der materiellen Existenz, das im Brüllen der Gemarterten zum verzweifelten Ausdruck kam, bar jeglicher Erlösung[41]. Um anzudeuten, in welcher Richtung wider alle traditionelle Kultur und Philosophie um des Nichtidentischen willen zu denken sei, hat Adorno folgende Erzählung als Negativfolie benutzt: „Ein Hotelbesitzer, der Adam hieß, schlug vor den Augen des Kindes, das ihn gern hatte, mit einem Knüppel Ratten tot, die auf dem Hof aus Löchern herausquollen: nach seinem Bilde hat das Kind sich das des ersten Menschen geschaffen. Daß das vergessen wird, daß man nicht mehr versteht, was man einmal vorm Wagen des Hundefängers empfand, ist der Triumph der Kultur und deren Mißlingen. Sie kann das Gedächtnis jener Zone nicht dulden, weil sie immer wieder dem alten Adam es gleichtut und das eben ist unvereinbar mit ihrem Begriff von sich selbst."[42] Kritisches Denken, das es nicht der traditionellen Kultur und dem alten Adam gleichtun will, hat sich daher um seiner eigenen Wahrheit willen hemmungslos auf das einzulassen und zu besinnen, was von traditioneller Kultur krampfhaft verdeckt und verdrängt wurde. Nur so ist es „solidarisch mit Metaphysik im Augenblick ihres Sturzes"[43].

41 vgl. hierzu Schweppenhäuser, H.: Kritik und Rettung. In: ders. (ed.): Theodor W. Adorno zum Gedächtnis. Eine Sammlung, Frankfurt 1971, 78. – Habermas hat die Adornosche Idee von Wahrheit als universaler Erlösung der kreatürlich-kontingenten Existenz als „grundlos" zurückgewiesen mit dem Argument, daß jene Idee „im Bedürfnis der Tröstung und der Zuversicht angesichts des Todes, das die inständigste Kritik nicht erfüllen kann" (ders.: Urgeschichte der Subjektivität und verwilderte Selbstbehauptung, a. a. O., 197), ihren Ursprung habe. Wie sehr auch Habermas gegen Adorno darin recht hat, daß solcher Schmerz im Angesicht des Todes letztlich „ohne Theologie untröstlich" (a. a. O.) ist, so unterstellt er doch in der Zurückweisung der Adornoschen Idee universaler Versöhnung dieser einen Gehalt, den zu verweigern die Adornosche Theorie stets bemüht war: Es ist gerade nicht die Absicht der Adornoschen Theorie, Tröstung und Zuversicht zu spenden (vgl. ND, 382). Denn dergleichen wie Tröstung und Erweckung von Zuversicht liegt für Adorno nicht in der Macht geistiger Gebilde (vgl. ND, 358 ff.). Adorno will daher im Gegenteil der Idee universaler Versöhnung die Treue halten, indem er jegliche Tröstung und feste Zuversicht im Angesicht des Todes verweigert. Gerade weil der Schmerz um seiner wirklichen Erlösung willen nicht durch irgendeinen scheinhaften Trost gelindert werden darf, ist die Idee universaler Versöhnung nicht positiv, als Trost, zu denken, sondern einzig negativ: als die totale Negativität alles Endlichen. – Diese Differenz des Habermas'schen Denkens zur Radikalität des Adornoschen Ansatzes übersieht F. W. Korff (Das Verbrechen der beleidigten Philosophie. Gehlen–Habermas–Adorno. In: Neue Deutsche Hefte 19 (1972), H. 2, 35).
42 ND, 357.
43 ND, 398; mit solcher Solidarität ist mehr intendiert als bloße „innerweltliche Durchsetzung von Vernunft" (Sonnemann, U.: Jenseits von Ruhe und Unordnung. Zur Negativen Dialektik Adornos. In: Oppens, K./Kudszus, H., u. a.: Über Theodor W. Adorno, Frankfurt 1960, 125). Die Adornosche Solidarität mit Metaphysik im Augen-

An solcher Art Solidarität hängt aber die ganze Wahrheit des Gedankens nach Auschwitz: „Wie sehr Metaphysik in die Fragen des materiellen Daseins schlüpfte, hat Philosophie seit dem jungen Hegel nicht verdrängen können, wofern sie sich nicht an die approbierte Denkerei verkaufte. Kindheit ahnt etwas davon in der Faszination, die von der Zone des Abdeckers, dem Aas, dem widerlich süßen Geruch der Verwesung, den anrüchigen Ausdrücken für jene Zone ausgeht. Die Macht jenes Bereichs im Unbewußten mag nicht geringer sein als die des infantil sexuellen: beide überblenden sich in der analen Fixierung, sind aber kaum dasselbe. Unbewußtes Wissen flüstert den Kindern zu, was da von der zivilisatorischen Erziehung verdrängt wird, darum ginge es: die armselige physische Existenz zündet ins oberste Interesse, das kaum weniger verdrängt wird, ins Was ist das und Wohin geht es. Wem gelänge, auf das sich zu besinnen, was ihn einmal aus den Worten Luderbach und Schweinstiege ansprang, wäre wohl näher am absoluten Wissen als das Hegelsche Kapitel, das es dem Leser verspricht, um es ihm überlegen zu versagen."[44] Kindheit hat Recht gegen die zivilisatorische Rationalität des Alters. Wenn dem Kind vorm Gestank des Kadavers die Frage: „Was ist das" und „Wohin geht das" noch brennend sich stellt, dann merkt es nach Adorno unmittelbar-spontan, worauf es wider alle zivilisatorische Rationalität am ersten und dringlichsten der Antwort bedürfte. Solches Interesse, wie das Kind es noch naiv vertritt, macht das kritische Denken um des Nichtidentischen willen zu seinem obersten und ersten. So, wie das Kind das bloß Vorhandene in seinem So-und-nicht-anders-Sein aufsprengt durch die spontane Frage nach seinem Wesen und Wohin, so hat kritisches Denken das dem Begriff sich entziehende Nichtidentische aufzudenken: „Philosophie schöpft, was irgend sie noch legitimiert, aus einem Negativen: daß jenes Unauflösliche, vor dem sie kapitulierte und von dem der Idealismus abgeleitet, in seinem So-und-nicht-anders-sein doch wiederum auch ein Fetisch ist, der der Irrevokabilität des Seienden. Er zergeht vor der Einsicht, daß es nicht einfach so und nicht anders ist, sondern unter Bedingungen wurde. Dies Werden verschwindet und wohnt in der Sache, so wenig auf deren Begriff stillzustellen, wie von seinem Resultat abzuspalten und zu vergessen."[45]

---

blick ihres Sturzes hat nicht weniger zum Gegenstand ihrer Hoffnung als die totale Erlösung der geschundenen Kreatur, von deren Leiden bisher jeglicher Vernunftbegriff abprallte. Der Adornosche Metaphysikbegriff ist derart fundamental auf die Resurrektion der gefallenen Natur bezogen, daß eine praktische Formel wie die der „innerweltlichen Durchsetzung von Vernunft" die Adornosche Intention zu sehr verkürzt. Vgl. zu diesem Zusammenhang Ries, W.: Die Rettung des Hoffnungslosen. In: Zeitschrift für philosophische Forschung 30 (1976), 75 ff.

44 ND, 356 ff.
45 ND, 60; vgl. DA, 33.

Kritisches Denken ist unabdingbar an Geschichte verwiesen. Will es nicht wieder das Nichtidentische zum bloßen Exemplar seines Begriffs zurichten, dann hat es sich radikal auf den geschichtlichen Gehalt des zu Begreifenden zu besinnen[46]. Nur „im Lesen des Seienden als Text seines Werdens"[47] vermag es der Bedürftigkeit seiner Gegenstände innezuwerden, die der puren Identität von Begriff und Sache notwendig verborgen und gleichgültig ist. Denn „was an Wesentlichem im Phänomen erscheint, ist das, wodurch es wurde, was es ist, was in ihm stillgestellt ward und was im Leiden seiner Verhärtung das entbindet, was erst wird"[48]. Indem Denken das bloß Seiende in seiner geschichtlichen Vermittlung sich vergegenwärtigt, verhilft es daher zugleich dem am Objekt zum Ausdruck, „was durch dessen Zurüstung zum Objekt diesem verloren ging"[49].

In solcher Selbstbesinnung vermag der Geist ein intelligibles Moment in sich selbst zu bewahren, das allein ihn über sein naturbeherrschendes Wesen hinausführt. Nur als Selbstreflexion des Endlichen in seiner Mangelhaftigkeit und Bedürftigkeit hat er nach Auschwitz noch sein Recht[50]. Es ist ein kritisches, kein affirmatives. Was mehr an ihm sein könnte und ihn zugleich über seine historisch hinfällige Gestalt hinausführte, zu der er unter dem übermäßigen Druck des Ganzen verurteilt ist, ist abhängig von der Aufhebung der Bedürftigkeit und Not dessen, wovon er selbst nur bedürftiger Ausdruck ist. Beides: das kreatürlich Kontingente immer noch naturverfallener Geschichte wie sein Eingedenken im hinfällig Intelligiblen des Geistes, wäre im versöhnten Zustand nicht mehr, was es unter den Bedingungen naturverfallener Geschichte immer noch ist: schuldhaft verstrickt in das Leid, durch das es selbst gezeichnet ist. Geist und Natur versöhnten sich erst, wo der „Fluchtpunkt des historischen Materialismus"[51] erreicht wäre. Er wäre „seine eigene Aufhebung, die Befreiung des Geistes vom Primat der materiellen Bedürfnisse im Stand ihrer Erfüllung. Erst dem gestillten leibhaften Drang versöhnte sich der Geist und würde, was er so lange nur ver-

---

46 vgl. hierzu auch Böckelmann, F.: Über Marx und Adorno. Schwierigkeiten der spätmarxistischen Theorie, Frankfurt 1972, 134.
47 ND, 60.
48 GS 8, 319; ein solcher Begriff von Objektivität war zentraler Streitpunkt im Positivismusstreit. Vgl. hierzu Adorno, Th. W./Albert, H., u. a.: Der Positivismusstreit in der deutschen Soziologie, Neuwied 1969.
49 ND, 29.
50 vgl. ND, 361; GS 11, 344; DA, 45 f. – H. Schweppenhäuser hat das bloß kritische Recht des Geistes nachdrücklich gegen den Versuch seiner affirmativen Wendung durch T. Koch und K.-M. Kodalle geltend gemacht. Vgl. hierzu Schweppenhäuser, H.: Negativität und Intransigenz. In: Koch, T./Kodalle, K.-M./Schweppenhäuser, H.: Negative Dialektik und die Idee der Versöhnung, Stuttgart 1973, 55–90.
51 ND, 205.

heißt, wie er im Bann der materiellen Bedingungen die Befriedigung der materiellen Bedürfnisse verweigert."[52]
Solange dieser Zustand verwehrt ist, muß der Geist in seiner Unfreiheit radikal kritisch wider sich selbst sich kehren und in unablässiger Entzweiung mit sich selbst sowohl auf die Bedürftigkeit und Hinfälligkeit seiner selbst reflektieren wie auf die des zu erkennenden Objekts. Sonst versperrt er durch falsche, Verhärtung produzierende Positivität die Rettung und Erlösung aus allem Leid, um derentwillen er geschichtlich hervortrat[53].

## 2.3. Das Elend der Theorie inmitten des Unwahren

„Was das dem endlichen Geist Verborgene diesem zukehrt, was er zu denken gezwungen ist"[54], wird doch wieder vom Geiste „vermöge seiner eigenen Endlichkeit"[55] verfehlt und entstellt. Der Geist vermag dem Nichtidentischen, das in seiner Not in ihm sich reflektiert[56], nicht zum adäquaten Ausdruck zu verhelfen. Seine Mittel, das am bloß Seienden auszudrücken, was ihm verwehrt wurde und was es doch sein möchte, können es nicht ausdrücken, da sie begriffliche sind und damit identifizierenden Wesens, auch wenn sie gegen sich selbst gedacht werden.

Das Lesen des Seienden als Text seines Werdens bleibt Desiderat: „Selbst bei äußerster Anstrengung, solche in den Sachen geronnene Geschichte sprachlich

---

52 a. a. O.; von hier aus ist auch H. Schweppenhäusers Behauptung nicht zu halten, daß das von Adorno intendierte „Corpus unverschandelten Lebens ..., voll erst mit Begriffen wie denen des Somatischen, des Bedürfnisses, der Materie und nicht eines lebendigen Geistes bedeutet ist" (Schweppenhäuser, H.: Spekulative und negative Dialektik. In: Negt, O. (ed.): Aktualität und Folgen der Philosophie Hegels, Frankfurt 1970, 93). Der Begriff des lebendigen Geistes gewinnt jedoch gerade dann ebensosehr sein Recht als Signatur unverschandelten Lebens, wenn – wie an der oben angeführten Textstelle – der Fluchtpunkt des Materialismus als seine eigene Aufhebung gedacht wird. In dieser Perspektive verliert die von H. Schweppenhäuser formulierte Dichotomie jeglichen Sinn. Dem Begriff des lebendigen Geistes gebührt somit sein Recht im Namen jener Aufhebung des Materialismus, die nach Adorno dessen eigenes Telos ist. – Daß das Telos des Materialismus seine eigene Aufhebung ist, hat Adorno übrigens auch anhand der Interpretation des Marxschen „Kapital" zu erweisen versucht. Vgl. PT II, 274 ff. – Zu Adornos Konzeption des Verhältnisses von Natur und Geist vgl. weiter Kaiser, G.: Benjamin. Adorno. Zwei Studien, Frankfurt 1974, 98 f.
53 vgl. ND, 393.
54 ND, 382.
55 a. a. O.
56 vgl. ND, 29, 52 ff., 54 ff.

auszudrücken, bleiben die verwendeten Worte Begriffe. Ihre Präzision surrogiert die Selbstheit der Sache, ohne daß sie ganz gegenwärtig würde; ein Hohlraum klafft zwischen ihnen und dem, was sie beschwören. Daher der Bodensatz von Willkür und Relativität wie in der Wortwahl so in der Darstellung insgesamt."[57] Schon in den „Minima Moralia" hatte Adorno darauf hingewiesen, daß Denken um des Nichtidentischen willen, mit dem identisch zu sein es seit Auschwitz sich nicht mehr voraussetzen darf, zur Narretei eines Münchhausenkunststücks gezwungen ist: „Vom Denkenden heute wird nicht weniger verlangt, als daß er in jedem Augenblick in den Sachen und außer den Sachen sein soll – der Gestus Münchhausens, der sich an dem Zopf aus dem Sumpf zieht, wird zum Schema einer jeden Erkenntnis, die mehr sein will als entweder Feststellung oder Entwurf."[58] Weil der Begriff so sehr identifizierenden Wesens ist, daß er *prinzipiell* das zu Denkende in seiner Nichtidentität verfehlt, ist er ebenso prinzipiell zur „Narretei"[59] gezwungen, wenn er nicht von seiner eigenen Wahrheit um des Nichtidentischen willen zu lassen gewillt ist[60]. Kann aber dann das Nichtidentische unter diesen Bedingungen überhaupt noch gedacht werden?

Das Nichtidentische, an dessen Erkenntnis die Wahrheit der Theorie hängt, bleibt in der Adornoschen Theorie ein aporetischer Begriff: Wird das Nichtidentische vom Subjekt gedacht, dann wird es selbst noch in der äußersten Anstrengung des Denkens, seinen eigenen Identitätsanspruch zu zerstören, beschädigt und verfehlt[61]. „Tastet aber der Gedanke ... derart über sich hinaus, daß er das Andere ein ihm schlechthin Inkommensurables nennt, das er doch denkt, so findet er nirgends Schutz als in der dogmatischen Tradition."[62] Das nichtidentische Andere, das dem Begriff um seiner eigenen Wahrheit willen zu denken

---

57 ND, 60; vgl. ND, 17.
58 MM, 91.
59 ND, 394.
60 I. Müller-Strömsdörfer (Die „helfende Kraft bestimmter Negation". Zum Werke Th. W. Adornos. In: Kritik und Interpretation der Kritischen Theorie, Giessen 1975, 41–65) hat darauf hingewiesen, daß die Adornosche Konzeption von Dialektik in ihrem Versuch, mit der Hegelschen positiven radikal zu brechen, in einen Selbstverbrennungsprozeß des Denkens führt. In dieselbe Richtung zielt auch die Adorno-Kritik von B. Willms (Theorie, Kritik und Dialektik. In: Oppens, K./Kudszus, H., u. a.: Über Theodor W. Adorno, Frankfurt 1968, 44–89). Vgl. weiter Böckelmann, F.: Die Möglichkeit ist die Unmöglichkeit. Die Unmöglichkeit ist die Möglichkeit. In: Schoeller, W. F. (ed.): Die neue Linke nach Adorno, München 1969, 17; Holz, H.-H.: Mephistophelische Philosophie. In: Schoeller, W. F. (ed.): a. a. O., 186; Albrecht, H.: Deutsche Philosophie heute. Probleme, Texte, Denker. Bremen 1969, 128; Jansohn, H.: Zur Kritik der unkritischen Kritik. Ein Vergleich zwischen Theodor W. Adorno und Karl R. Popper. In: Zeitschrift für philosophische Forschung 29 (1975), 547 f.
61 vgl. ND, 365, 395.
62 ND, 395.

aufgegeben ist, „ist und ist nicht"[63], ist nicht etwas und doch auch nicht nichts. Es entzieht sich prinzipiell der geläufigen Alternative von Sein und Nichts[64]. Kritische Selbstbesinnung des Denkens vermag als negative Dialektik das Nichtidentische nur als *Widerspruch* zu denken[65]. Denken bleibt aber darin noch trotz äußerster Anstrengung der Identität verhaftet; denn seine Negation der entstellenden Identität des Begriffs im unablässigen Ausdruck des Widerspruchs von Begriff und Sache vollzieht sich nach dem Maß solcher Identität selbst[66]: „Der Widerspruch ist das Nichtidentische unter dem Aspekt der Identität"[67], nicht dieser schon entronnen. Solches Entrinnen ist aber, wie Adorno in den „Minima Moralia" formuliert, gerade deshalb „das ganz Unmögliche, weil es einen Standort voraussetzt, der dem Bannkreis des Daseins, wäre es auch nur um ein Winziges, entrückt ist, während doch jede mögliche Erkenntnis nicht bloß dem was ist erst abgetrotzt werden muß, um verbindlich zu geraten, sondern eben darum selber auch mit der gleichen Entstelltheit und Bedürftigkeit geschlagen ist, der sie zu entrinnen vorhat"[68].
In der „Negativen Dialektik" wird diese Einsicht radikalisiert. Weil auch negative Dialektik im „Zauberkreis"[69] der Identität, der „Entstelltheit" verbleibt,

---

63 ND, 366.
64 Von daher ist auch W. Beierwaltes' Frage berechtigt, ob es „überhaupt Kriterien gibt, die Nichtidentisches von sich her deutlich zu machen imstande sind" (ders.: Adornos Nicht-Identisches. In: Beierwaltes, W./Schrader, W. (ed.): Weltaspekte der Philosophie. Rudolph Berlinger zum 26. Oktober 1972, Amsterdam 1972, 11). – Dasselbe Problem formuliert H. Plessner (Adornos Negative Dialektik. Ihr Thema mit Variationen. In: Kant-Studien 61 [1970], 511). In der „Selbstreflexion der Dialektik" (ND, 395) wird, wie wir sehen werden, offenbar, daß es keine derartigen Kriterien gibt, ja nicht geben kann, da diese selbst wiederum von jener Allgemeinheit wären, der das Nichtidentische sich gerade verschließt. Vgl. hierzu das Folgende.
65 Von daher ist auch G. Holls Behauptung nicht zu halten, daß „Adorno die letzte Möglichkeit der Antizipation einer befreiten Welt in der Betrachtung dessen am Einzelnen sehe, was der Tausch und die abstrakte Vereinnahmung in der Erkenntnisfunktion an ihm nicht zerstörten" (Holl, G.: Subjekt und Rationalität. Eine Studie zu A. N. Whitehead und Th. W. Adorno, Diss. Frankfurt 1975, 67). Adorno kennt keinen *positiven* Begriff des Nichtidentischen.
66 ND, 15; vgl. hierzu auch Kaiser, G.: Benjamin. Adorno. Zwei Studien, Frankfurt 1974, 97. – Die skizzierte Problematik, welche durch die erkenntnistheoretische Selbstreflexion der materialen Gesellschaftstheorie freigelegt wird, wird von H. Schweppenhäuser in keinem seiner Aufsätze zu Adorno erwähnt. Stets wird als gelungen unterstellt, was dem späten Adorno im Gegensatz zum frühen (vgl. die in GS 1 publizierten Vorträge und Thesen) schließlich zur „Narretei" wurde: Die Erkenntnis des Nichtidentischen.
67 ND, 15.
68 MM, 334.
69 ND, 396.

muß sie als Denken im Widerspruch um des Nichtidentischen willen in letzter Konsequenz gerade um des Nichtidentischen willen sich auch selbst negieren[70]. In der Einsicht, daß auch sie selbst im Ausdruck des Widerspruchs dem Nichtidentischen noch jene Gewalt antut, die ihm geschichtlich-real seit jeher angetan wird, wird sie dialektisch gegen sich selbst[71]. Sie hat sich als selbst noch totale, als totaler Widerspruch in einem letzten dialektischen Schritt zu verlassen. „Ohne Identitätsthese ist Dialektik nicht das Ganze; dann aber auch keine Kardinalsünde, sie in einem dialektischen Schritt zu verlassen. Es liegt in der Bestimmung negativer Dialektik, daß sie sich nicht bei sich beruhigt, als wäre sie total; das ist ihre Gestalt von Hoffnung."[72]

Damit bricht negative Dialektik zum letzten Mal die Differenz von Begriff und Sache wider ihre falsche Identität auf und stellt voll „Hoffnung" in Frage, daß sie selbst total sei. Vollendet kritisches Denken, bewährt sich damit als „offenes"[73], als „Negation der Negation, welche nicht in Position übergeht"[74]. Ist dann aber das Ganze noch als das Unwahre zu behaupten, wenn eingesehen wird, daß „Dialektik als Methode und als eine der Sache divergieren"?[75].

Wir belassen es bei dieser kritischen Frage. Adorno selbst hat darauf keine Antwort gegeben, obgleich sich eine solche Antwort als Konsequenz der „Selbstreflexion der Dialektik"[76] zwangsläufig ergibt: Solange sich nicht – oder nur falsch – sagen läßt, was das Nichtidentische ist, solange läßt sich auch nicht – oder nur falsch – sagen, was das Ganze ist. Nach dem strengen Begriff negativer Dialektik, der sich selbst verläßt, ist die materiale kritische Theorie der Gesellschaft deshalb nicht wahr, weil sie als begriffliche im „Zauberkreis"[77] der Identität verbleibt.

In der Selbstnegation der Theorie als selbst noch entstellter wird jedoch der Primat der Theorie selbst hinfällig. Hat Denken sich einmal so in sich selbst zurückgenommen wie in der „Selbstreflexion der Dialektik", dann darf es um des Nichtidentischen willen nicht mehr theoretisch sein, insofern Theorie als be-

---

70 vgl. ND, 395 ff.
71 In solcher Einsicht der „Selbstreflexion der Dialektik" entschlägt sich Adorno jeglicher Eschatologie. Das hat F. Grenz (Adornos Philosophie in Grundbegriffen. Auflösung einiger Deutungsprobleme, Frankfurt 1974, 140) zu Recht gegen R. Maurer (Natur als Problem der Geschichte. In: Hübner, K./Menne, A. (ed.): Natur und Geschichte. X. Deutscher Kongreß für Philosophie, Kiel 8.–12. Oktober 1972, Hamburg 1973, 138) geltend gemacht.
72 ND, 396.
73 K, 150.
74 ND, 396.
75 ND, 56.
76 ND, 395.
77 ND, 396.

griffliche per se identifizierend verfährt. Von dieser Konsequenz hat Adorno sich nicht mehr Rechenschaft gegeben. Die Selbstnegation der Theorie hätte jedoch auch einen neuen Begriff von Praxis als nicht identifizierbarer, offener nach sich ziehen müssen. Auch er wird von Adorno nicht mehr formuliert. Das Offene wird in der „Selbstreflexion der Dialektik" vielmehr allein dem sich in sich selbst zurücknehmenden Denken reserviert, nicht auch ineins damit der Praxis als nicht identifizierbarer konzediert, von der es sich abhebt und zugleich als Aussage über sie zurücknimmt. Darin bleibt die negative Dialektik trotz ihrer Selbstreflexion inkonsequent. Im Text drückt sich solche Inkonsequenz der negativen Dialektik darin aus, daß sie unter Mißachtung der in ihr liegenden Bestimmung und einzigen Gestalt von Hoffnung, nämlich nicht total zu sein[78], total identifizierend fortfährt, obgleich sie nach ihrem letzten dialektischen Schritt hätte abbrechen müssen.

# Nachwort

Jürgen Habermas hat einmal vor dem XI. Deutschen Kongreß für Philosophie in Göttingen gemeint, Adorno habe uns ein „chaotisches Gelände" hinterlassen[1]. Diese Charakterisierung des Adornoschen Oeuvres hat ihr kritisches Recht nicht weniger als sie die Struktur der Adornoschen kritischen Theorie der Gesellschaft adäquat benennt. Das Chaotische und Paradoxe an der Adornoschen Theorie insgesamt ist dadurch bedingt, daß sie nach ihren eigenen Kriterien gar nicht hätte geschrieben werden dürfen. Das bürgerliche Individuum, das sie voraussetzt und an das sie sich wendet, ist, wie sie selbst ausgeführt hat, schon längst nicht mehr.
Schon in der „Dialektik der Aufklärung" haben Adorno und Horkheimer formuliert: „Wenn die Rede heute an einen sich wenden kann, so sind es weder die sogenannten Massen, noch der Einzelne, der ohnmächtig ist, sondern eher ein eingebildeter Zeuge, dem wir es hinterlassen, damit es doch nicht ganz mit uns untergeht."[2]

---

78 vgl. ND, 396.

1 Das hat J. Habermas in seiner Einleitung zum Kolloquium „Theorie der Geisteswissenschaften I" vorgetragen, das am 6. 10. 75 stattfand und als dessen Leiter er fungierte.
2 DA, 273.

In der „Negativen Dialektik" schließlich wird die Existenz eines nach Auschwitz noch lebenden Individuums als unmenschlich und wahnhaft eingestanden: „Nicht falsch ... ist die minder kulturelle Frage, ob nach Auschwitz noch sich leben lasse, ob es vollends dürfe, wer zufällig entrann und rechtens hätte umgebracht werden müssen. Sein Weiterleben bedarf schon der Kälte, des Grundprinzips der bürgerlichen Subjektivität, ohne das Auschwitz nicht möglich gewesen wäre: drastische Schuld des Verschonten. Zur Vergeltung suchen ihn Träume heim wie der, daß er gar nicht mehr lebte, sondern 1944 vergast worden wäre, und seine ganze Existenz danach lediglich in der Einbildung führte, Emanation des irren Wunsches eines vor zwanzig Jahren Umgebrachten."[3]

Jenes zufällig überlebende Individuum – und Adorno spricht hier von sich selbst – ist sich deshalb im Traum zur wahnhaften Einbildung geworden, weil das Individuum, in sich selbst von jeher antinomisch und seinem eigenen Begriff nie gemäß, in Auschwitz als bloßes Exemplar schon längst gestorben ist. Die kritische Theorie der Gesellschaft, die danach sich noch formuliert, ist daher nach ihren eigenen Kriterien von vornherein unzeitgemäß und zum Wahnhaften verurteilt.

Der Widerspruch, daß Theorie, ihrem eigenen Begriff nach an Individuation gebunden, sich zur Voraussetzung macht, daß kein Individuum mehr ist, ist der Grundwiderspruch der Adornoschen Theorie. Er wird nur an einer Stelle, in der Selbstnegation negativer Dialektik aufgelöst: Negative Dialektik bekennt sich in ihrem Totalitätsanspruch als letzte Ideologie jenes Individuums ein, dessen objektive Bedingungen schon längst zergangen sind. Indem die negative Dialektik sich dann konsequent als selbst noch falsche negiert, nimmt sie sich damit zugleich als unabdingbar an Individuation gebundene Theorie zurück und gleicht sich so paradox und wider ihren erklärten Willen jener Voraussetzung an, deren Explikation die radikal individuierte Theorie unablässig betrieb: daß kein Individuum mehr ist, daß es mitsamt seinem Falschen verging. Die Selbstnegation der negativen Dialektik vollzieht so bloß noch einmal die nach ihrem eigenen Verständnis real schon längst vollzogene Negation des bürgerlichen Individuums. Indem aber die negative Dialektik sich so radikal von sich selbst und der in ihr entfalteten Individuation lossagt, zollt sie zugleich jenem Prinzip einen letzten Tribut, das stets der historischen Tendenz recht gibt und das Adorno andernorts selber kritisiert hat: „Was fällt, soll man stoßen."[4] Die Adornosche kritische Theorie der Gesellschaft beläßt in der Negation der Negation, die jeglicher Position sich verweigert, das Bestehende so, wie es ist. Das ist die Kehrseite ihrer Offenheit um des Anderen willen. Insofern ist die Adornosche Theorie schlecht

3 ND, 354 ff.
4 ND, 294; vgl. GS 8, 119.

utopisch. Rohrmoser trifft genau das Zentrum der Adornoschen Theorie, wo er jene Konsequenz gegen die Adornosche „Negative Dialektik" pointiert: „Wenn die Vermittlung so völlig ausfällt, wie in Adornos negativer Dialektik, dann trägt der Gedanke des total Anderen dazu bei, das Bestehende als notwendig zu fixieren. Aus der Unfähigkeit, eine Vermittlung zwischen dem zu denken, was ist, und dem, was sein sollte, fällt der utopische Gedanke auf das Bestehende, es verfestigend, zurück."[5]
Soll es daher nicht bei dem bleiben, was ist – und es ist wahrhaft nicht das Beste –, dann darf das Andere zum Bestehenden nicht bloß negativ gedacht werden. Der kritische Gedanke, der sich der Vermittlung mit dem Bestehenden entschlägt, indem er das Moment seiner Negativität *verabsolutiert* und das Bestehende dann als radikal falsches denunziert, vermag nicht einmal jener Momente in sich selbst mehr zu gedenken, durch die er sowohl als kritischer Gedanke wie auch und gerade in seiner Gestalt als Eingedenken des Leidens überhaupt erst möglich ist. Beharrlich verschweigt er in absoluter Negativität, daß das Eingedenken des Leidens, gar über es ein Buch zu schreiben und dieses in Zehntausenden von Exemplaren publizieren zu können, nur dort möglich ist, wo nicht bloß Leiden ist. Im absoluten Leiden verstummte der Gedanke unter der Gewalt des unermeßlichen psychischen und physischen Schmerzes – von seiner Publikation ganz zu schweigen. Das absolut Negative, wie es die Adornosche „Negative Dialektik" an ihren schwärzesten Stellen ausmalt, koinzidierte mit der absoluten Vernichtung allen Lebens. Das Geschehen von Auschwitz ist daher nicht einfach auf die moderne industrielle Gesellschaft insgesamt zu übertragen. Nicht einmal jenes seltsam zufällige Überleben wäre mehr möglich, das Adorno – überrascht und erschreckt zugleich – als selbst noch falsches denunziert.
Allein die Tatsache jedoch, daß eine „Negative Dialektik" vorliegt, ist schon ein Beweis gegen ihre Negativität. Die Momente, durch die allein der Gedanke, auch der der negativen Dialektik, sich am Leben erhalten kann, sind unabdingbar positive. Sie sind jedoch insofern nicht wiederum als absolute zu hypostasieren, als sie im Bestehenden durch dessen Geschichte vermittelt sind, die die Gestalt des Bestehenden wesentlich geprägt hat und nicht bloß eine des Leidens, sondern auch der Hoffnung, des Versprechens und des Glücks ist. Es ist unzweifelhaft das Verdienst Adornos, Tendenzen der modernen Gesellschaft namhaft gemacht zu haben, die darauf hinauslaufen, einen geschichtslosen Zustand herbeizuführen, in dem selbst das existierende Leiden der Vergessenheit anheimfiele. Dann wäre in der Tat auch der kritische Gedanke unmöglich. Da Adorno aber diese Tendenzen verabsolutiert und die Situation der modernen industriellen Gesellschaft mit all ihren komplexen Problemen und Widersprüchen der brutal

---

5 Rohrmoser, G.: Das Elend der kritischen Theorie, Freiburg 1970, 49.

einfachen Situation von Auschwitz gleichsetzt, in der nur mehr gemordet wird, ist es ihm unmöglich, das, was an Differenz zu Auschwitz sich vordem und seither entfaltet hat, in seinem humanen Gehalt überhaupt noch ernst zu nehmen.

Solange aber die objektiven gesellschaftlichen Bedingungen eine Gestalt von Tradition und Geschichte sich fortentwickeln lassen, in der nicht nur Leiden, sondern auch Hoffnung, Versprechen und Glück *verwirklicht* waren, so lange ist der Gedanke auch vor eine Aufgabe gestellt, der sich zu versagen ihn der Inhumanität einverleibt: all des Positiven im Bestehenden und seiner Geschichte zu gedenken, ohne das er selbst nicht wäre, und es kritisch zu bewahren und zu verteidigen gegen seine Bedrohung durch die Negativität, die Geschichte auch ist. Denken, das kritisch gegen seine moderne Zurichtung zum bloßen Instrument angeht, hätte daher in immer neuer Anstrengung mit dem Bestehenden zu vermitteln und in ihm geltend zu machen, was in Gesellschaft und Geschichte den Gedanken am Leben erhält und ihn zur Reflexion ihrer selbst und des Lebens in ihr treibt bis zu dem Punkt, wo er alles Gesellschaftliche und Geschichtliche transzendiert und auf ein Absolutes geht.

Adornos „Meditationen zur Metaphysik" umkreisen zwar wie kaum ein anderer Abschnitt der „Negativen Dialektik" eine solche Möglichkeit des Gedankens, verlieren sie aber deshalb wieder aus dem Blick, weil der Gedanke durch Verabsolutierung des Leidens sich auferlegt hat, negativ zu bleiben. Man kann aber nicht den Gedanken seines positiven und affirmativen Moments berauben und ihn zugleich als kritischen einbehalten wollen; Versöhnung, sei es mit irgendeinem Moment des Bestehenden, sei es mit diesem als solchem und im Ganzen, war gerade dem dialektischen Gedanken bis zu Hegel und selbst noch Marx unabdingbar. Indem der radikal negative Gedanke der „Negativen Dialektik" mit solcher Positivität bricht, zerstört er in sich zugleich das, dem er sich selbst verdankt. Und noch im Vergehen seiner selbst als Gedanke setzt er einen letzten Rest von Positivität frei, dem er sich selbst verdankt und den er als die Hoffnung ausspricht, daß doch Anderes möglich ist und wird als er in seiner Negativität behauptet.

# Literaturverzeichnis

## I. Schriften Theodor W. Adornos

Ich verweise hier ausdrücklich auf die „vorläufige Bibliographie der Schriften Theodor W. Adornos" von K. Schultz (In: Schweppenhäuser, H. (ed.): Theodor W. Adorno zum Gedächtnis. Eine Sammlung, Frankfurt 1971, 177–239) sowie auf die Ergänzungen hierzu von F. Grenz (Adornos Philosophie in Grundbegriffen. Auflösung einiger Deutungsprobleme, Frankfurt 1974, 314–315).

### 1. Zitierte Schriften Adornos, die von uns mit einer Abkürzung versehen wurden.

| | |
|---|---|
| ÄT | Ästhetische Theorie (ed. G. Adorno u. R. Tiedemann), Frankfurt 1970. |
| D | Dissonanzen. Musik in der verwalteten Welt, Göttingen 1969. |
| DA | Adorno, Th. W. / Horkheimer, M.: Dialektik der Aufklärung. Philosophische Fragmente, Frankfurt 1969. |
| E | Eingriffe. Neun kritische Modelle, Frankfurt 1970. |
| GS 1 | Gesammelte Schriften, Bd. 1: Philosophische Frühschriften (ed. R. Tiedemann), Frankfurt 1973. |
| GS 5 | Gesammelte Schriften, Bd. 5: Zur Metakritik der Erkenntnistheorie. Drei Studien zu Hegel (ed. G. Adorno u. R. Tiedemann), Frankfurt 1971. |
| GS 8 | Gesammelte Schriften, Bd. 8: Soziologische Schriften I (ed. R. Tiedemann), Frankfurt 1972. |
| GS 9.1 | Gesammelte Schriften, Bd. 9.1: Soziologische Schriften II. Erste Hälfte (ed. S. Buck-Morss u. R. Tiedemann), Frankfurt 1975. |
| GS 9.2 | Gesammelte Schriften, Bd. 9.2: Soziologische Schriften II. Zweite Hälfte (ed. S. Buck-Morss u. R. Tiedemann), Frankfurt 1975. |
| GS 11 | Gesammelte Schriften, Bd. 11: Noten zur Literatur (ed. R. Tiedemann), Frankfurt 1974. |
| K | Kritik. Kleine Schriften zur Gesellschaft (ed. R. Tiedemann), Frankfurt 1971. |
| MM | Minima Moralia. Reflexionen aus dem beschädigten Leben, Frankfurt 1964. |
| ND | Negative Dialektik, Frankfurt 1970. |
| OL | Ohne Leitbild. Parva Aesthetica, Frankfurt 1967. |
| P | Prismen. Kulturkritik und Gesellschaft, Frankfurt 1969. |
| PT II | Philosophische Terminologie. Zur Einleitung, Bd. 2 (ed. R. zur Lippe), Frankfurt 1973. |
| ST | Stichworte. Kritische Modelle, Frankfurt 1969. |

### 2. Schriften Adornos sowie von Adorno mit herausgegebene Sammelbände, die von uns im Text ohne Abkürzung zitiert wurden.

Brief Adornos an W. Benjamin vom 2. August 1935. In: Adorno, Th. W. / Scholem, G. (ed.): Benjamin. Briefe, Bd. 2, Frankfurt 1966, 671–683.

„Keine Angst vor dem Elfenbeinturm". Spiegel-Gespräch mit Theodor W. Adorno. In: Der Spiegel 23 (1969), Nr. 19, 204–209.

Adorno, Th. W. / Albert, H., u. a.
Der Positivismusstreit in der deutschen Soziologie, Neuwied 1969.

## II. Literatur

Albrecht, H.
: Deutsche Philosophie heute. Probleme, Texte, Denker. Bremen 1969.

Apostel, L.
: Erkenntnistheorie und Erkenntnissoziologie – Randbemerkungen zu Adorno. In: Philosophica Gandensia, 1972, H. 9 (Adorno-Heft), 35–55.

Bauermann, R. / Rötscher, H.-J.
: Zur Marxverfälschung der „kritischen Theorie" der Frankfurter Schule. In: Deutsche Zeitschrift für Philosophie 19 (1971), 1440–1451.

Baumeister, Th. / Kulenkampff, J.
: Geschichtsphilosophie und philosophische Ästhetik. In: Neue Hefte für Philosophie, 1973, H. 5, 74–104.

Beierwaltes, W.
: Adornos Nicht-Identisches. In: Beierwaltes, W. / Schrader, W. (ed.): Weltaspekte der Philosophie. Rudolf Berlinger zum 26. Oktober 1972, Amsterdam 1972, 7–20.

Benjamin, W.
: Schriften. 2 Bde (ed. Th. W. Adorno u. G. Adorno unter Mitwirkung von F. Podszus), Frankfurt 1955.

Beyer, W. R.
: Adorno. In: Beyer, W. R.: Vier Kritiken: Heidegger, Sartre, Adorno, Lucácz. Köln 1970, 151–194.

Beyer, W. R.
: Die Sünden der Frankfurter Schule, Frankfurt 1971.

Böckelmann, F.
: Die Möglichkeit ist die Unmöglichkeit. Die Unmöglichkeit ist die Möglichkeit. Bemerkungen zur Autarkie der Negativen Dialektik. In: Schoeller, W. F. (ed.): Die neue Linke nach Adorno, München 1969, 17–37.

Böckelmann, F.
: Über Marx und Adorno. Schwierigkeiten der spätmarxistischen Theorie, Frankfurt 1972.

Brückner, P.
: „... und nach uns wird kommen: nichts Nennenswertes". In: Schoeller, W. F. (ed.): Die neue Linke nach Adorno, München 1969, 9–16.

Bubner, R.
: Was ist kritische Theorie? In: Clemenz, M. / Eley, L., u. a.: Kritik und Interpretation der Kritischen Theorie, Giessen 1975, 117–153.

Buck-Morss, S.
: The Dialectic of Th. W. Adorno. In: Telos, 1972, 137–144.

Burisch, W.
: Ideologie und Sachzwang. Die Entideologisierungsthese in neueren Gesellschaftstheorien, Tübingen 1967.

Clemenz, M.
: Theorie als Praxis? Zur Philosophie und Soziologie Adornos. In: Clemenz, M. / Eley, L., u. a.: Kritik und Interpretation der Kritischen Theorie, Giessen 1975, 24–40.

Colletti, L.
: Ideologia e società, Bari 1969.

Colletti, L.
: Il Marxismo e Hegel, Roma 1969.

Czuma, H.
Technokratie-Fortschritt-Emanzipation. Die Kritische Theorie der Frankfurter Schule. In: Zeitschrift für Katholische Theologie 95 (1973), 132–173.
Dawydow, J.
Die sich selbst negierende Dialektik. Kritik der Musiktheorie Theodor W. Adornos, Frankfurt 1971.
Dubiel, H.
Identität und Institution. Studien über moderne Sozialphilosophien, Düsseldorf 1973.
Enden van den, H.
Kultur- und Ideologiekritik bei den Neodialektikern Adorno und Marcuse. In: Philosophica Gandensia, 1972, H. 9 (Adorno-Heft), 4–34.
Gadamer, H.-G.
Wahrheit und Methode. Grundzüge einer philosophischen Hermeneutik, Tübingen 1965.
Gedö, A.
Dialektik der Negation oder Negation der Dialektik. In: Heiseler, J. / Schleifstein, J., u. a.: Die „Frankfurter Schule" im Lichte des Marxismus. Zur Kritik der Philosophie und Soziologie von Horkheimer, Adorno, Marcuse, Habermas. Frankfurt 1970, 7–25.
Grenz, F.
Adornos Philosophie in Grundbegriffen. Auflösung einiger Deutungsprobleme, Frankfurt 1974.
Grenz, F.
„Die Idee der Naturgeschichte". Zu einem frühen, unbekannten Text Adornos. In: Hübner, K. / Menne, A. (ed.): Natur und Geschichte. X. Deutscher Kongreß für Philosophie, Kiel 8.–12. Oktober 1972, Hamburg 1974.
Grossner, G.
Verfall der Philosophie. Politik deutscher Philosophen, Hamburg 1971.
Habermas, J.
Ein philosophierender Intellektueller. In: Habermas, J.: Philosophisch-politische Profile, Frankfurt 1971, 176–184.
Habermas, J.
Urgeschichte der Subjektivität und verwilderte Selbstbehauptung. In: Habermas, J.: Philosophisch-politische Profile, Frankfurt 1971, 184–199.
Hegel, G. W. F.
Phänomenologie des Geistes, WW (Glockner) 2, Stuttgart 1964.
Hegel, G. W. F.
Grundlinien der Philosophie des Rechts, WW (Glockner) 7, Stuttgart 1964.
Hegel, G. W. F.
Vorlesungen über die Philosophie der Geschichte, WW (Glockner) 11, Stuttgart 1961.
Heinrich, K.
Versuch über die Schwierigkeit nein zu sagen, Frankfurt 1964.
Holl, G.
Subjekt und Rationalität. Eine Studie zu A. N. Whitehead und Th. W. Adorno, Diss. Frankfurt 1975.
Horkheimer, M., u. a.
Studien über Autorität und Familie, Paris 1936.
Holz, H.-H.
Mephistophelische Philosophie. In: Schoeller, W. F. (ed.): Die neue Linke nach Adorno, München 1969, 176–192.

Jansohn, H.
 Zur Kritik der unkritischen Kritik. Ein Vergleich zwischen Th. W. Adorno und K. R. Popper. In: Zeitschrift für philosophische Forschung 29 (1975), 544–561.
Jopke, W.
 Dialektik der Anpassung. Zur Kritik der philosophischen Position von Theodor W. Adorno, Diss. Berlin (Ost) 1965.
Jopke, W.
 Grundlagen der Erkenntnis- und Gesellschaftstheorie Adornos und Horkheimers. In: Heiseler, J. / Schleifstein, J., u. a.: Die „Frankfurter Schule" im Lichte des Marxismus. Zur Kritik der Philosophie und Soziologie von Horkheimer, Adorno, Marcuse, Habermas. Frankfurt 1970, 48–69.
Kaiser, G.
 Benjamin. Adorno. Zwei Studien, Frankfurt 1974.
Koch, T. / Kodalle, K.-M.
 Negativität und Versöhnung. Die negative Dialektik Th. W. Adornos und das Dilemma einer Theorie der Gegenwart. In: Koch, T. / Kodalle, K.-M. / Schweppenhäuser, H.: Negative Dialektik und die Idee der Versöhnung. Eine Kontroverse über Theodor W. Adorno, Stuttgart 1973, 7–54.
Korff, F. W.
 Das Verbrechen der beleidigten Philosophie. Gehlen-Habermas-Adorno. In: Neue Deutsche Hefte 19 (1972), Nr. 134, 3–40.
Künzli, A.
 Linker Irrationalismus. Zur Kritik der „Frankfurter Schule". In: Künzli, A.: Aufklärung und Dialektik. Politische Philosophie von Hobbes bis Adorno, Freiburg 1971, 110–156.
Leser, N.
 Die Odyssee des Marxismus. Auf dem Weg zum Sozialismus, Wien 1971.
Lichtheim, G.
 Adorno. In: Lichtheim, G.: From Marx to Hegel and Other Essays, London 1971, 125–142.
Marramao, G.
 Zum Verhältnis von Politischer Ökonomie und Kritischer Theorie. In: Ästhetik und Kommunikation 4 (1973), 79–93.
Marx, K.
 Die deutsche Ideologie, MEW (Marx-Engels-Werke) 3, Berlin 1962.
Marx, K.
 Manifest der Kommunistischen Partei, MEW 4, Berlin 1964.
Marx, K.
 Zur Kritik der politischen Ökonomie, MEW 13, Berlin 1964.
Marx, K.
 Das Kapital, Bd I (K I), MEW 23, Berlin 1962.
Marx, K.
 Das Kapital, Bd III (K III), MEW 25, Berlin 1964.
Massing, O.
 Adorno und die Folgen. Über das „hermetische Prinzip" der Kritischen Theorie, Neuwied 1970.
Maurer, R.
 Natur als Problem der Geschichte. In: Hübner, K. / Menne, A. (ed.): Natur und Ge-

schichte. X. Deutscher Kongreß für Philosophie, Kiel 8.-12. Oktober 1972, Hamburg 1973.
Mayer, H.
Nachdenken über Adorno. In: Frankfurter Hefte 25 (1970), 268-280.
Mitscherlich, A.
Auf dem Weg zur vaterlosen Gesellschaft, München 1963.
Müller-Strömsdörfer, I.
Die „helfende Kraft bestimmter Negation". Zum Werk Th. W. Adornos. In: Clemenz, M. / Eley, L., u. a.: Kritik und Interpretation der Kritischen Theorie, Giessen 1975, 41-65.
Nanninga, J.
Tauschwert und Wert. Eine sprachkritische Rekonstruktion des Fundaments der Kritik der Politischen Ökonomie, Diss. Hamburg 1975.
Pasqualotto, G.
Teoria come utopia. Studi sulla Scuola di Francoforte, Verona 1974.
Plessner, H.
Negative Dialektik. Ihr Thema mit Variationen. In: Kant-Studien 61 (1970), 507-519.
Post, W.
Kritische Theorie und metaphysischer Pessimismus. Zum Spätwerk Max Horkheimers, München 1971.
Quattrocchi, L.
Elementi filosofici nel pensiero di Th. W. Adorno. In: Il pensiero 1 (1958), 69-77.
Rapp, F.
Leistungen und Grenzen der kritischen Theorie der Gesellschaft. In: Schweizer Rundschau 71 (1972), 296-307.
Reichel, P.
Verabsolutierte Negation. Zu Adornos Theorie von den Triebkräften der gesellschaftlichen Entwicklung, Frankfurt 1972.
Richter, U.
Der unbegreifbare Mythos – Musik als Praxis Negativer Dialektik, Diss. Köln 1974.
Ries, W.
Die Rettung des Hoffnungslosen. In: Zeitschrift für philosophische Forschung 30 (1976), 69-81.
Ritsert, J. / Rolshausen, C.
Der Konservativismus der kritischen Theorie, Frankfurt 1971.
Rohrmoser, G.
Das Elend der kritischen Theorie. Theodor W. Adorno. Herbert Marcuse. Jürgen Habermas, Freiburg 1970.
Rusconi, G. E.
La critica sociologica di Th. W. Adorno. In: Rivista di filosofia neoscolastica 54 (1962), 33-58.
Rusconi, G. E.
La teoria critica della societa, Bologna 1968.
Sarcević, A.
Theodor W. Adorno (1903-1969). Die Unwahrheit der modernen Gesellschaft zwischen Revolution und Kritik. In: Praxis 6 (1970), 184-214.
Schmidt, A.
Adorno – ein Philosoph des realen Humanismus. In: Schweppenhäuser, H. (ed.): Theodor W. Adorno zum Gedächtnis. Eine Sammlung, Frankfurt 1971, 52-75.

Schweppenhäuser, H.
Spekulative und negative Dialektik. In: Negt, O. (ed.): Aktualität und Folgen der Philosophie Hegels, Frankfurt 1970, 81–93.
Schweppenhäuser, H.
Das Individuum im Zeitalter seiner Liquidation. In: Archiv für Rechts- und Sozialphilosophie 57 (1971), 91–115.
Schweppenhäuser, H.
Kritik und Rettung. In: Schweppenhäuser, H. (ed.): Theodor W. Adorno zum Gedächtnis. Eine Sammlung, Frankfurt 1971, 76–81.
Schweppenhäuser, H.
Negativität und Intransigenz. Wider eine Reidealisierung Adornos. In: Koch, T. / Kodalle, K.-M. / Schweppenhäuser, H.: Negative Dialektik und die Idee der Versöhnung. Eine Kontroverse über Theodor W. Adorno, Stuttgart 1973, 55–90.
Seebohm, Th.
Reflexion, Interpretation und Dialektik. In: Reimann, H. / Müller, E. W. (ed.): Entwicklung und Fortschritt. Soziologische und ethnologische Aspekte des sozialkulturellen Wandels. Wilhelm E. Mühlmann zum 65. Geburtstag, Tübingen 1969, 63–73.
Simon-Schaefer, R. / Zimmerli, W. Ch.
Theorie zwischen Kritik und Praxis, Jürgen Habermas und die Frankfurter Schule (problemata Bd. 37), Stuttgart 1975.
Sonnemann, U.
Jenseits von Ruhe und Unordnung. Zur Negativen Dialektik Adornos. In: Oppens, K. / Kudszus, H., u. a.: Über Theodor W. Adorno, Frankfurt 1968, 120–140.
Sonnemann, U.
Erkenntnis als Widerstand. In: Schweppenhäuser, H. (ed.): Theodor W. Adorno zum Gedächtnis. Eine Sammlung, Frankfurt 1971, 150–176.
Spaeth, S.
Great Symphonies. How to Recognize and Remember Them, New York 1936.
Theunissen, M.
Gesellschaft und Geschichte. Zur Kritik der kritischen Theorie, Berlin 1969.
Tiedemann, R.
Studien zur Philosophie Walter Benjamins, Frankfurt 1973.
Tomberg, F.
Zur Kunsttheorie Th. W. Adornos. In: Das Argument 5 (1963), 36–48.
Vacatello, M.
Th. W. Adorno: il rinvio della prassi, Firenze 1972.
Vermeersch, E.
Adorno und die Aufklärung. In: Philosophica Gandensia, 1972, H. 9 (Adorno-Heft), 56–72.
Wellmer, A.
Kritische Gesellschaftstheorie und Positivismus, Frankfurt 1969.
Willms, B.
Theorie, Kritik und Dialektik. In: Oppens, K. / Kudszus, H., u. a.: Über Theodor W. Adorno, Frankfurt 1968, 44–89.
Witschel, G.
Die Erziehungslehre der Kritischen Theorie. Darstellung und Kritik, Bonn 1973.
Zima, P. V.
L'école de Francfort, Paris 1974.

# Aus der Reihe problemata

Ursula Apitzsch
Gesellschaftstheorie und Ästhetik bei Georg Lukacs
bis 1933

Das Interesse an Lukacs galt nach dem 2. Weltkrieg zunächst vor allem dem Ästhetiker und Kulturtheoretiker; der revolutionstheoretische Erfahrungsgehalt der Schriften der zwanziger Jahre wurde erst im Zusammenhang der Studentenbewegung wieder positiv aufgenommen; umgekehrt trat die ästhetische Theorie in den Hintergrund oder wurde zum Gegenstand auch marxistisch orientierter Kritik. Hier wird nun erstmals in systematischer Weise gezeigt, wie die verschiedenen Theoriestücke im Denken des jungen Lukacs miteinander verklammert sind.


Roland Simon-Schaefer & Walther Ch. Zimmerli
Theorie zwischen Kritik und Praxis
Jürgen Habermas und die Frankfurter Schule

Die Studentenrevolution entließ gleichsam schon auf halbem Wege ihre geistigen Väter, weil sich die „Kritische Theorie" im Niemandsland zwischen Kritik und Praxis angesiedelt hat. Gerade in diesem politischen Scheitern der „Kritischen Theorie" sehen aber die Autoren, zwei junge Philosophie-Dozenten, die Chance, die Theorie der Frankfurter sachbezogen und ohne politische Demagogie auf ihren theoretischen Grundbestand hin zu durchleuchten.

frommann-holzboog